NOUVELLE BIBLIOTHÈQUE LITTÉRAIRE

EUGÈNE RIGAL

PROFESSEUR A L'UNIVERSITÉ DE MONTPELLIER
LAURÉAT DE L'ACADÉMIE FRANÇAISE

Victor Hugo

POÈTE ÉPIQUE

PARIS
SOCIÉTÉ FRANÇAISE D'IMPRIMERIE ET DE LIBRAIRIE
ANCIENNE LIBRAIRIE LECÈNE, OUDIN ET Cie
15, RUE DE CLUNY, 15

Tout droit de traduction et de reproduction réservé.

1900

Hugo (Victor), 1802 - 1885 - Poésie

5866

AVANT-PROPOS

Ce livre a pour origine des leçons publiques qui ont été favorablement accueillies et que l'on m'a pressé de publier. Je ne me suis pas astreint à les reproduire, et l'étude est en grande partie nouvelle. Mais j'ai cru devoir lui laisser un des principaux caractères du cours public, en tempérant par des explications détaillées et par des citations étendues ce que le fond comportait d'un peu trop aride et austère.

Il m'a paru aussi que je ne pouvais entourer mon texte d'un encombrant appareil d'érudition, et j'ai supprimé presque tous les renvois aux livres de Victor Hugo, aussi bien qu'à ceux de ses critiques : Montégut et Guyau, MM. Jules Lemaître, Biré, Stapfer, Mabilleau, de Régnier, Brunetière, Faguet, Dupuy, Renouvier... Du moins tenais-je à dire combien je dois à tous ces auteurs, aux derniers surtout, et c'est là l'objet de cet avant-propos.

E. R.

INTRODUCTION

Victor Hugo est-il un poète épique ?

Avant de traiter un sujet, peut-être est-il bon de s'assurer qu'aux yeux du public ce sujet existe, et qui sait si plus d'un lecteur, dès le titre de ce volume, ne s'est pas demandé : Y a-t-il vraiment en Hugo un poète épique ? Les critiques n'étant pas d'accord sur ce point, et la gloire du lyrique et du satirique éclipsant aux yeux de beaucoup en Hugo le génie du poète épique, il ne saurait être inutile de montrer dès l'abord — et au risque de dire brièvement ici ce qui devra être développé ailleurs — que nous avons de sérieux motifs pour appliquer le nom d'épopée à une partie notable de son œuvre.

Je ne chercherai d'ailleurs pas pour le moment à préciser les frontières de cette région épique. Je ne parlerai même point de *la Fin de Satan*, où il est difficile de ne pas voir une épopée et qui fortifierait ma thèse. Je m'en tiens à *la Légende des siècles*, et j'examine d'abord les raisons pour lesquelles on a parfois refusé d'y voir une œuvre épique.

I

La première c'est que jusqu'en 1859, date où a paru la première série de *la Légende*, le poète s'était — excepté au théâtre ; et jusqu'à quel point même est-il nécessaire d'excepter le théâtre ? — adonné uniquement au lyrisme ; que *les Contemplations*, œuvre essentiellement lyrique, ont été publiées en 1856, que *la Légende* en est à peu près contemporaine, et qu'ainsi, selon toute vraisemblance, c'est du lyrisme encore que l'auteur de *la Légende* a mis dans ce dernier recueil. Argument dangereux, puisqu'il rappelle le procédé trop commode d'une certaine critique, enfermant le génie dans une définition étroite et lui criant imprudemment : « Tu n'iras pas plus loin. » Le génie se moque bien de pareilles interdictions ! et, par exemple, quand on lui a nettement signifié qu'il ne serait jamais psychologue, il écrit ces analyses profondes d'une âme humaine qui s'appellent *Petit Gervais* et *une Tempête sous un crâne !* Même si jusque-là il n'avait été que lyrique, Hugo, en 1859, cédant aux sollicitations de l'âge, du malheur et de l'océan, poussé par les révolutions à réfléchir sur l'histoire et la destinée humaines, aurait pu sortir enfin de lui-même et s'éprendre d'une sincère affection pour l'épopée. Même si une œuvre essentiellement lyrique était sortie de sa plume à la date de *la Légende*, il aurait pu, lui dont c'était la coutume de travailler simultanément aux œuvres les plus diverses, imprimer aux deux ouvrages un caractère bien différent. Mais est-il vrai qu'il n'y eût eu jusque-là dans sa poésie que du lyrisme ? un filon épique y circulait, que nous n'aurons bientôt aucune peine à isoler, et, même en dehors de ce filon, si la poésie de Hugo diffère de celle de Lamartine ou de Musset, n'est-ce pas surtout par une remarquable tendance à l'impersonnalité des idées et des sentiments, à la traduction plastique des êtres, des choses et des faits, au grandiose, au symbolisme, — à l'épique ? Enfin, *la Légende* et *les Contemplations* sont-elles vraiment contemporaines ? C'est à peine si une moitié des *Contemplations* a été écrite pendant l'exil, de 1852 à 1855 ; le reste est antérieur à 1848, et ce reste c'est tout le premier volume et le poignant livre du second qui est consacré à la mort de Léopoldine Hugo, c'est la partie la plus lyrique de l'œuvre; tandis que les deux derniers livres : *En marche* et *Au bord de l'Infini*, s'ils constituent encore en apparence de la poésie personnelle, sont surtout soutenus par cette inspiration morale, métaphysique, apocalyptique (a-t-on dit) qu'on ne peut regarder comme impliquée dans la définition du lyrisme et qui se retrouve partout dans *la Légende*.

Contemporaines ou non, l'essentiel est de savoir si Hugo a voulu, si Hugo a cru faire de *la Légende* et des *Contemplations* des œuvres du même genre. Or les témoignages du contraire abondent. Hugo appelle *les Contemplations* « les mémoires d'une âme », « un miroir d'âme[1] » ; il intitule *la Légende* : « Histoire, les petites Épopées ». Vacquerie, énumérant les lectures qu'il a faites à Guernesey en 1856, signale : « en lyrisme, *les Contemplations* et *les Chansons des rues et des bois* », « en poèmes, *Dieu, la Fin de Satan, les Petites*

---

1. Préface des *Contemplations,* mars 1856 ; lettre à M. Émile Deschanel, 14 janvier 1855.

Épopées ». François-Victor Hugo écrit le 14 novembre 1856 : « Mon père nous lit chaque jour quelques-unes de ses admirables *Petites Épopées*. Figure-toi les poèmes du *Romancero* élargis aux proportions modernes, et tu pourras deviner ce qu'est cette œuvre extraordinaire » ; et le 14 février 1859 : « Mon père nous a lu aujourd'hui, dimanche, une admirable légende intitulée *Ratbert* ; c'est la veine des *Burgraves* agrandie et idéalisée encore. » Ainsi François-Victor nous signale la veine des *Burgraves*, non celle des *Contemplations* ou des *Châtiments* ; il ne parle pas de lyrisme ; il pense, avec le poète lui-même, que *la Légende* va réaliser la prédiction de Balzac (*Revue parisienne*, juillet 1840) : « M. Victor Hugo ne peut plus être en progrès que par un poème. Dans l'exécution de cette œuvre grandiose, qui manque à la France et qu'il peut lui donner, soit dans la forme grotesque prise par Arioste et à laquelle il excellerait, soit dans la forme héroïque du Tasse, il sera bien servi par le ton que prend sa poésie, par son admirable sentiment des images, par la richesse de sa palette, par sa puissance de description. »

Qu'un artiste aussi habile, aussi maître de son art que Hugo se soit proposé un tel programme, est-ce une preuve qu'il l'ait rempli ? C'en est du moins une présomption ; et c'en est une que *la Légende* ne doit pas être assimilée aux *Contemplations*.

Cependant, il y a du lyrisme dans *la Légende* ? — Évidemment, quel que soit d'ailleurs le sens que l'on donne à ce mot. Entendons par lyrisme la poésie écrite dans des rythmes particuliers, la poésie strophique ; et nous trouvons des strophes pleines d'un merveilleux élan dans *Plein ciel* ou dans *Tout le Passé et tout l'Avenir* ;

— des chansons pittoresques : celles *des Reîtres* et *des Aventuriers de la mer* ; — une adorable romance, celle que chante Joss dans *Éviradnus*. Mais on rattache à la poésie épique *l'Edda* scandinave, où se trouvent bien des chants lyriques, et *le Romancero du Cid*, dont les petites pièces ont été si heureusement imitées dans *la Légende* même. Et n'est-ce pas aussi une sorte de rythme lyrique que les tercets de *la Divine comédie* ? Le poème de Dante est pourtant rattaché d'ordinaire à l'épopée.

Si l'on dit que le lyrisme n'est pas seulement constitué par le rythme, mais par le ton, alors que celui-ci prend plus d'élan et de vivacité, quand il est plus enthousiaste ou au contraire plus plaintif ; — si l'on veut, par exemple, que, sur un fond narratif, le lyrisme se détache en notes émues et qui partent du cœur de l'auteur, en passages où le poète prend ouvertement la parole, alors, il est vrai aussi que le lyrisme abonde dans *la Légende* de Hugo. Il éclate dans les plaintes mélancoliques sur la destinée humaine que contiennent *Petit Paul* ou *les Pauvres gens* ; dans l'hymne à la bonté qui termine *le Crapaud* ; dans les digressions de *Ratbert* et de *Masferrer* où le poète oppose l'agitation perverse des hommes à la sérénité de la nature ; dans les cris de pitié que lui arrache le péril de la douce Mahaud d'*Éviradnus* ou celui du noble enfant Angus de *l'Aigle du Casque*. Mais de pareils effets sont-ils inconnus de l'épopée la plus authentique ? Virgile craint-il de paraître trop lyrique quand il promet l'immortalité que donne la Muse à l'héroïque amitié de Nisus et d'Euryale ? Et Homère hésite-t-il à s'écrier, alors que succombe Iphidamas : « Infortuné, il avait quitté sa femme pour porter secours aux Troyens, sa jeune et chère femme dont il ne devait plus voir la beauté ! »

Oui, Homère à l'occasion est lyrique, — comme il est tragique, comme il est comique, comme il est romanesque, comme il est oratoire ; tous les genres littéraires sont sortis de son épopée, ainsi que, d'après lui, les fleuves et les fontaines ont tous pris leur source dans l'Océan. Mais l'Océan ne laisse-t-il pas revenir dans son sein les fontaines et les fleuves ? Un autre Homère ne peut-il pas emprunter, pour enrichir l'épopée, au lyrisme, au drame, au roman, à l'art oratoire, dont cette épopée a fourni autrefois les germes ? Si *Plein ciel* est une ode, *Welf castellan d'Osbor* est un drame avec son dialogue et sa mise en scène, *Éviradnus* est un roman avec son intérêt de curiosité et ses péripéties, *le Régiment du baron Madruce* est un débat où se répondent trois éclatants discours. Qu'importe, si ce débat oratoire, ce roman, ce drame et cette ode, d'ailleurs employés exceptionnellement, ont encore une couleur épique, et si c'est une impression nettement épique qui se dégage de l'ensemble !

Seulement, cela ne se peut que si le poète traite ses sujets pour eux-mêmes, si c'est pour elles-mêmes qu'il s'intéresse aux choses du passé, pour eux-mêmes aux hommes de l'histoire ou de la légende. L'habitude de ne s'intéresser qu'à soi est incompatible avec l'épopée, et plus encore la prétention de ne solliciter la sympathie des lecteurs que pour ses idées, ses sentiments, ses aspirations propres. Or, s'il faut en croire certains critiques, la grande majorité des pièces de *la Légende* ne sont consacrées qu'à exalter Hugo, à servir ses haines politiques ou religieuses, à continuer ses *Châtiments*. L'œil éternellement fixé sur Caïn, ce n'est pas la conscience, quoi qu'en dise un titre trompeur, c'est le justicier Hugo acharné contre les tyrans ; et la preuve, c'est que dans *les Châtiments* le poète a juré de poursuivre et d'écraser Napoléon III (*A l'Obéissance passive*), Napoléon III lui-même étant comparé à Caïn (*Sacer esto*). Le satyre, « qui voit Jupiter lui-même s'incliner devant lui », ce n'est pas la personnification du panthéisme, c'est le vaniteux poète célébrant son apothéose. « La scène est superbe, dit M. Edmond Biré. Victor Hugo l'a traitée avec une prédilection marquée. On sent bien qu'il en est le héros, que le dieu Pan, c'est LUI. » — Je le veux bien ; mais alors c'est à lui-même qu'Olympio attribue la laideur, la difformité, la « monstruosité brutale » du satyre ! Et quant à *la Conscience*, comme l'examen du manuscrit de Hugo prouve qu'elle a été écrite antérieurement au coup d'État [1], force est bien d'admettre la conclusion suivante : si le souvenir de cette pièce a pu susciter celle qui, dans *les Châtiments*, porte le titre de *Sacer esto*, *Sacer esto*, en revanche, n'a nullement inspiré *la Conscience*, et ce poème a bel et bien une signification désintéressée, une portée épique.

Que les vers de *la Légende* expriment souvent les opinions politiques, sociales et religieuses de Victor Hugo, la chose est indiscutable. Mais il y aurait quelque hardiesse à en conclure que l'œuvre, dès lors, ne peut être épique. Dante n'est-il pas un homme de parti farouche dans sa *Divine comédie*? *Le Paradis perdu*

1. Voir P. et V. Glachant, *les Manuscrits de Victor Hugo*, dans le volume intitulé *Papiers d'autrefois*, 1899, in-18, p. 81. Je me servirai souvent de cette précieuse étude. Malheureusement, la première série seule de *la Légende* se trouve en manuscrit à la Bibliothèque Nationale et a pu être étudiée par MM. Glachant.

*a**

n'est-il pas d'un puritain ? et ne trouve-t-on pas les opinions politiques de Virgile dans l'identification, souvent visible, d'Auguste avec Énée, ses opinions philosophiques dans la peinture des Enfers ? Si nous passons aux épopées populaires et primitives, naturellement nous ne trouverons plus de trace certaine des auteurs, puisque les auteurs sont inconnus. Mais les épopées françaises, tout en traitant des mêmes personnages ou des mêmes temps, ont, selon les âges, une inspiration successivement monarchique et féodale : n'est-ce pas la marque même des auteurs ? — Il y a toute une conception politique dans *l'Iliade*, et qui diffère singulièrement de la conception politique de *l'Odyssée* ; il y a toute une conception sociale dans le bouclier d'Achille, et qui n'est pas celle dont témoigne la peinture d'Ithaque ou de l'île des Phéaciens ; il y a jusqu'à deux conceptions religieuses dans la Νεκυῖα et deux théories sur les Enfers. N'est-ce pas là la marque des Homères successifs auxquels les vénérables chefs-d'œuvre homériques doivent leur naissance ? — A moins qu'on n'aime mieux dire (et avec raison) que c'est là la marque des temps : mais c'est aussi l'époque de Virgile qui a marqué sur *l'Énéide*, celle de Milton sur *le Paradis perdu*, celle de Hugo sur *la Légende*.

Évitons, s'il se peut, toute exagération. Un trop grand nombre de pièces égarées dans *la Légende* et qui n'avaient sans doute pas été écrites spécialement pour elle, ne sont pas conçues dans l'esprit désintéressé qui convient au poème épique : nous ne tenons pas compte de ces pièces. A d'autres, vraiment dignes de l'épopée, s'ajoutent ou se mêlent brusquement des passages où l'auteur des *Châtiments* se souvient trop de son ancien rôle de satirique : nous faisons abstraction de ces passages. Mais ailleurs, mais dans la moitié au moins de l'œuvre, ce n'est point de la polémique ou de la satire que prétend faire Hugo. Lui qu'on accuse sans cesse de n'avoir pas d'idées propres, d'être resté au centre de tout comme un écho sonore, d'avoir toujours adopté, plus ou moins consciemment, les opinions et les préjugés de ses contemporains, ce sont ces opinions et ces préjugés qu'il transporte dans l'étude de l'antiquité ou du moyen âge ; et ce qu'il faut chercher dans tel discours d'un Titan aux Dieux ou d'Éviradnus à Ladislas et à Sigismond, ce n'est point une préoccupation personnelle, c'est un anachronisme naïf.

Ceci nous conduit au reproche le plus grave et le plus juste qu'on puisse adresser à Hugo : c'est qu'il n'a pas tenu les promesses de sa préface : « Tous ces poèmes, dit-il, ceux du moins qui résument le passé, sont de la réalité historique condensée ou de la réalité historique devinée. La fiction parfois, la falsification jamais ; aucun grossissement de lignes, fidélité absolue à la couleur des temps et à l'esprit des civilisations diverses. » Et le poète, voulant donner un exemple, ajoute : « La décadence romaine n'a pas un trait qui ne soit rigoureusement exact. » Hugo est sincère, mais il se trompe. Le poème *Au lion d'Androclès*, où la décadence romaine est peinte, tout composé qu'il est de détails vrais, n'en forme pas moins un ensemble faux, parce que tous les témoignages favorables à l'empire romain ont été négligés, parce que tous les témoignages défavorables ont été accueillis et accumulés, quelle qu'en fût la valeur et quelle qu'en fût la date. Mais le plus souvent les détails eux-mêmes sont loin d'être exacts. Il eût fallu à Hugo pour remplir son programme une

que Plutarque a ignoré, de Sapor et d'Éphractœus
pour Cléopâtre : c'est qu'à côté du nom, authentique
mais un peu bien sourd, d'Antoine, ceux d'Éphractœus
et de Sapor se distinguent par leur sonorité et par
leur éclat.

Étranges procédés assurément ! mais qui nous dit
qu'un bon nombre des héros d'Homère ou de Virgile
ne doivent pas leurs qualités ou leur existence poétique
à des raisons du même ordre ? ou plutôt comment hésiterait-on à affirmer que les besoins de l'harmonie ont
eu des effets analogues dans la poésie d'Homère et dans
celle de Victor Hugo, et que le jeu des dactyles et des
spondées a enfanté des villes aussi bien que la rime ?
Toutes les épopées sont pleines, comme *la Légende*,
d'erreurs et d'anachronismes ; toutes ont donné à leurs
héros un caractère conventionnel. Quelle valeur historique peut-on attribuer aux figures d'Achille, d'Agamemnon ou d'Ulysse ? Que sont devenus Sigebert et
Attila dans *les Niebelungen* ? Que dire de la géographie
de *la Chanson de Roland* et de ces Sarrasins qui jurent
par Apollin et par Tervagant aussi bien que par Mahomet ? Dans les épopées françaises postérieures, un
même Charlemagne, toujours aussi peu historique,
ajoute à ses hauts faits ceux d'un Hugues Capet ou d'un
Philippe-Auguste, et tous les exploits fantastiques
que l'imagination des auteurs s'évertue à concevoir.
Quel est l'essentiel en pareille matière ? C'est que l'é-
popée n'en soit pas moins caractéristique d'un temps
lointain et que l'altération même des faits y soit sincère et spontanée. Or, quand Hugo a imité la Bible, il
l'a fait avec une poésie digne d'elle ; quand il a « détaché
un feuillet de la colossale épopée du moyen âge », il lui
a laissé sa couleur ; quand il y en a ajouté de nouveaux,

mond et Ladislas : il transforme ces personnages en abstractions farouches, leur fait accomplir toutes sortes d'actes imaginaires, et, lorsqu'il cite un fait authentique, la défaite de l'ordre Teutonique, son insouciance de l'histoire vraie est telle, qu'il l'attribue à l'empereur Sigismond, allié des chevaliers teutoniques, au lieu de l'attribuer au roi Ladislas, qui réellement les vainquit à Tannenberg en 1410.

On comprend ce que la géographie et l'histoire peuvent souffrir d'une fantaisie ainsi déchaînée ; mais elles ont aussi à subir la tyrannie de la rime riche. Si l'admirable pièce de *Booz endormi* a, selon l'expression de M. Stapfer, « enrichi la géographie biblique de la Palestine de la ville entièrement inconnue aux hébraïsants de Jérimadeth », c'est que *Jérimadeth* fournit à *se demandait* la plus originale des rimes. Si Mahaud a pour ancêtres *Swantibore* et *Borivorus*, c'est parce qu'il faut rimer avec *apparus* et avec *arbore*. L'harmonie n'a pas moins de puissance créatrice que la rime, et les manuscrits montrent le poète toujours prêt, pour satisfaire l'oreille, à substituer Samo à Sibo, Nazamustus à Étienne, Héraclius le Chauve à Pierre le Vénérable. Tsilla, d'après la Bible, était la mère de Tubalcaïn, et ne pouvait donc être bien jeune quand « le père des forgerons » construisait une « ville énorme et surhumaine » ; mais un nom aussi gracieux que celui de Tsilla éveillait invinciblement l'idée d'un jeune et frais visage ; et voilà pourquoi, dans *la Conscience*, Caïn est interrogé d'une voix tremblante par

Tsilla, l'enfant blond,
La fille de ses fils, douce comme l'aurore.

Le neuvième sphinx de *Zim-Zizimi* nous révèle l'amour,

que Plutarque a ignoré, de Sapor et d'Éphractœus pour Cléopâtre : c'est qu'à côté du nom, authentique mais un peu bien sourd, d'Antoine, ceux d'Éphractœus et de Sapor se distinguent par leur sonorité et par leur éclat.

Étranges procédés assurément ! mais qui nous dit qu'un bon nombre des héros d'Homère ou de Virgile ne doivent pas leurs qualités ou leur existence poétique à des raisons du même ordre ? ou plutôt comment hésiterait-on à affirmer que les besoins de l'harmonie ont eu des effets analogues dans la poésie d'Homère et dans celle de Victor Hugo, et que le jeu des dactyles et des spondées a enfanté des villes aussi bien que la rime ? Toutes les épopées sont pleines, comme *la Légende*, d'erreurs et d'anachronismes ; toutes ont donné à leurs héros un caractère conventionnel. Quelle valeur historique peut-on attribuer aux figures d'Achille, d'Agamemnon ou d'Ulysse ? Que sont devenus Sigebert et Attila dans *les Niebelungen* ? Que dire de la géographie de *la Chanson de Roland* et de ces Sarrasins qui jurent par Apollin et par Tervagant aussi bien que par Mahomet ? Dans les épopées françaises postérieures, un même Charlemagne, toujours aussi peu historique, ajoute à ses hauts faits ceux d'un Hugues Capet ou d'un Philippe-Auguste, et tous les exploits fantastiques que l'imagination des auteurs s'évertue à concevoir. Quel est l'essentiel en pareille matière ? C'est que l'épopée n'en soit pas moins caractéristique d'un temps lointain et que l'altération même des faits y soit sincère et spontanée. Or, quand Hugo a imité la Bible, il l'a fait avec une poésie digne d'elle ; quand il a « détaché un feuillet de la colossale épopée du moyen âge », il lui a laissé sa couleur ; quand il y en a ajouté de nouveaux,

il nous a donné une forte impression de vérité s m-
maire, de vérité générale, mais de vérité. Il a fait des
tableaux puissants des civilisations primitives et de la
nature sauvage où elles se mouvaient. Il a — et l'éloge
est d'Émile Montégut — exprimé « toute l'horreur des
solitudes neigeuses et des ténèbres du Nord » dans son
Parricide. Le banquet du tyran Ratbert à Final, avec
son mélange de débauche raffinée, d'orgie, de luxe
éclatant et artistique, de musique et de poésie, de massacres, est une surprenante vision de l'Italie à l'aube
de la Renaissance. Souvent la peinture est moins vraie,
mais elle fait illusion ; le poète a tort de vouloir inventer le passé et de traiter des siècles connus comme
des monuments à jamais détruits qu'il faut reconstruire
à force de divination, mais sa reconstruction est belle
et saisissante. De plus, Hugo ne s'exerce pas froidement
à être inexact ; il l'est naturellement, par l'effet d'une
imagination naïve et puissante qui déforme les faits et
simplifie les hommes, — d'un esprit nullement scientifique qui n'aime guère dans les mots techniques que
leurs sons et dans les événements historiques que leur
pittoresque, — d'une préoccupation instinctive et inconsciente des choses de son temps. Autrement dit, et
par un étrange prodige, Hugo est en plein XIXe siècle
de notre ère un épique du Xe siècle avant Jésus-Christ ;
c'est un homéride, à moins qu'il ne soit un de ces poètes
hindous dont Vyâsa a mis à profit les poèmes ; et voilà
pourquoi on doit accepter chez lui ce que l'on con-
damnerait chez tout autre.

II

Ne cherchons donc plus ce qui pourrait empêcher *la Légende* d'être épique et voyons au contraire pourquoi elle l'est.

Le plus naturel et le plus simple en pareil cas paraît être de donner une définition du genre épique et de comparer à cette définition l'œuvre même du poète ; mais je serais fort embarrassé s'il me fallait suivre cette méthode. Les essais d'épopée qui ont été entrepris avec une étonnante persévérance depuis quatre siècles n'ayant guère abouti — du moins en France — qu'à une série d'avortements, la définition du genre est allée se modifiant sans cesse ; les traités de littérature se contredisent et se réfutent ; le nom d'épique est donné aux œuvres les plus disparates, au *Jocelyn* de Lamartine aussi bien qu'aux *Martyrs* de Chateaubriand, au *Germinal* de M. Zola aussi bien qu'à *Jocelyn*. De sorte que certains critiques et un grand nombre d'érudits en sont venus à nier qu'il pût exister de nos jours un genre épique ; à leurs yeux, même, l'épopée n'a jamais été un genre, mais, comme dit Lamartine, « la forme poétique de l'enfance des peuples » ; l'épopée contenait les germes de tous les genres ultérieurs, parce que ces germes ne s'étaient pas encore développés à part ; l'épopée était de l'histoire composée au temps où, « la critique n'existant pas encore, il y avait confusion entre l'histoire et la fable, entre l'imagination et la vérité. » Avons-nous à prendre parti dans ce débat ? Heureusement non, puisque, par suite du singulier phénomène que nous avons signalé, Hugo a spontanément, instinctivement fait de son œuvre un poème narratif où les genres littéraires non-narratifs ont leur part, un vaste tableau historique d'où l'histoire vraie est absente. Ce n'est donc pas à une définition, toujours arbitraire, de l'épopée que nous avons à comparer *la Légende des siècles* : c'est à l'épopée primitive elle-même. Celle-ci avait ses lois, qui résultaient de sa nature propre : ces lois ont-elles été appliquées par Victor Hugo ?

Nous ne rangerons pas parmi ces lois la prétendue nécessité pour la poésie épique de former des poèmes étendus et continus comme *l'Iliade*, *l'Odyssée*, *la Chanson de Roland*. La composition actuelle de *l'Iliade* et de *l'Odyssée* n'est pas plus primitive que leur division en vingt-quatre chants ; et *la Chanson de Roland* a pris bien des formes depuis le temps où, très courte encore, elle pouvait être chantée par les soldats de Guillaume le Conquérant à la bataille d'Hastings. Toutes les épopées populaires ont été formées par la réunion, fortuite ou soigneusement élaborée, de morceaux infiniment moins étendus : comment refuser à ces morceaux le titre d'épiques ? *La mort d'Hector* serait-elle moins épique, si elle n'avait pas été rattachée aux autres événements qui constituent *l'Iliade ?* Tel ou tel des récits d'Ulysse chez Alcinoüs le serait-il moins, s'il n'avait pas trouvé sa place dans l'ensemble de *l'Odyssée ?* et la scène où l'archevêque Turpin mourant bénit les corps des pairs qui ont déjà succombé serait-elle moins grandiosement épique, si *la Chanson de Roland* n'en avait pas été assez tardivement enrichie ? — De même *Aymerillot, le Petit roi de Galice* ou *le Satyre* n'en sont pas moins épiques pour n'entrer pas dans la trame d'un récit unique et régulièrement suivi.

Du moins résulte-t-il de ce qui précède que l'épopée ne peut surgir de toutes pièces de l'imagination, si puissante soit-elle, d'un seul poète : elle est lentement préparée et lentement elle éclôt. *Le Mâhâbhârata* est si bien le résumé d'un long travail antérieur qu'on lui a donné pour auteur Vyâsa, c'est-à-dire « le collecteur »; *les Niebelungen* ont pour origine de vieux chants populaires de la Germanie, et les épopées françaises des meilleurs temps sont sorties d'anciennes cantilènes ; si bien que M. G. Paris a été amené à définir l'épopée « une narration poétique fondée sur une poésie nationale antérieure ». Définition un peu étroite peut-être, et où le mot *nationale* pourrait être contesté, mais dont la partie essentielle se vérifie même pour les épopées savantes : *l'Énéide* résulte de *l'Iliade*, de *l'Odyssée*, des poèmes d'Ennius, des légendes latines ; — *la Divine comédie* résume le moyen âge chrétien et sa poésie, *le Paradis perdu* le mouvement d'esprit et la poésie de la Réforme. L'auteur de *la Légende des siècles* a lui aussi subi cette loi : il a mis en œuvre des matériaux préparés par la Bible dans la partie de son livre qui porte pour titre *d'Ève à Jésus;* — par la poésie antique dans les luttes *entre Géants et Dieux ;* — par nos épopées et légendes du moyen âge dans *le Cycle héroïque chrétien* et dans *les Chevaliers errants ;* — par la philosophie moderne combinée avec la mythologie antique dans *le Satyre*. Même les chapitres sur le XIXe siècle et sur l'avenir mettent en œuvre des idées et des théories, celle du progrès par exemple, qui avaient fort ému les esprits avant notre poète. Et *la Légende* ne se contente pas de mettre en œuvre des idées dont la poésie s'était déjà emparée ; elle le fait souvent dans des poèmes dont la forme même est celle de la poésie du siècle.

INTRODUCTION

Ainsi dépositaire d'un long travail poétique, l'épopée a pour sujet une lutte, soit la lutte de deux races, soit celle de deux religions ou de deux principes. *L'Iliade* est la lutte de la Grèce et de l'Asie, *les Niebelungen* celle des Germains et des Slaves, *la Chanson de Roland* ou *le Poème du Cid* celle des Francs ou des Espagnols contre les Sarrasins ; d'autre part, *le Râmâyana* est la lutte des brahmanes contre les mauvais génies, *le Mâhâbhârata* celle des esprits du bien contre les esprits du mal. Or, la conception de ce dernier poème hindou n'est-elle pas la conception même de *la Légende*? Lorsque, dans *la Vision* qui ouvre le livre, le poète contemple « le mur des siècles », il voit ce mur s'ébranler et s'écrouler à la rencontre de l'esprit de *l'Orestie*, c'est-à-dire de la Fatalité, du mal, et de l'esprit de *l'Apocalypse*, c'est-à-dire de Dieu, du bien. La lutte du bien et du mal, voilà l'histoire. Attiré « vers la croyance au Dieu double, vers le redoutable *bi-frons* des Manichéens », Hugo s'écriait déjà dans *les Contemplations :*

> Est-ce qu'en nos esprits, que l'ombre a pour repaires,
> Nous allons voir rentrer les songes de nos pères ?
>   Destin, lugubre assaut !
> O vivants, serions-nous l'objet d'une dispute ?
> L'un veut-il notre gloire et l'autre notre chute ?
>   Combien sont-ils là-haut ?
>
> Jadis, au fond du ciel, aux yeux du mage sombre,
> Deux joueurs effrayants apparaissaient dans l'ombre.
>   Qui craindre ? qui prier ?
> Les Mânes frissonnants, les pâles Zoroastres
> Voyaient deux grandes mains qui déplaçaient les astres
>   Sur le noir échiquier.

Ces deux grandes mains, Hugo n'a cessé d'en suivre anxieusement des yeux le jeu tragique, et voilà pourquoi s'opposent constamment dans *la Légende* le mal et le bien, la Décadence romaine et le lion d'Androclès, les infants de Galice et le chevalier Roland, Joss et Zéno et Éviradnus, lord Tiphaine et l'aigle du casque, Ratbert et l'archange vengeur d'Isora, les enfants qui s'acharnent après le crapaud et l'âne qui refuse de l'écraser, le monstrueux Léviathan de *Pleine mer* et le sublime aéroscaphe de *Plein Ciel*.

Mais, peut-on dire, l'épopée doit du moins avoir un *héros*, c'est-à-dire un personnage central, autour ou en face duquel l'esprit du lecteur groupe tous les autres, et dont les intérêts, les sentiments, les passions donnent toute leur valeur aux événements qui s'accomplissent : Achille, Ulysse, Roland, Siegfried. — Peut-être cette loi n'est-elle pas vraiment générale, si le *Shah-Nameh*, histoire poétique de la Perse, mérite d'être appelé une épopée. Admettons-la cependant. Il y a un *héros* aussi dans *la Légende*, « cette grande figure une et multiple, lugubre et rayonnante, fatale et sacrée, l'Homme ». Prendre l'Homme à son berceau, montrer sa lente croissance, le peindre accablé par tous les fléaux (polythéisme, superstitions, tyrannies, barbarie des codes, guerre, vices, ignorance), mais se relevant peu à peu et se délivrant ; chanter « l'épanouissement du genre humain de siècle en siècle, l'homme montant par degrés des ténèbres à l'idéal, la transfiguration paradisiaque de l'enfer terrestre, l'éclosion lente et suprême de la liberté, droit pour cette vie, responsabilité pour l'autre » ; au bout de ce drame poignant faire entrevoir le clairon de l'abîme qui sonne, le front mystérieux du juge qui apparaît, et l'homme qui, avec toute la création, s'incline devant le Créateur, tel était le grand et noble dessein du poète : en a-t-on jamais conçu de plus épique? Et je sais bien qu'en dessinant la figure de son héros, Hugo a trop appuyé sur certains traits pendant qu'il marquait à peine certains autres; qu'en racontant sa biographie, il y a laissé des lacunes singulières; qu'à force d'être attentif à ses douleurs, il a oublié de noter ses joies; qu'il a trop fait retentir son passé du « grand sanglot tragique de l'histoire », en réservant presque au seul avenir la douceur d'entendre un hymne d'espérance et de foi. Ces défauts, très réels, étaient fort excusables en 1859, après la publication fractionnée de la première série; ils le sont moins aujourd'hui, alors qu'à deux reprises Hugo a cru compléter son œuvre. Mais *la Légende*, répétons-le, n'est pas un poème suivi comme *l'Iliade*; on est moins exigeant pour une mosaïque que pour un tableau, et, quels que soient les défauts du héros choisi par le poète, sa présence constante et ses constants efforts donnent un intérêt puissant à tous les fragments de la grande œuvre qui lui est consacrée.

Cet intérêt est d'autant plus grand, d'ailleurs, qu'involontairement, inconsciemment, le poète agrandit tout, attribue à tout ce qu'il raconte une portée et comme une signification extraordinaires : en quoi il lui échoit d'appliquer encore une loi importante de l'épopée.

« A en juger par les faits, dit Thucydide, la guerre de Troie ne répond pas à sa renommée et à l'opinion que les poètes nous en ont transmise »; mais Homère a vu dans cette guerre une lutte acharnée de dix ans, le duel de l'Europe et de l'Asie, un divorce entre les puissances célestes elles-mêmes. Le 15 août 778, Roncevaux avait vu un comte de la marche de Bretagne, Roland, surpris et tué par des montagnards basques avec d'autres seigneurs et l'arrière-garde de l'armée franque : la poésie a fait de ce comte obscur le neveu de Charlemagne et le plus héroïque des douze pairs ; elle a remplacé les montagnards basques par d'innombrables guerriers musulmans ; elle a intéressé à l'action le croissant même et la croix.

Et maintenant, voyez ce qu'est devenu Roland dans l'imagination de notre poète. Joignant aux exploits que lui prêtait notre vieille épopée les exploits plus étranges que lui attribuait l'Arioste, farouche, ténébreux, effrayant, il est devenu le « chevalier de Dieu » et le « magistrat sinistre de l'épée ». Partout, dans la *Légende*, les personnages mis en scène deviennent ainsi des figures immenses, *énormes* (*e norma*), représentatives d'autre chose que d'elles-mêmes et, pour tout dire d'un mot, symboliques. Quelle gigantesque image de la chevalerie errante que ce grand vieillard Éviradnus, passant « masqué de fer » dans « l'attitude du rêve » ! Quelle adorable vision biblique que ce patriarche Booz, « marchant pur loin des sentiers obliques »,

> Vêtu de probité candide et de lin blanc !

Quels monstres que ce sultan Mourad, ce Ratbert, ces rois pyrénéens, dont « les figures sont lugubrement grandies par de rouges reflets de sacs et d'incendies » ! Et, en revanche, quels révoltés que ce Welf ou ce Masferrer ! Quelle âme noble et naïve que celle du marquis Fabrice ! J'oserais dire que Hugo a trouvé le moyen d'agrandir même les Titans, quand il les a opposés à Jupiter et à l'Olympe. Lorsqu'on écrit que les romans de Hugo sont épiques, c'est surtout à cette puissance d'agrandissement que l'on fait allusion, à la nécessité où est le poète de nous montrer, beaucoup moins des hommes de notre taille, vivant et

sentant comme nous, que des incarnations sommaires
à la fois et saisissantes d'une classe d'êtres tout
entière : un Thénardier, une Josiane, un Cimourdain ;
et c'est à la puissance avec laquelle, soit qu'il décrive
Notre-Dame de Paris, soit qu'il raconte le désastre de
Waterloo, soit qu'il explique la Révolution française,
il donne aux choses, à la vie et à l'histoire une allure
et une signification mystérieuses. Par une rencontre
bizarre, ni la Révolution ni Napoléon n'occupent une
place sérieuse dans *la Légende* ; mais le poète s'est
largement rattrapé ailleurs, et l'on sait quel chantre
sublime et aveugle il a été du miracle impérial, quelle
dévotion profonde et irraisonnée il a eue pour la religion de la Révolution française.

Dès lors il était inévitable que Hugo réalisât la dernière et peut-être la plus importante des lois de l'épopée : qu'il fît emploi du merveilleux.

Le merveilleux poétique est aujourd'hui fort discrédité, et ce n'est certes pas sans cause. Qu'un chrétien
chantât la colère de Neptune et de Junon, comme Ronsard, ou mêlât des naïades et un dieu limoneux aux
soldats de Louis XIV, comme Boileau ; qu'un déiste
ennemi du catholicisme nous transportât au ciel et aux
enfers en compagnie de saint Louis, comme Voltaire,
ou qu'un artiste, qui avait surtout dans le christianisme une foi esthétique, fît rivaliser Dieu le père avec
Jupiter et l'ange Gabriel avec Mercure, comme Chateaubriand, — depuis plusieurs siècles le merveilleux poétique sonnait creux, et la critique a fini par le proscrire
même de ce qu'à tort ou à raison on appelle encore la
poésie épique. Mais l'épopée populaire ne s'en était pas
plus passée que l'âme de ses auteurs et de ses auditeurs.
Les peuples jeunes vivant et se mouvant dans le mer-

veilleux, les Grecs n'auraient pas compris une *Iliade* où les dieux n'auraient pas été sans cesse mêlés aux hommes, ni même — plus tard — une *Odyssée* où n'auraient pas joué leur rôle Athénè, Hermès, Éole, Poséidon. Nos ancêtres trouvaient tout naturel que la terre tremblât pour annoncer la mort de Roland, que les anges Michel et Gabriel apportassent aux cieux l'âme du héros, qu'une voix céleste annonçât à Charlemagne avide de vengeance la prolongation désirée du jour. Cette jeunesse des peuples terminée, le merveilleux n'était plus possible, sauf dans des imitations et dans des pastiches, à moins... à moins qu'un poète ne se rencontrât qui, par la nature de son imagination, fût lui aussi un ancien, à qui ses idées et ses croyances rendissent le surnaturel familier, chez qui le merveilleux fût aussi spontané et aussi sincère que chez Homère. Et ce poète a été Victor Hugo.

Acharné, comme un Voltaire, à combattre l'anthropomorphisme des religions révélées et ces cultes qui, d'après lui, ne sont que *des réductions de l'éternel sur l'homme* et un *masque de l'infini pris sur l'humanité*, Hugo n'en a pas moins cru en Dieu avec la foi ardente, naïve, indiscrète d'un prophète hébreu, — lui parlant, le suppliant, le gourmandant, et sentant les larmes lui venir aux yeux quand on plaisantait devant lui sur la Providence. Convaincu de l'immortalité de l'âme et adonné aux pratiques du spiritisme, il sentait autour de lui et il plaçait volontiers auprès de ses personnages les âmes de ceux qui n'étaient plus. « Voulez-vous un prêtre ? » demande-t-on dans *les Misérables* à Jean Valjean, l'ancien forçat qui a été ramené au bien par l'évêque Myriel, « Voulez-vous un prêtre ? — J'en ai un. — Et du doigt il sembla désigner un point au-dessus de sa tête, où l'on eût dit qu'il voyait quelqu'un. *Il est probable que l'évêque, en effet, assistait à cette agonie.* » Frappé du regard profond et mystérieux de certains animaux, Hugo a cru qu'ils pouvaient servir d'instruments à la divinité :

> Dieu, présent à la nuit, n'est pas absent des bêtes ;
> Dieu vit dans les lions comme dans Daniel.
> ...... Homme, envie
> Ton chien ; tu ne sais pas, triste maître hagard,
> S'il n'a pas plus d'azur que toi dans le regard.

Enfin Hugo a repris les doctrines de Pythagore et des Hindous sur les migrations des âmes. Il pense qu'allégées par leurs vertus ou alourdies par leurs vices, les âmes montent ou descendent dans l'échelle des êtres ; que la plante vit, que le rocher souffre :

> Oui, bête, arbre, rocher, broussaille du chemin,
> Tout être est un vivant de l'immensité sombre...
> L'étincelle de Dieu, l'âme est dans toute chose.

Un poète pénétré de pareilles doctrines doit, tout aussi bien qu'un Homère, voir partout le surnaturel et le divin. Roland a toujours *senti Dieu près de lui* : de quels exploits ne sera-t-il pas capable ? Les crimes de Ratbert semblent un défi jeté à la Providence : comment le glaive invisible d'un archange ne trancherait-il pas la tête de Ratbert ? Le jeune Angus va périr : il est naturel que sa mère le regarde du fond de la tombe. Et pourquoi le cheval de Roland n'encouragerait-il pas le pauvre petit roi de Galice ? Pourquoi le père et la mère d'Isora, statues de pierre allongées sur un tombeau, ne s'assombriraient-elles pas quand le meurtrier approche du château de Final ? Et, lorsque le vieux don

Jayme, le cœur meurtri, pleure aux genoux de la statue colossale de son père, pourquoi trouverions-nous invraisemblable ce prodige :

> Le vieux héros sentit un frisson sur sa joue,
> Que dans l'ombre, d'un geste auguste et souverain,
> Caressait doucement la grande main d'airain.

III

Il est donc bien vrai que *la Légende des siècles* est épique parce qu'elle est conforme aux lois essentielles de l'épopée. Et l'on commence à voir qu'elle l'est aussi, qu'elle l'est surtout parce qu'elle est sortie d'une tête étonnamment épique.

Poésie épique, en effet, est quelque peu synonyme de poésie primitive et grandiose. Le génie de Hugo est grandiose et, bien que l'homme partage les idées et les préjugés de son temps, bien que l'écrivain ait profité de tout le travail antérieur pour son style et sa versification, ce génie est en même temps un génie primitif. C'est un Homère, moins ami de la mesure et de la beauté pure, moins délicat dans ses peintures de caractères. C'est un Homère qui a quelque chose de la raideur et de la psychologie rudimentaire de nos vieux épiques français, quelque chose (on peut le voir par la fin du *Satyre*) de la monstrueuse et saisissante poésie panthéistique de l'Inde, — avec tout cela, une puissance d'imagination qui n'est qu'à lui.

Le poète primitif n'est pas apte encore à l'analyse des idées et à la pensée pure : les idées d'Homère sont en somme des lieux communs, et les mots abstraits manquent, surtout dans *l'Iliade*. Ils ne manquent certes pas chez Hugo ; mais ou bien ils prennent comme une valeur concrète, et le poète nous fait *voir* le *glissement* du serpent, le *tournoiement* de la tempête, — ou bien ils ont une signification, je dirais presque une vie vague et mystérieuse : le bien, le mal, le beau, la liberté, l'idéal, le progrès. Hugo n'est pas dépourvu d'idées, comme on l'a si souvent dit ; nul n'a agité plus de problèmes et n'a trouvé plus de formules lumineuses ; mais, au lieu qu'il domine et dirige ses idées, ce sont au contraire ses idées qui, comme des puissances extérieures, le dominent, le mènent, le tyrannisent : d'où ses exagérations. « Le long travail d'analyse », dit M. Brunetière, « qui, depuis déjà tant de siècles, semble avoir eu pour terme de nous apprendre à distinguer nos idées d'avec les sensations qui en sont le point de départ, et nos sensations elles-mêmes d'avec les objets qui en sont l'occasion, tout ce travail a été d'abord comme nul ou non avenu pour Hugo ; et parce qu'elle est d'un primitif, c'est pour cela que cette confusion en lui de l'objet, de la sensation et de l'idée est d'un poète unique parmi nous et dans notre littérature. »

Le poète primitif n'a pas perdu la fraîcheur de sa vision. Il ne perçoit pas encore les choses à travers tout ce qui en a été écrit, mais directement. Le ciel, les montagnes, la mer, le calme et la tempête, le matin et le soir, tout cela est *vu* dans Homère. Hugo de même *voit* d'une façon étonnante. Il voit le vallon d'Ernula dans *le Petit roi de Galice* :

> De distance en distance, on voit des puits bourbeux
> Où finit le sillon des chariots à bœufs ;
> Hors un peu d'herbe autour des puits, tout est aride ;
> Tout du grand midi sombre a l'implacable ride ;
> Les arbres sont gercés, les granits sont fendus.
> L'air rare et brûlant manque aux oiseaux éperdus.

Il voit ce *coucher de soleil* dans un parc royal :

> Le jour s'éteint ; les nids chuchotent, querelleurs ;
> Les pourpres du couchant sont dans les branches d'arbre
> La rougeur monte au front des déesses de marbre,
> Qui semblent palpiter, sentant venir la nuit.

Et que de vers çà et là, où la précision du rendu est incomparable :

> Les ronds mouillés que font les seaux sur la margelle.
> Les bons clochers sortaient des brumes indécises.
> Le bercement des flots sous la chanson des branches.

Mais en même temps qu'ils voient avec netteté, les poètes primitifs s'étonnent de cette nature au milieu de laquelle ils sont plongés ; ils ressentent en sa présence une émotion profonde et lui attribuent une vie mystérieuse. Ainsi, ils transforment et animent tout. Hugo fait comme eux, plus puissamment qu'eux. Il sent « la palpitation sauvage du printemps » ; il entend « le vent rugir comme un soufflet de forge », voit « la mer épileptique baver sur les écueils grondants », et tremble pour le pêcheur ballotté par les vagues :

> Les flots le long du bord glissent, vertes couleuvres ;
> Le gouffre roule et tord ses plis démesurés
> Et fait râler d'horreur les agrès effarés.

A vrai dire, ce n'est plus seulement là sentir fortement ; c'est, au siècle de l'abstraction et de la science, retrouver le don suprême du poète primitif, celui de créer des mythes. Dans la puissante description de la tempête où sombre l'ourque de *l'Homme qui rit*, un chapitre porte ce titre caractéristique : *Horreur sacrée*.

Hugo essaie d'y noter la voix de l'ouragan, de saisir ce qu'elle dit, d'en comprendre les plaintes ou les supplications, et il ajoute :

« Vaste trouble pour la pensée. La raison d'être des mythologies et des polythéismes est là. A l'effroi de ces grands murmures s'ajoutent des profils surhumains sitôt évanouis qu'aperçus, des euménides à peu près distinctes, des gorges de furies dessinées dans les nuages, des chimères plutoniennes, presque affirmées. Aucune horreur n'égale ces sanglots, ces rires, ces souplesses du fracas, ces demandes et ces réponses indéchiffrables, ces appels à des auxiliaires inconnus. L'homme ne sait que devenir en présence de cette incantation épouvantable. Il plie sous l'énigme de ces intonations draconiennes. Quel sous-entendu y a-t-il ? que signifient-elles ? qui menacent-elles ? qui supplient-elles ? Il y a là comme un déchaînement. Vociférations de précipice à précipice, de l'air à l'eau, du vent au flot, de la pluie au rocher, du zénith au nadir, des astres aux écumes, la muselière du gouffre défaite, tel est ce tumulte, compliqué d'on ne sait quel démêlé mystérieux avec les mauvaises consciences. »

Le grand secret de la poésie de Hugo se révèle dans cette page. Cette horreur sacrée qui s'empare de lui en face des grands phénomènes naturels, ces personnifications qu'il crée instinctivement (personnifications des détails, personnification de l'ensemble), ce sentiment profond de rapports entre la nature mystérieuse et l'homme, n'est-ce pas la poésie des poètes primitifs ? Mais, si la mythologie de ces poètes est merveilleusement belle et riche, la plus grande part en revient à la tradition : Hugo crée sans cesse des mythes qui sont bien à lui et qui sont très hardis, très expressifs. Aussi, dans *le Satyre*, la mythologie grecque n'est-elle ni reproduite ni déformée : Hugo l'a enrichie, étendue, développée par les procédés mêmes, aussi naturels, aussi instinctifs chez lui que chez les rapsodes homériques, par lesquels, à l'origine, elle s'est créée. Personnifications des forces de la nature, personnifications des idées abstraites, personnifications des mots, tous les nouveaux habitants de l'Olympe sont bien les proches parents de ceux dont les Kuhn, les Max Müller et les Bréal ont étudié la genèse. Puis, quand le Satyre chante, la mer, la terre, l'arbre, la guerre, tout prend vie et figure : les rochers froncent pensivement leurs sourcils, la végétation aux mille têtes songe, la grenade montre sa chair sous sa tunique. — Des sujets non antiques prêteront moins sans doute ? Voyez, dans *le Petit roi de Galice*, les soldats couchés qui *boivent l'ombre et le rêve à l'obscure mamelle du sommeil* ; voyez Durandal, *l'épée éclatante et fidèle*, qui *brille toute joyeuse, flamboie comme un sinistre esprit, donne des coups d'estoc qui semblent des coups d'ailes* et fait si bien *la fête effrayante du glaive*, que *le vieux mont Corcova regarde par-dessus l'épaule des collines.* — Toute la description du château de Corbus l'hiver, dans *Éviradnus*, n'est qu'un long et superbe mythe, où d'autres encore se mêlent. Entrons-nous dans la salle immense et sombre, « la Terreur, dans les coins accroupie, attend l'hôte » ; « l'Épouvante est toute nue au fond » des oubliettes ; « la nuit retient son souffle », et, autour des panoplies, « l'ombre a peur et les piliers ont froid ». — Dans la peinture même de notre xix⁰ siècle, dans le sujet si humble des *Pauvres gens*, le vent, l'océan, minuit, tout s'anime et se personnifie :

> C'est l'heure où, gai danseur, minuit rit et folâtre
> Sous le loup de satin qu'illuminent ses yeux,
> Et c'est l'heure où minuit, brigand mystérieux,
> Voilé d'ombre et de pluie et le front dans la bise,

> Prend un pauvre marin frissonnant et le brise
> Aux rochers monstrueux apparus brusquement.

Et je me contente de citer des exemples où le mythe reste à l'état d'ébauche ; mais que de fois il s'organise et devient un être vivant en même temps qu'un éclatant symbole !

A peine est-il besoin maintenant d'étudier le style épique de Hugo. Il emploie les comparaisons à la façon d'Homère :

> Froïla tombe, étreint par l'angoisse dernière ;
> Son casque, dont l'épée a brisé la charnière,
> S'ouvre, et montre sa bouche où l'écume apparaît.
> Bave épaisse et sanglante ! Ainsi, dans la forêt,
> La sève en mai, gonflant les aubépines blanches,
> S'enfle et sort en salive à la pointe des branches.

Mais la comparaison, ainsi complètement indiquée, ne fait pas une place assez belle à l'image et ne l'identifie pas assez avec l'objet. Hugo emploie plutôt les métaphores développées :

> C'est naturellement que les monts sont fidèles
> Et purs, ayant la forme âpre des citadelles,
> Ayant reçu de Dieu des créneaux où, le soir,
> L'homme peut, d'embrasure en embrasure, voir
> Étinceler le fer de lance des étoiles ;

ou les métaphores plus courtes : le croissant lunaire, « ce fer d'or qu'a laissé tomber dans les nuées le sombre cheval de la nuit » ; — « le haut Mythen, clocher de la cloche Aquilon » ; — « Je regarde le gland qu'on appelle Aujourd'hui, j'y vois le chêne ».

Ce n'est pas assez faire encore pour l'image : il faut qu'elle se confonde avec l'objet dans l'expression la plus synthétique possible, et Hugo dit : la forêt spectre, le vaisseau rêve, le pâtre promontoire au chapeau de nuées. Ainsi la poésie d'Homère perd la supériorité que lui donnait une langue synthétique et souple pour l'expression vive et directe des images.

Que ne pourrait-on pas citer encore, pour rapprocher Hugo des épiques primitifs ? des dénombrements pleins de vie et de couleur, comme ceux de *Ratbert* ou des *Trois cents* ! — des récits, terribles, comme la poursuite d'Angus ; ou fortement pittoresques, comme l'entrée du satyre dans l'Olympe ; ou simples et émouvants, comme *Après la bataille* et *le Cimetière d'Eylau* ! — des descriptions de personnages, tantôt charmantes, comme celle de l'Infante, tantôt saisissantes, comme celle de Roland entrant dans le val d'Ernula ! — des discours, qu'à la façon des héros d'Homère les combattants s'assènent en même temps que les coups ! — et cette versification merveilleuse, qui accuse, précise, agrandit tous les effets ! — et enfin cette qualité éminemment épique, si justement signalée par M. Faguet, l'abondance, l'invention aisée, la joie de créer, l'ivresse poétique qui se communique au lecteur et l'aveugle sur les défauts de ce qu'il lit !

IV

A ce poète, si visiblement prédestiné pour l'épopée, pourquoi refuse-t-on parfois le titre d'épique ? Afin de pouvoir mieux déférer ce titre à Leconte de Lisle et d'avoir le droit de proclamer que ce dernier a « réintégré le sens de l'épopée [1] » dans notre poésie. Et sans

---

1. L'expression est de M. Brunetière dans ses leçons sur *l'É-*

doute il y a des qualités qui conviennent à l'épopée dans les beaux poèmes de Leconte de Lisle : l'éclat de la versification et du style, le sens de la grandeur, le goût du symbole, la connaissance profonde des races diverses et des époques ; il est même tout naturel qu'on appelle Leconte de Lisle un poète épique, si, comme M. H. Houssaye, on définit le poète épique : un savant et consciencieux « historien des temps qui n'ont pas d'histoire ». Mais précisément parce qu'ils sont « dignes du siècle de l'histoire », — encore un éloge mérité, que j'emprunte à M. Jules Lemaître ! — les *Poèmes barbares* et les *Poèmes antiques* ne rappellent guère *le Râmâyana*, *l'Iliade* ou *les Niebelungen*. Ils sont une reconstitution laborieuse du passé : l'ancienne épopée en était une vision naïve, quand elle n'était pas une naïve projection dans le passé du présent lui-même [1]. En quoi aussi rappelle-t-il un croyant comme Homère, ce poète athée qui n'a passé en revue les croyances de l'humanité qu'avec la curiosité d'un historien sceptique des religions ou avec l'irritation sourde d'un ami des hommes voyant dans la soif du surnaturel l'une des grandes causes de leurs maux ? Et ce quelque chose de spontané, d'abondant, d'intarissable, que nous signalions dans l'épopée primitive, le retrouvons-nous dans ces pièces, à la composition si artistement rigide, au style si serré et si étudié, à la versification si savamment plastique, qui frappent, éblouissent, accablent

---

*volution de la poésie lyrique en France au XIX*e *siècle*. Mais, en ce qui concerne Hugo et son œuvre épique, le *Manuel de l'histoire de la littérature française* (1897) et surtout l'étude très récente sur *la Littérature européenne au XIX*e *siècle* (*Revue des deux Mondes*, 1er décembre 1899), diffèrent sensiblement de ces leçons, professées en 1893, publiées en 1894.

1. Lintilhac, *le Miracle grec*, p. 14.

et causent au lecteur qui les admire de la lassitude, comme elles en ont sans doute causé à l'auteur lui-même. Faut-il chercher un nom qui s'est appliqué à tant d'œuvres *populaires* pour le donner à des œuvres qui raviront éternellement une *aristocratie* de lettrés, mais qui ne s'adresseront jamais qu'à elle ?

Du moins l'inspiration des poèmes historiques de Leconte de Lisle est-elle impersonnelle, aussi bien que celle des vieilles épopées ! — En apparence, oui ; et il est certain que Leconte de Lisle cache sa personnalité avec infiniment plus de soin que Victor Hugo. Mais, au fond, ne se sert-il pas, lui aussi, des visions du passé pour exprimer des sentiments qui lui sont chers et qui n'appartiennent nullement aux temps dont il s'occupe ? Le pessimisme amer qu'il a glissé partout n'est-il pas le pessimisme même du philosophe Leconte de Lisle ? N'est-ce pas l'auteur de l'*Histoire populaire du christianisme*, Leconte de Lisle, qui oppose aux cénobites chrétiens, grossiers et cruels, la noble païenne Hypatie ; qui met sous nos yeux l'atroce agonie du *réprouvé* saint Dominique, qui fait siéger le Christ auprès de ses « égaux antiques » Brahma ou Jupiter ; qui proteste contre la création par la bouche du premier homme ou qui fait prophétiser par le Runoïa la chute même de Dieu ? M. Brunetière regarde comme entachée d'individualisme et, par conséquent, comme lyrique la *Conscience* de Victor Hugo ; et la *Conscience*, au contraire, est admirablement épique par l'impersonnalité de son inspiration, par la simplicité et la grandeur du récit, par sa couleur historique qui est vraisemblable sans exactitude érudite, par son symbole clair qui exprime une des idées les plus naturelles et les plus nobles de l'humanité, tandis qu'on a le droit de dénier ce caractère au *Qaïn* de Leconte de Lisle, si grand, si effrayant, si émouvant même (par exception), mais si évidemment chargé de représenter une idée du poète, une idée du poète seul. Ce que dit « le Vengeur Qaïn au dieu jaloux » est d'une beauté sinistre et suprême, mais ni Qaïn ni l'humanité ne l'ont pensé.

Si l'on veut que la poésie si neuve, historique et philosophique à la fois, scientifique et naturaliste, de Leconte de Lisle, soit de la poésie épique, je n'y contredirai point, les définitions de mots étant libres et les genres ayant le droit de se modifier d'âge en âge ; mais cette poésie épique ne sera pas celle que l'on désignait jadis de ce nom, et il ne faudra donc pas dire que Leconte de Lisle *a réintégré* dans notre poésie *le sens de l'épopée.*

Ce rôle appartiendrait plutôt à Victor Hugo, si Victor Hugo poète épique pouvait être utilement suivi et imité. Mais on ne verra sans doute pas deux fois ce phénomène étrange d'un grand poète moderne en qui revit l'esprit d'un poète primitif, et, si les qualités prodigieuses ou, pour parler comme lui, *énormes* d'un Victor Hugo ne se peuvent acquérir, ses défauts, énormes aussi, seraient odieux chez tout autre.

De plus, il faut bien le dire, l'ancienne épopée ayant eu pour rôle essentiel de résumer en une œuvre accessible et chère à tous les aspirations, les croyances, les espérances de tous, et, en les résumant, de les fortifier et de les étendre encore, Victor Hugo a certes mis dans son œuvre quelque chose de ce qui incombait de ce chef à l'épopée, à savoir certaines théories courantes comme celle du progrès et la magnifique glorification des plus nécessaires idées morales. Mais, d'ailleurs, son génie mythique et apocalyptique n'était pas d'accord avec les goûts et les aptitudes de ses contemporains, et, plus son épopée a ressemblé à l'épopée primitive, moins elle en a pu remplir la mission, moins elle a pu être la voix et comme le viatique d'un peuple. Étant une sorte d'anachronisme, elle n'a pas obtenu l'influence que tout le génie dépensé aurait mérité.

Et voilà encore pourquoi, en dépit des « petites épopées », plus ou moins heureuses, qui se sont glissées çà et là dans les livres des poètes contemporains, *la Légende des siècles* reste et restera une œuvre isolée, dont il était important de bien fixer le caractère. Je n'ai pas caché qu'on y devait signaler des éléments multiples ; mais Hugo parlait des *vents de l'esprit*, et les vents peuvent mêler leurs souffles. Qu'on distingue tous ceux qu'on voudra dans *la Légende* : c'est toujours le souffle épique que nous entendrons résonner le plus haut et le plus fièrement.

VICTOR HUGO

POÈTE ÉPIQUE

CHAPITRE PREMIER.

Les préliminaires de l'œuvre épique.

I

On a dit à plusieurs reprises que Victor Hugo devait à Leconte de Lisle l'idée et l'inspiration même de *la Légende des siècles*[1]. « Nous ne saurions nous le dissimuler, a écrit un historien de la littérature française, ce sont bien les *Poèmes antiques* et les *Poèmes barbares* que Victor Hugo a imités, comme il pouvait et comme il savait imiter, mais enfin qu'il a imités dans sa *Légende des siècles*. » En ce qui concerne les *Poèmes bar-*

---

[1]. On a dit aussi que la conception de *la Légende* avait été « évidemment suggérée par *la Bible de l'Humanité* de Michelet ». Mais *la Bible de l'Humanité*, dont le plan et l'inspiration diffèrent singulièrement du plan et de l'inspiration de *la Légende*, n'a été publiée et écrite qu'en 1864.

bares, l'assertion est séduisante, ces *Poèmes* ayant beaucoup de points communs avec *la Légende ;* mais elle est insoutenable, et quelques indications précises sur la formation des recueils de Leconte de Lisle le montreront assez aisément. Sous leur forme définitive, constituée seulement en 1871, les *Poèmes barbares* se composent de quatre-vingt-une pièces : vingt-neuf sont d'une date très tardive, et notamment la plus belle et la plus caractéristique de toutes, *Qaïn*, parue en 1869 ; — trente-deux n'ont été publiées, sous le titre de *Poésies barbares*, qu'en 1862, trois ans après *la Légende des siècles* ; — cinq figuraient en 1858 dans les *Poésies nouvelles*, quatorze en 1855 dans les *Poèmes et poésies* (dont trois publiées par la *Revue des deux Mondes* en février de la même année, et une publiée par la *Revue de Paris* en août 1854, *le Runoïa*) ; une enfin, *la Fontaine aux lianes*, faisait déjà partie des *Poèmes antiques* en 1852. Cette dernière étant mise à part, comme il convient, restent dix-neuf pièces que Victor Hugo a pu connaître avant de publier sa *Légende*. Mais elles étaient perdues dans des recueils aux titres nullement expressifs ; elles n'avaient (sauf quatre ou cinq) aucun caractère historique ou épique, et elles paraissaient au moment où — nous le verrons bientôt — le dessin de son œuvre épique était déjà arrêté dans l'esprit de Victor Hugo. Quant aux *Poèmes antiques*, ils ont bien paru en 1852 ; mais ils ne comprenaient alors que trente pièces, non disposées dans un ordre historique, et où *Çurya* et *Bhagavat*, tout à la fin du volume, représentaient seuls la religion et la civilisation hindoues. Est-ce un poète épique curieux de l'histoire de l'humanité tout entière ? n'est-ce pas plutôt un diligent disciple d'André Chénier qu'annonçait un pareil recueil ? Et quand les *Poèmes et poésies*, en 1855, eurent donné quelques études antiques encore, dont deux consacrées à l'Inde : *Çunacépa* et *l'Arc de Civa* ; quand les *Poésies nouvelles*, en 1858, en eurent communiqué au public six autres, dont *la Vision de Brahma*, on ne voit pas que Hugo s'en soit fort ému, puisque, dans sa *Légende* de 1859, il n'a justement rien dit ni de l'Inde, ni de la Grèce (car nous ne saurions même citer *le Satyre*, où V. Hugo fait de la mythologie grecque un emploi tout à fait original), ni de la belle période de l'histoire et de la poésie romaines. Dans cette *Légende*, à laquelle on veut que les *Poèmes antiques* aient donné naissance, il n'y a pas de poèmes antiques.

Dès lors, qu'est-ce que Hugo pourrait avoir emprunté à Leconte de Lisle ?

Il est assurément légitime de signaler quatre idées importantes comme ayant été communes aux deux poètes : celle de cultiver le genre épique ; — celle d'écrire une histoire légendaire de l'humanité ; — celle d'exposer cette histoire, non pas au moyen d'une ou de plusieurs épopées en plusieurs chants, mais au moyen de courts poèmes détachés ; — enfin celle de mettre dans les faits exposés, traités comme symboles, une pensée philosophique ou morale (car il y a une pensée philosophique au fond du *Sacre de la Femme*, de *la Conscience*, des *Lions*, comme au fond de *Bhagavat*, de *la Vision de Brahma* ou de *Khirôn*). Mais, si Leconte de Lisle ne doit pas ces idées à Victor Hugo, Victor Hugo ne les doit pas non plus à Leconte de Lisle, et il paraît même les avoir conçues avec netteté plus tôt que son rival. Rien de plus naturel, d'ailleurs, puisque ces idées avaient été familières à l'Ecole romantique, dont Hugo avait été le chef et dont Leconte de Lisle était l'adversaire déclaré ; puisque, en outre, il suffisait à Hugo, pour être amené à les faire siennes et à les appliquer, de la direction prise depuis assez longtemps déjà par son propre génie.

II

Je n'énumérerai pas les essais épiques de l'École romantique, bien qu'ils aient tous pu exercer sur Victor Hugo une influence que nous avons d'abord peine à soupçonner. De ce que nous ne songeons plus à lire un livre, nous concluons volontiers qu'il a toujours été, comme il l'est aujourd'hui, sans importance. Mais c'est une erreur ; car on peut s'être mépris sur sa valeur en son temps ; car un grand écrivain a pu le lire pour mille raisons (parmi lesquelles les raisons de convenance, de camaraderie, d'amitié ne sont pas les moindres) et en tirer une indication utile. Disons seulement que Barthélémy et Méry ont publié en 1828 un *Napoléon en Égypte* ; qu'Edgard Quinet a donné un *Napoléon*, lui aussi, en 1836, et un *Prométhée* en 1838 ; que Soumet, après une *Jeanne d'Arc* en 1825, a donné *la Divine épopée ou l'enfer racheté* en 1840. *La Divine épopée* aboutit à la même conclusion que *la Fin de Satan* de notre poète. Damné à jamais par Dante, par Milton et par Klopstock, Satan s'y réconcilie avec Dieu [1], et l'on pourrait croire que Hugo s'est sur

---

1. Alfred de Vigny a rêvé longtemps d'écrire, lui aussi, un *Satan sauvé*, qui eût été une suite d'*Éloa*. Voir le plan projeté de cette œuvre dans le *Journal d'un poète*, p. 274-277.

ce point souvenu de Soumet, si la réconciliation du mal et du bien n'était l'aboutissement nécessaire de toute sa philosophie. Laissons de côté ces diverses œuvres ; je ne veux insister un peu que sur celles de deux grands poètes, qui avaient été longtemps les amis de Victor Hugo et ses rivaux de gloire : Lamartine, à qui Hugo a dédié tant de pièces ; Alfred de Vigny, dont Hugo avait chaleureusement loué le poème *Éloa* et qui en récompense avait dédié à Hugo son *Moïse*. On sait qu'un jour les deux écrivains se brouillèrent ; Hugo transporta au *Paradis perdu* de Milton les éloges qu'il avait accordés à l'*Éloa* de Vigny, et Vigny effaça le nom de Hugo en tête de *Moïse* : telles sont les petitesses des grands hommes !

En janvier 1821, Lamartine, qui, quelques années auparavant, avait travaillé à une épopée sur Clovis, puis à une autre, puis à une autre encore, et les avait toutes trois abandonnées, conçut pendant un voyage de Naples à Rome l'idée d'une épopée immense, qui formerait quarante-huit chants et comprendrait l'histoire entière de l'humanité. En décembre 1823, il en exposa le plan à son ami Virieu, et je vais ainsi pouvoir l'indiquer en quelques mots. Les anges commençaient à être à la mode dans la poésie : Byron en 1821 dans son *Ciel et Terre*, Thomas Moore en 1822 dans ses *Amours des Anges*, Vigny en 1823 dans son *Éloa* et dans son *Déluge* allaient s'inspirer romantiquement de la Bible à leur sujet ; Alexandre Dumas devait faire de même en 1836 dans son *Don Juan de Maraña* ou *la Chute d'un Ange* : c'est un ange qui est le principal personnage de l'épopée de Lamartine. Chargé par Dieu, peu après la création, de garder une des plus belles filles d'Ève, il en devient amoureux, est puni par le Tout-Puissant, et perd celle qu'il aime en même temps qu'il reçoit la forme humaine : il ne pourra quitter cette forme et il ne pourra retrouver sa bien-aimée dans le ciel qu'après avoir « été purifié par plusieurs vies et plusieurs morts méritoires ».

Supposez que, peu de temps avant la fin du monde, des hommes rencontrent cet ange devenu depuis si longtemps leur frère et qu'ils l'interrogent sur son histoire. L'ange pourra raconter l'histoire entière du monde jusqu'à cet avant-dernier jour. Il racontera *la création*, et ce sera le premier chant ; — puis *le déluge*, — le temps des *patriarches*, — celui des *prophètes*, — *la rédemption*, — l'ère des *martyrs*, — *la chevalerie*... Le poète dénouera ensuite l'histoire du monde aussi bien que celle de son héros dans un dernier chant, consacré au *Jugement dernier*. Qu'aura-t-il fait ainsi ? On se rappelle la phrase célèbre de Pascal : « Toute la suite des hommes doit être considérée comme un même homme qui subsiste toujours et qui apprend continuellement ». Ce *même homme qui subsiste toujours* n'est-il pas très bien symbolisé par l'ange de Lamartine ? Et, si le poète avait pu réaliser son rêve, n'est-ce pas l'épopée même de l'humanité qu'il aurait écrite ?

Dérangé par d'autres projets, par l'état de sa santé, par son rôle politique, Lamartine n'a pas composé son poème, il en a seulement écrit des fragments. L'un d'eux figure dans *les Harmonies* sous ce titre : *Invocation du poète* : il devait faire partie de l'épisode de *la Chevalerie*. Un autre fragment de ce même épisode, le *Chant des chevaliers*, a été publié dans les *Nouvelles confidences*. Un épisode, portant pour titre *les Pêcheurs*, semble avoir été rédigé entièrement, puis perdu pendant un voyage. *Jocelyn*, qui parut en 1836, peut être considéré comme se rattachant aussi au grand projet de Lamartine. Le doux et triste Jocelyn, qui renonce deux fois au bonheur : une première fois afin que sa sœur puisse épouser celui qu'elle aime, une seconde fois afin que son vieil évêque ne soit pas privé des secours de la religion au moment de sa mort, Jocelyn était sans doute une des dernières incarnations de l'ange déchu, se purifiant par le sacrifice. Mais le poète n'a pas indiqué lui-même ce lien entre le bel *épisode* qu'il avait achevé et la grande épopée qu'il avait autrefois conçue. Le lien est très marqué au contraire entre la grande épopée et le poème de *la Chute d'un Ange* publié en 1838. *La Chute d'un Ange*, c'est le point de départ même de la conception de Lamartine ; c'est l'ange Cédar devenu amoureux de Daïdha, déchu de sa dignité et devenant homme pour lutter et pour souffrir. L'action se passe à la veille du déluge, comme en témoignent les derniers vers, et l'humanité de ces temps si anciens est peinte sous deux formes : la vie pastorale et nomade (dans la première partie du poème), la vie corrompue et criminelle des villes (dans la seconde, où paraissent d'abominables tyrans, sortes de géants demi-dieux, qui connaissent déjà tous les raffinements de la civilisation).

Je ne ferai pas l'analyse de *la Chute d'un Ange* et me contenterai de signaler trois passages dont Hugo peut s'être souvenu. Dans la deuxième *vision* (le poème est divisé en quinze *visions*), Daïdha va être enlevée par des géants chasseurs d'hommes. Cédar s'élance sur l'un d'eux, lui brise la poitrine d'un coup de sa tête et abat ensuite ses autres adversaires avec le cadavre transformé en massue, qu'il fait tournoyer avec violence. Nous verrons de même Éviradnus, le chevalier errant, se faire une massue du cadavre de Ladislas pour abattre Sigismond. Rabelais avait aussi mis en œuvre une invention analogue ; mais quelques vers de Hugo rappellent plutôt *la Chute d'un Ange* que *Pantagruel*[1]. — Dans les *visions* VII et VIII, Cédar et Daïdha rencontrent sur le Carmel un vieillard solitaire, Adonaï, qui a gravé sur des feuilles d'airain ce que lui ont suggéré ses longues méditations : c'est là ce qu'il appelle *le Livre primitif ;* il leur en lit des fragments, pleins de grandeur, pleins de profondeur, mais qui étonnent quelque peu ici par leur caractère rationaliste. Certaines des idées développées dans ces fragments se retrouvent çà et là dans les vers de Victor Hugo. — Enfin, dans la huitième *vision*, la lecture est interrompue par l'arrivée d'un « char ailé », d'un « navire céleste », que montent et dirigent à leur gré des envoyés des tyrans-dieux. Ces géants sortent de leur machine, tuent Adonaï, brûlent *le livre primitif*, enlèvent Cédar et Daïdha. Ce ballon dirigeable, qu'on est un peu surpris de trouver inventé et employé en des temps si anciens, rappelle celui par lequel Hugo a symbolisé l'humanité délivrée dans son admirable pièce de *Plein Ciel* : Hugo, d'une façon plus vraisemblable, l'a placé au XXe siècle.

---

[1]. LAMARTINE :
  Saisissant par les pieds un *cadavre* étendu,
  Il le fait tournoyer sur lui *comme une épée :*
  De sa *massue* humaine à chaque tour frappée,
  La troupe homme par homme en un clin d'œil *s'abat*.

VICTOR HUGO :
  Et prenant aux talons le *cadavre* du roi...
  Il *brandit* le roi mort *comme une arme, il en joue...*
  Hé ! dit-il, je n'ai pas besoin d'autre *massue*...
  Soudain le mort *s'abat*...

Cf. Rabelais, II, 29.

Que Hugo se soit ou ne se soit pas inspiré de ces passages, il connaissait *la Chute d'un Ange*, il savait les anciens projets de Lamartine, il avait dû s'en entretenir avec lui au temps de leur amitié, et il n'avait donc pas besoin de l'exemple de Leconte de Lisle pour songer à peindre l'histoire de l'Homme, toujours vivant, toujours souffrant, dans une sorte d'œuvre cyclique. D'ailleurs l'idée était, comme on dit, dans l'air. Dès 1833, Edgard Quinet, reprenant avec des vues plus philosophiques un projet de Gœthe et de Schubart, avait composé un poème en prose sur *Ahasvérus*, et dans la personne du Juif errant avait incarné le genre humain. « Ahasvérus est l'homme éternel. Tous les autres lui ressemblent », disait, au moment du jugement dernier, le Père éternel au Christ, « ton jugement sur lui servira pour eux tous. » Et il n'avait même pas suffi à Quinet de nous montrer Ahasvérus, c'est-à-dire l'humanité, depuis l'ère chrétienne jusqu'au jugement. La création du monde et la chute de tout, même du Christ, auquel seule l'Éternité survit, forment les deux extrémités de ce que Charles Magnin appelait sa « grande fresque épique ».

Une grande fresque épique — ou plutôt une série de fresques épiques, — c'est, sans métaphore cette fois, ce que Chenavard voulait peindre, lui aussi, en 1848. A cette date, le Panthéon ayant été affecté à la sépulture des grands hommes, le ministre Ledru-Rollin avait chargé le peintre lyonnais de donner au monument une décoration appropriée à sa nouvelle destination. Chenavard avait alors eu l'idée de développer sur les murs du Panthéon « une vaste synthèse de l'histoire universelle » ; suivre des yeux les tableaux successifs de l'artiste, c'eût été pour le spectateur suivre aussi en esprit la marche du genre humain, à travers les joies et les tristesses, les grandeurs et les hontes, vers un avenir inconnu. Au centre de l'édifice, au milieu de la croix grecque que dessine le Panthéon, une vaste mosaïque de 500 mètres carrés eût résumé cette épopée des siècles. A droite devaient se succéder, représentés par des symboles, les grands événements politiques et sociaux, ainsi que les grands hommes qui s'étaient inspirés de la raison ; à gauche, les événements religieux et les grands hommes qu'avait animés une inspiration mystique ; et ces deux séries, l'ordre humain, l'ordre religieux, étaient si ingénieusement disposées que, pour chaque période de l'histoire, l'œuvre rationnelle et l'œuvre religieuse de l'humanité se trouvaient sur un même plan. Au sommet de la mosaïque, toutes les divinités créées par la piété plus ou moins éclairée des hommes s'inclinaient respectueusement devant la seule divinité véritable, devant le Verbe incréé, dont la trompette des Chérubins faisait retentir la gloire. *La philosophie de l'histoire*, tel était le nom que le peintre donnait à cette vaste composition. Quand tous les cartons de Chenavard furent terminés, l'empire était venu ; Montalembert obtint de Napoléon III que le Panthéon fût rendu au culte catholique et à sainte Geneviève ; l'épopée artistique conçue par Chenavard ne fut pas peinte ; mais tous les esprits cultivés la connaissaient.

Tout ceci ne nous suffit-il point encore ? et voulons-nous trouver avant Hugo et Leconte de Lisle de courts poèmes dont la juxtaposition forme une histoire poétique, plus ou moins incomplète, de l'humanité ? de courts poèmes où les personnages et les faits aient, à côté de leur signification historique, une valeur symbolique aussi ? Nous n'avons qu'à songer aux poèmes d'Alfred de Vigny. Dès 1822, Vigny avait classé ses poèmes sous ces titres : *poèmes antiques, poèmes judaïques, poèmes modernes*; en 1829, l'intention historique ou épique du poète s'était mieux marquée encore dans une édition plus complète ; en 1837 enfin, Vigny avait donné à ses poèmes leur disposition définitive. *Moïse, Éloa* et *le Déluge* y forment un *livre mystique ; la Fille de Jephté, la Femme adultère, le Bain* représentent *l'antiquité biblique ; la Somnambule, la Dryade, Symétha, le Bain d'une dame romaine* représentent *l'antiquité classique* ; après quoi *le Cor* et *la Neige* sont consacrés au moyen âge, *Madame de Soubise* au xvie siècle, *la Prison* au xviie. Et c'est là une esquisse bien fragmentaire, bien incomplète certes, d'une *Légende des siècles* : c'en est une esquisse cependant. — Et, d'autre part, les symboles abondent dans ces poèmes, où l'ange Éloa née d'une larme du Christ et se livrant à Satan, c'est la pitié suprême, la pitié pour le mal, — où Moïse, solitaire et puissant, n'aspirant qu'à s'endormir du sommeil de la terre, c'est le génie, isolé des autres hommes, emprisonné dans la grandeur et la tristesse ; — où l'innocente fille de Jephté, payant de son sang la victoire de son père, c'est l'éternelle victime de l'éternelle injustice, cette reine de l'humanité ! « Le seul mérite qu'on n'ait jamais disputé à ces compositions, dit Vigny, c'est d'avoir devancé en France toutes celles de ce genre, dans lesquelles une pensée philosophique est mise en scène sous une forme épique ou dramatique. » Ailleurs il a écrit : « Je crois, ma foi, que je ne suis qu'une sorte de moraliste épique ».

Si donc on tient à ce que Hugo ait emprunté l'idée

et la disposition générale de *la Légende des siècles*, voilà ses devanciers et voilà ses modèles : un Quinet, un Chenavard, un Lamartine, un Vigny, ces deux derniers surtout, ses anciens compagnons d'armes dans la lutte littéraire contre les indignes successeurs de nos grands classiques. Mais peut-être Hugo n'avait-il besoin de s'inspirer de personne pour concevoir et pour écrire son œuvre. Nous avons montré dans notre introduction comment il était prédestiné par la nature de son génie à devenir poète épique ; voyons maintenant comment il y a été amené par ceux de ses écrits qui sont antérieurs à *la Légende des siècles*.

III

Disciple avoué de l'auteur des *Martyrs*, admirateur éclairé des fragments épiques d'André Chénier, persuadé (comme il l'a déclaré en 1824 dans *la Muse française*) que la renaissance de l'épopée en vers était prochaine, Victor Hugo avait commencé par rêver d'une épopée coulée dans l'ancien moule, d'une épopée en un grand nombre de chants, et il l'avait écrite au temps où il était écolier. Lamartine avait fait de même. Mais Lamartine avait pris pour héros Clovis, et il est curieux de remarquer que Hugo avait fixé son choix sur cette chevalerie qui devait lui fournir plus tard tant d'éclatants poèmes, sur ce Roland qui devait être le magnifique héros du *Mariage de Roland* et du *Petit roi de Galice*. N'insistons pas, d'ailleurs. Hugo avait réuni ses premiers essais dans des cahiers auxquels il avait donné ce titre amusant : « Les bêtises que je faisais avant ma naissance » ; passons vite au temps où le poète est né, c'est-à-dire au moment où il compose ses premières *odes*, de 1818 à 1822. Étudions d'une part les poèmes qu'il a consacrés à Napoléon et à sa prodigieuse histoire, — d'autre part les pièces d'une inspiration en partie épique qu'il a consacrées à d'autres sujets.

Le xix° siècle a assisté à une curieuse lutte entre l'esprit scientifique ou, si l'on veut, historique qui tend à devenir tout-puissant dans les temps modernes, et l'esprit légendaire ou épique qui avait régné sans conteste aux temps où se composaient *l'Iliade*, le *Máhábhárata* et *les Niebelungen*. Ces vieux grognards qui, après que l'aigle impériale eut définitivement replié ses ailes brisées à Waterloo, allaient racontant à tous, non sans les rendre plus hardies et plus étonnantes encore, leurs marches sur Vienne, sur Berlin, sur Madrid ou sur Moscou ; ces paysans qui, sous le chaume et devant la flamme évocatrice des foyers d'hiver, s'entretenaient mystérieusement de *la Redingote grise ;* ces ouvriers qui, même après le 5 mai 1821, croyaient encore Napoléon caché sous sa colonne et attendant le moment de rendre sa gloire à la France, comme autrefois Barberousse avait attendu, dans un farouche et surprenant sommeil, le moment de rendre à l'Allemagne son unité et sa grandeur ; — que faisaient-ils tous, sinon transformer la réalité en poésie légendaire et l'histoire en épopée, ainsi que les Grecs avaient transformé les faits de la guerre de Troie, ou nos ancêtres ceux du règne de Charlemagne ? Mais l'épopée Troyenne ou l'épopée Carolingienne avaient pu se donner carrière, les recherches historiques ne les entravant point, tandis qu'à chaque fois que l'épopée Napoléonienne allait prendre son essor, les historiens, les auteurs de mémoires, les polémistes l'enserraient dans les rigides liens de l'information exacte et de la critique. Triomphe remarquable de l'esprit scientifique, d'autant plus remarquable même, qu'avec la plus belle des matières épiques le xix° siècle avait à sa disposition un Homère éminemment capable de la mettre en œuvre et de tirer parti de tout le travail de l'imagination populaire ! Plus heureux qu'Alexandre, Napoléon trouvait un grand poète pour le chanter.

Le recueil des *Odes et Ballades* contient sur Napoléon deux pièces qu'il est intéressant de comparer. La première est datée de mars 1822. L'auteur est encore le jacobite dont nous connaissons les opinions ultra-royalistes ; il doit parler de l'empereur comme en avait parlé Chateaubriand quand il composait son pamphlet *de Buonaparte et des Bourbons*. L'œuvre est précisément intitulée *Buonaparte* ; l'empereur y est présenté comme un fléau envoyé de Dieu pour punir la France et le monde ; l'univers respire en apprenant sa mort, et voici comment se résume sa carrière :

> Il passa par la gloire, il passa par le crime,
> Et n'est arrivé qu'au malheur.

Trois ans après, en juillet 1825, la note change. *Les deux Iles* sont une fort belle ode, et je m'empresse de dire, pour qu'on ne se méprenne pas sur ma pensée, que le mouvement en est tout lyrique, mais déjà Hugo n'est plus frappé que de la destinée prodigieuse du conquérant ; il ne songe plus à le juger, tant il a été ébloui par la splendeur de ce météore, et tout ce que Napoléon a touché prend à ses yeux une grandeur mystérieuse, par exemple la Corse et Sainte-Hélène :

> Il est deux Iles dont un monde
> Sépare les deux Océans,
> Et qui de loin dominent l'onde
> Comme des têtes de géants.
> On devine, en voyant leurs cimes,
> Que Dieu les tira des abîmes
> Pour un formidable dessein ;
> Leur front de coups de foudre fume,
> Sur leurs flancs nus la mer écume,
> Des volcans grondent dans leur sein.
>
> Ces Iles, où le flot se broie
> Entre des écueils décharnés,
> Sont comme deux vaisseaux de proie,
> D'une ancre éternelle enchaînés.
> La main qui de ces noirs rivages
> Disposa les sites sauvages,
> Et d'effroi les voulut couvrir,
> Les fit si terribles peut-être,
> Pour que Bonaparte y pût naître
> Et Napoléon y mourir !

Dans *les Orientales*, l'attitude de Victor Hugo vis-à-vis de Napoléon est déjà nettement fixée : le poète n'a qu'à songer au conquérant pour qu'un torrent d'harmonie coule de sa lyre :

> Napoléon ♭ soleil dont je suis le Memnon !

s'écrie-t-il dans la pièce si connue intitulée *Lui* (décembre 1828). Et « lui » prend de plus en plus un caractère de héros épique. Non seulement le poète le voit partout, dominant notre âge, toujours « debout, éblouissant et sombre, sur le seuil du siècle » ; mais il mêle volontiers le merveilleux à son histoire. Dans cette Égypte lointaine où tout prend aisément une teinte mystérieuse et où l'expédition de Bonaparte a causé une impression profonde, voici que le héros mort reparaît et que les siècles se raniment à sa voix :

> Parfois il vient, porté sur l'ouragan numide,
> Prenant pour piédestal la grande pyramide,
> Contempler les déserts, sablonneux océans ;
> Là, son ombre, éveillant le sépulcre sonore,
> Comme pour la bataille y ressuscite encore
> Les quarante siècles géants.
>
> Il dit : « debout ! » Soudain chaque siècle se lève,
> Ceux-ci portant le sceptre et ceux-là ceints du glaive,
> Satrapes, pharaons, mages, peuple glacé.
> Immobiles, poudreux, muets, sa voix les compte ;
> Tous semblent, adorant son front qui les surmonte,
> Faire à ce roi des temps une cour du passé.

En octobre 1830 est écrite l'ode *à la Colonne*, où Hugo réclame le retour des cendres du héros et où se trouve ce mot caractéristique :

> Dors, nous t'irons chercher ! Ce jour viendra peut-être !
> Car *nous t'avons pour Dieu* sans t'avoir eu pour maître !

En 1832, c'est l'ode sur *Napoléon II* avec la grandiose vision du monde entier attendant la naissance du roi de Rome dans la même terreur religieuse que les Israélites attendaient la proclamation par Dieu de leurs lois. — En 1837, c'est la longue et belle pièce *à l'Arc de triomphe*, avec sa fin si vraiment épique, où un passant, dans plusieurs siècles, rêve sur les ruines de Paris, et où les héros sculptés sur l'arc de triomphe et sur la colonne (peut-être inspirés par cette *Revue nocturne* qu'avait conçue le poète autrichien Zedlitz et que le dessinateur Raffet a popularisée) s'appellent, se rejoignent, se mêlent, et, glorieux fantômes, revivent leurs combats et leurs triomphes d'autrefois. — En 1840, c'est l'ode sur *le Retour de l'empereur*, que Hugo a depuis incorporée à sa *Légende des siècles*. — A la même date, le poète réunissait à part ses odes sur Napoléon et, bien conscient de son œuvre, faisait annoncer par son éditeur que ce recueil constituait « une véritable épopée napoléonienne ».

IV

Revenons en arrière pour chercher dans les œuvres de Victor Hugo, abstraction faite maintenant de ce qui concerne Napoléon, les traces du génie épique. Nous devons nous attendre à n'en trouver que bien peu dans les poésies lyriques, où le poète est inspiré surtout par le souci de l'actualité et par ses sentiments intimes : « La poésie, c'est tout ce qu'il y a d'intime dans tout, » disait la préface des *Odes*. Cependant les *Odes et Ballades* contiennent quelques études historiques : *Moïse sur le Nil*, *le Chant de l'arène*, *le Chant du cirque*, *le Chant du tournoi*. Deux pièces de ce recueil sont pour nous vraiment intéressantes : l'ode *un Chant de fête de Néron*, et la ballade *Le Géant*. Dans *le Chant de fête*, Hugo représente déjà avec une grande force le tyran ami du mal qui jouera plus tard un grand rôle dans son œuvre épique. Oh ! s'écrie Néron, regardant les flammes caresser et détruire les murs de Rome :

> Oh ! que n'ai-je, aussi moi, des baisers qui dévorent,
> Des caresses qui font mourir !

Le Géant prépare de loin les Titans de *la Légende des*

siècles. La peinture qu'y fait le poète a de la force et du pittoresque ; on y trouve aussi ces exagérations dont plus tard le poète sera coutumier :

> Ainsi qu'un moissonneur parmi des gerbes mûres,
> Dans les rangs écrasés, seul debout, j'apparais.
> Leurs clameurs dans ma voix se perdent en murmures ;
> Et mon poing désarmé martelle les armures
> Mieux qu'un chêne noueux choisi dans les forêts.
>
> Je marche toujours nu. Ma valeur souveraine
> Rit des soldats de fer dont vos camps sont peuplés.
> Je n'emporte au combat que ma pique de frêne,
> Et ce casque léger que traîneraient sans peine
> Dix taureaux au joug accouplés.

Le Géant, le Chant de fête et *les Deux Iles* sont également de 1825. A cette date donc, Hugo penchait fortement du côté de la poésie épique. *Les Orientales*, qui ont suivi de près, sont plus exclusivement lyriques ; mais ce recueil mérite d'être longuement étudié par qui veut se rendre compte de la marche suivie par l'imagination et le style du poète ; c'est là que le futur auteur de *la Légende* « fait sa palette » ; c'est là qu'il essaie ses couleurs. Fausses couleurs ! a-t-on dit ; orientales d'occident ! Il est certain que, si les descriptions des *Orientales* sont fort belles, elles sont aussi très fantaisistes ; mais la couleur, Hugo l'avait empruntée à l'Espagne, qu'il connaissait et qu'il aimait ; et de l'Espagne mauresque à la Turquie, il n'y avait qu'un pas pour une pareille imagination. Hugo procédera de même plus tard pour ses peintures historiques : avec quelques éléments vrais, il fera des tableaux inventés, mais où le coloris ne manquera point. Ainsi procède-t-il en 1828 pour *le Feu du ciel*, où la nuée de feu qui va détruire Sodome et Gomorrhe passe successivement sur la mer,

sur un rivage de l'Afrique, sur l'Égypte, sur l'Arabie, sur la Tour de Babel, sur la Judée, et fournit ainsi au poète l'occasion de peintures éclatantes et variées.
— Citons à un autre titre la *Romance mauresque*, consacrée à la vengeance que le bâtard Mudarra prend sur son oncle Rodrigue du meurtre des sept infants de Lara. En empruntant ainsi au *Romancero* espagnol, Hugo prélude aux chants sur le Cid qui entreront dans *la Légende*.

Dans les recueils qui suivent jusqu'en 1840, Hugo s'inspire de plus en plus des événements du jour et des incidents de sa propre vie, et paraît ainsi s'éloigner de plus en plus de l'épopée. En fait, il s'en éloigne moins qu'on n'est d'abord tenté de le croire, car aux événements du jour il prête une haute portée historique, les incidents de sa propre vie lui suggèrent des idées et des sentiments qui intéressent l'humanité tout entière, et en même temps il entre en communion plus intime avec la nature, il commence à user de profonds symboles. Malgré tout, les fragments de couleur épique manquent, et c'est encore dans la pièce *à l'Arc de triomphe* que l'on trouverait celui dont le caractère est le mieux marqué, la plainte mélancolique sur les villes ruinées ou disparues : Athènes, Thèbes, Gur, Palenquè, Jumièges. Au contraire, *le Rouet d'Omphale*, publié seulement dans le premier volume des *Contemplations* en 1856, mais très antérieur, est un pur chef-d'œuvre épique, que le poète aurait pu garder pour *la Légende* ; et voici, dans le même recueil, dix vers, datés de 1837, qui sont à la fois un beau récit, un fragment d'épopée avec intervention du merveilleux, et un expressif symbole. Ces vers terminent la pièce *Halte en marchant*. Le génie et la vertu, dit le poète, ne sont admirés qu'après avoir souffert. Les grands hommes sont semblables au soleil en ce que leur gloire, à eux aussi, est leur couchant ; comme le Niagara, ce qu'ils ont de plus beau c'est leur chute. Et brusquement voici le symbole :

> Un de ceux qui liaient Jésus-Christ au poteau,
> Et qui sur son dos nu jetaient un vil manteau,
> Arracha de ce front tranquille une poignée
> De cheveux qu'inondait la sueur résignée,
> Et dit : « Je vais montrer à Caïphe cela ! »
> Et, crispant son poing noir, cet homme s'en alla.
> La nuit était venue et la rue était sombre ;
> L'homme marchait ; soudain, il s'arrêta dans l'ombre,
> Stupéfait, pâle, et comme en proie aux visions,
> Frémissant ! — Il avait dans sa main des rayons.

V

On voit que, si le génie épique de Hugo avait, dans ses recueils de vers, été le plus souvent refoulé par son génie lyrique, il avait pourtant su se produire parfois avec éclat. Il s'était montré aussi dans deux genres d'écrits qui ne paraissent point le comporter : dans le roman et dans le drame.

Dès 1823, Victor Hugo écrivait, à la fin d'un article sur Walter Scott : « Après le roman pittoresque, mais prosaïque, de W. Scott, il restera un autre roman à créer, plus beau et plus complet encore, selon nous : c'est le roman à la fois drame et épopée, pittoresque mais poétique, réel mais idéal, vrai mais grand, qui enchâssera W. Scott dans Homère ». De ce roman, *à la fois drame et épopée*, Victor Hugo donnait, huit ans après, un spécimen : c'était *Notre-Dame de Paris*. Comme drame, *Notre-Dame de Paris* prête à de très fortes objections. L'intrigue en est sombre et invraisemblable à l'excès. Certains personnages paraissent purement conventionnels : Phébus, Fleur de Lys, la Esméralda ; Gringoire est une figure amusante, mais aussi fausse que possible historiquement et, en soi, peu étudiée ; Jehan Frollo, lui, est vivant, mais n'a, après tout, qu'un rôle secondaire. Là où Hugo a le plus imité *Quentin Durward*, il a mis en scène un Louis XI qui dit à son bonnet le mot fameux : « Je te brûlerais, si tu savais ce qu'il y a dans ma tête », mais qui en même temps trahit toutes ses pensées devant des étrangers. Ce n'est pas là du bon W. Scott. Qu'y a-t-il donc de vraiment remarquable dans ce livre ? Le style, qui est déjà d'une étonnante puissance ; le personnage de Quasimodo qui est un symbole poétique ; enfin et surtout l'évocation du passé. Non que Hugo ait réussi à être exact : on a fait une brochure — et l'on eût pu faire un livre — sur les fantaisies historiques ou archéologiques de *Notre-Dame*. Mais qu'importent les erreurs de détail pour qui n'est pas archéologue ou historien ? La description de *Paris à vol d'oiseau* en produit-elle une impression moins forte ? la symphonie des cloches en est-elle moins d'une saveur et d'une originalité singulières ? est-ce que la Cour des miracles ne grouille pas devant notre imagination ? est-ce que la vieille cathédrale, fâcheusement destituée de son rôle religieux, ne paraît pas vivante, malgré tout ? et que dire de la merveille des merveilles : l'attaque de la cathédrale par les truands ? Cette foule déguenillée qui s'avance silencieuse dans la nuit ; ces torches qui s'allument et cette joie prématurée d'assaillants qui ne s'attendent à aucune résistance ; la stupéfaction et l'effroi devant une résistance incompréhensible ; la rage qui s'empare

de tous ces hommes ; la mort qui tombe mystérieuse
des hautes tours ; la cathédrale qui, sinistrement couronnée de feu, semble elle-même verser du plomb
fondu sur ses ennemis ; la monstrueuse silhouette de
Quasimodo jetant par-dessus les balustrades la grâce
jeune et héroïque de Jehan Frollo ; et, planant sur tout
cela, cette sourde fatalité qui arme les uns contre les
autres ceux qui n'ont qu'un même dessein, et qui
assure la perte d'Esméralda par les efforts mêmes de
ceux qui mourraient volontiers pour elle : quelle inoubliable vision des luttes aveugles du moyen âge ! Si
Notre-Dame a enchâssé W. Scott dans Homère et le
drame dans l'épopée, il est incontestable que la monture est ici très supérieure au joyau pour lequel elle a
été faite.

VI

Nous en dirions autant des rapports du drame et de
l'épopée dans cette « trilogie » des *Burgraves* qui,
en 1843, a été la dernière œuvre donnée au théâtre par
Victor Hugo, s'il n'était trop évident qu'ici le joyau
c'est l'épopée, et que le poète a péniblement construit
son drame pour servir de support à l'épopée. Déjà,
dans les drames antérieurs, si composites, où tous les
genres se mêlaient, où éclataient les accents de la
poésie lyrique, où s'étalait la mise en scène de l'opéra,
où étaient prodigués les poisons mystérieux, les portes
secrètes, les « croix de ma mère », les coups de théâtre
du mélodrame, l'épopée aussi avait su se faire sa part.
C'étaient des hors-d'œuvre épiques que le discours de
don Carlos devant la statue de Charlemagne, le discours
de Ruy Blas au Conseil, et les peintures, à la fois inexac-

tes et saisissantes, du Paris de Louis XIII dans *Marion de Lorme*, de l'Espagne au temps de Charles II dans *Ruy Blas*. A en croire le dramaturge, même dans *Angelo*, il avait voulu « peindre, chemin faisant, tout un siècle, tout un climat, toute une civilisation, tout un peuple ». Mais, de 1827 à 1838, Hugo, s'il avait introduit un peu d'épopée dans ses drames, avait cependant commencé par les concevoir comme drames, et, somme toute, c'étaient des drames qu'il avait présentés au public. En 1842, quand il composa *les Burgraves*, il en allait tout autrement. Déjà l'idée d'une *Légende des siècles* le hantait, puisque la préface du recueil *les Rayons et les Ombres*, en 1840, avait signalé comme idéal du poète « la grande épopée mystérieuse dont nous avons tous chacun un chant en nous-mêmes, dont Milton a écrit le prologue et Byron l'épilogue : le poème de l'homme », — et puisque la première édition des *Burgraves* porte, sur le revers du faux-titre, une curieuse liste des œuvres du poète classées par époques et par pays : « XIIIe siècle, Allemagne, *les Burgraves*. — XVe siècle, France, *Notre-Dame de Paris*. — XVIe siècle, France, *le Roi s'amuse* ; Espagne, *Hernani* ; Italie, *Lucrèce Borgia* et *Angelo, tyran de Padoue* ; Angleterre, *Marie Tudor*. — XVIIe siècle, France, *Marion de Lorme* ; Espagne, *Ruy Blas* ; Angleterre, *Cromwell* ; Norwège, *Han d'Islande*. — XVIIIe siècle, France, *Bug-Jargal*. — XIXe siècle, *Odes et Ballades*, *Orientales*, etc. » De plus, quatre ans auparavant, en 1838, le poète avait fait sur les bords du Rhin un voyage sur lequel il avait écrit des lettres fameuses [1], et qu'il avait consacré en

---

1. Adressées au peintre L. Boulanger et publiées en janvier 1842 sous ce titre : *Le Rhin*.

grande partie à interroger les ruines des châteaux féodaux, à leur demander leur histoire, à évoquer ceux qui les avaient construits, ceux qui les avaient abattus, ceux qui avaient passé sur leurs ruines :

« Je m'étais assis au haut du Geissberg, à côté d'un chèvrefeuille sauvage encore en fleurs, sur une pierre posée là pendant la guerre de trente ans. Le soleil avait disparu. Je contemplais ce magnifique paysage. Quelques nuées fuyaient vers l'orient. Le couchant posait sur les Vosges violettes ses longues bandelettes peintes des couleurs du spectre solaire. Une étoile brillait au plus clair du ciel.

« Il me semblait que tous ces hommes, tous ces fantômes, toutes ces ombres qui avaient passé depuis deux mille ans dans ces montagnes, Attila, Clovis, Conrad, Barberousse, Frédéric le Victorieux, Gustave-Adolphe, Turenne, Custines, s'y dressaient encore derrière moi et regardaient comme moi ce splendide horizon. J'avais sous mes pieds les Hohenstauffen en ruine, à ma droite les romains en ruine, au-dessous de moi, penchant sur le précipice, les palatins en ruine, au fond, dans la brume, une pauvre église bâtie par les catholiques au xve siècle, envahie par les protestants au xvie, aujourd'hui partagée par une cloison entre les protestants et les catholiques, c'est-à-dire, aux yeux de Rome, mi-partie de paradis et d'enfer, profanée, détruite ; autour de cette église, une chétive ville quatre fois incendiée, trois fois bombardée, saccagée, relevée, dévastée et rebâtie...; devant moi, dans l'espace, j'avais les fleuves toujours de nacre, le ciel toujours de saphir, les nuages toujours de pourpre, les astres toujours de diamant ; à côté de moi les fleurs toujours parfumées, le vent toujours joyeux, les arbres toujours frissonnants et jeunes. En ce moment-là, j'ai senti dans toute leur immensité la petitesse de l'homme et la grandeur de Dieu, et il m'est venu un de ces éblouissements de la nature que doivent avoir, dans leur contemplation profonde, ces aigles qu'on aperçoit le soir immobiles au sommet des Alpes ou de l'Atlas.

«... Sur les hauts lieux, dans les moments solennels, il y a une marée montante d'idées qui vous envahit peu à peu et qui submerge presque l'intelligence. Vous dire tout ce qui a passé et repassé dans mon esprit pendant ces deux ou trois heures de rêverie sur le Geissberg, ce serait impossible. »

Devant cette imagination échauffée, ce qui avait le plus souvent passé et repassé, c'étaient les Burgraves, les terribles maîtres des burgs, des châteaux du Rhin au moyen âge, et c'était la haute et sombre figure de celui qui les avait exterminés, du grand empereur Frédéric Barberousse, du mystérieux dormeur du Malpas. Hugo éprouva le besoin de ressusciter par la poésie cet empereur et ces Burgraves. Dix ans après, il l'eût fait dans une courte épopée, qui eût été un merveilleux chef-d'œuvre. Mais on sait, par de nombreux exemples, combien difficilement renoncent aux luttes et aux enivrements de la scène ceux qui en ont une fois goûté ; Hugo était en retard avec le théâtre, auquel il n'avait rien donné depuis quatre ans ; *Ruy Blas*, son dernier drame, avait fourni une assez fructueuse carrière à *la Renaissance* : c'était un drame qu'il fallait écrire. Et voilà pourquoi à une épopée grandiose et simple Hugo ajouta un mélodrame bizarre, à la fois compliqué et vide ; voilà pourquoi à une conception éminemment originale il cousit, non sans en tirer un admirable parti parfois, tous ces oripeaux romantiques : des philtres et du poison, un bâtard, des hommes masqués, des personnages cachés sous un faux nom ; un amoureux pur, sombre et fatal, comme dans *Hernani* ; une sorcière, comme dans *Ivanhoé* ; un fils qui va tuer son père sans le connaître, de même qu'un père tue sans le connaître son fils dans *le Vingt-quatre février* de Werner ; un meurtrier qui va chaque nuit dans la salle où il a commis son meurtre, comme dans *le Majorat* d'Hoffmann. Les parodistes s'amusèrent de ce *trifouillis* ou, comme disait un autre, de cette « trilogie à grand spectacle, avec fantasmagorie, ombres chinoises, assauts d'armes et de gueules, entrées de ballets, idylles, ballades, odes, élégies, chansonnettes, etc... » Le public, lui, se fâcha et déserta *les Burgraves* pour *Lucrèce*, l'œuvre éblouissante du génie pour l'honnête et médiocre production du talent.

Dans la préface des *Burgraves*, Hugo a essayé d'en imposer au lecteur et d'expliquer son œuvre comme si dès l'abord elle avait dû comprendre l'étrange roman de Job, qui n'est pas Job mais Fosco, de Barberousse qui n'est pas Barberousse mais Donato, de Guanhumara qui n'est pas Guanhumara mais Ginevra. Il me serait facile, au contraire, de montrer comment le drame tout entier, avec ses bizarreries, est né de la nécessité d'allonger le poème épique initial et d'y mêler les ingrédients que le théâtre réclame — ou que l'on croyait alors qu'il réclamait. Faisons hardiment l'opération inverse, et délivrons l'épopée du revêtement dramatique qui l'opprime.

Entre Cologne et Spire, dans le vieux burg d'Heppenheff, vit un Burgrave presque centenaire, autrefois guerrier héroïque, ennemi de l'Église et de l'État, mais ennemi loyal et fidèle à son serment. Job (c'est son nom) a un fils moins grand que lui, mais noble encore, Magnus, — un petit-fils féroce, fourbe et débauché, Hatto, — un arrière-petit-fils qui n'est que corruption, Gorlois. Dans ces quatre hommes se résume toute l'histoire d'une race, de cette aristocratie sauvage du Rhin, qui, dit Hugo, « commence au xe siècle par les burgraves-héros et finit au xvie par les burgraves-brigands ». Les deux vieillards se sont retirés à l'écart, et les jeunes, entourés d'aventuriers, buvant, chantant, faisant la fête, tendent des embuscades aux marchands qui passent, au lieu de livrer de vrais combats, et n'assistent même pas en personne à ces tristes exploits, que leurs soldats accomplissent pour eux. Le contraste est peint avec force, avec éclat, dans une série de scènes simples, ou même dans des sortes de bas-reliefs, comme il convient à l'épopée. — A côté de ces deux groupes se traînent les esclaves, troupe misérable et craintive, ne songeant qu'à ses maîtres et osant à peine en parler.

Magnus a retourné contre la muraille les portraits de ses aïeux pour qu'ils ne puissent voir l'ignominie de leurs descendants. Mais comment un conflit n'éclaterait-il pas entre les vieux et les jeunes ? Les jeunes sont venus dans la partie du château où se tiennent Job et Magnus, et là ils osent parler d'un serment comme d'une bulle de savon qui brille et que l'on crève ; ils jettent des pierres aux vieillards harassés qui leur demandent l'hospitalité : le conflit éclate.

MAGNUS

Jadis il en était
Des serments qu'on faisait dans la vieille Allemagne
Comme de nos habits de guerre et de campagne ;
Ils étaient en acier...
Le brave mort dormait dans sa tombe humble et pure,
Couché dans son serment comme dans une armure
Et le temps, qui des morts ronge le vêtement,
Parfois brisait l'armure, et jamais le serment.
Mais aujourd'hui la foi, l'honneur et les paroles
Ont pris le train nouveau des modes espagnoles.
Clinquant ! soie !...

Et plus loin :

En quel temps sommes-nous, Dieu puissant !
Et qu'est-ce donc que ceux qui vivent à présent

On chasse à coups de pierre un vieillard qui supplie !

   Les regardant en face.

De mon temps, — nous avions aussi notre folie,
Nos festins, nos chansons... — On était jeune, enfin ! —
Mais qu'un vieillard, vaincu par l'âge et par la faim,
Au milieu d'un banquet, au milieu d'une orgie,
Vint à passer, tremblant, la main de froid rougie,
Soudain on remplissait, cessant tout propos vain,
Un casque de monnaie, un verre de bon vin.
C'était pour ce passant, que Dieu peut-être envoie !
Après, nous reprenions nos chants, car, plein de joie,
Un peu de vin au cœur, un peu d'or dans la main,
Le vieillard souriant poursuivait son chemin.
— Sur ce que nous faisions jugez ce que vous faites !

   JOB, *se redressant, faisant un pas, et touchant l'épaule de Magnus.*

Jeune homme, taisez-vous. — De mon temps, dans nos
              [fêtes,
Quand nous buvions, chantant plus haut que vous encor,
Autour d'un bœuf entier posé sur un plat d'or,
S'il arrivait qu'un vieux passât devant la porte,
Pauvre, en haillons, pieds nus, suppliant, une escorte
L'allait chercher ; sitôt qu'il entrait, les clairons
Éclataient ; on voyait se lever les barons ;
Les jeunes, sans parler, sans chanter, sans sourire,
S'inclinaient, fussent-ils princes du saint-empire ;
Et les vieillards tendaient la main à l'inconnu
En lui disant : Seigneur, soyez le bienvenu.

   A Gorlois.
— Va quérir l'étranger.

Job a gardé son influence sur les soldats du burg ; il commande qu'on reçoive le mendiant au son des fanfares.

   GORLOIS, *rentrant, à Job.*
Il monte, monseigneur.

   JOB, *à ceux des princes qui sont restés assis.*
      Debout !

        A ses fils.
      — Autour de moi

A Gorlois.

Ici !

Aux hérauts et aux trompettes.

Sonnez, clairons, ainsi que pour un roi !

Fanfares. Les burgraves et les princes se rangent à gauche. Tous les fils et petits-fils de Job, à droite, autour de lui. Les pertuisaniers au fond, avec la bannière haute.

Bien.

Entre par la porte du fond un mendiant, qui paraît presque aussi vieux que le comte Job. Sa barbe blanche lui descend jusqu'au ventre. Il est vêtu d'une robe de bure brune à capuchon en lambeaux, et d'un grand manteau brun troué.

Et maintenant, écoutez les vers sublimes du mendiant :

Ce sont des instants courts et douteux que les nôtres ;
L'âge vient pour les uns, la tombe s'ouvre aux autres ;
Donc, jeunes gens, si fiers d'être puissants et forts,
Songez aux vieux, et vous, vieillards, songez aux morts !
Soyez hospitaliers surtout ! c'est la loi douce.
Quand on chasse un passant, sait-on qui l'on repousse ?
Sait-on de quelle part il vient ? — Fussiez-vous rois,
Que le pauvre pour vous soit sacré ! — Quelquefois
Dieu, qui d'un souffle abat les sapins centenaires,
Remplit d'événements, d'éclairs et de tonnerres
Déjà grondant dans l'ombre à l'heure où nous parlons
La main qu'un mendiant cache sous ses haillons !

Ainsi pas de lutte véritable, car les jeunes burgraves résistent à peine ; mais des vers merveilleux, un admirable symbole de l'hospitalité antique, une mise en scène grandiose : ce n'est pas du drame, c'est de l'épopée, — de l'épopée qui se sert des moyens de la tragédie et de l'opéra.

Puisque Job et Magnus seuls sont capables de ces grands sentiments, puisque les autres burgraves sont méprisables, on comprend que l'anarchie où se débat l'Allemagne peut les faire vivre, mais que le premier pouvoir fort les renversera. Ou plutôt, — et cela est bien plus grand, — il ne sera pas besoin d'un pouvoir fort, il suffira d'une ombre et d'une idée. Cette féodalité de proie déchire la patrie et l'empêche de se relever; il faut qu'elle tombe devant l'idée de la patrie incarnée dans une forme auguste, mais sans force matérielle. Ceci a été magnifiquement rendu par le poète. Il a introduit dans le burg, non pas Barberousse dans toute sa vigueur et dans toute sa puissance, mais Barberousse vieux, un instant réveillé de son étrange sommeil, sans suite et sans armes : car le mendiant, c'est lui. Ai-je besoin de citer les beaux vers, si connus, sur la légende du sommeil de Barberousse ? Les corbeaux ne cessant pas de tourner avec d'affreux cris autour du dormeur impérial, lui-même s'est levé pour les chasser, et il est venu dans le burg d'Heppenheff.

Autrefois déjà Barberousse a été le grand ennemi des burgraves, il les a vaincus, et Job et Magnus le haïssent :

> Barberousse ! — Malheur à ce nom abhorré ! —
> Nos blasons sont cachés sous l'herbe et les épines.
> Le Rhin déshonoré coule entre des ruines !

Mais alors il semblait que la féodalité eût le droit de vivre dans la patrie, car la patrie était forte et la féodalité avait sa noblesse ; maintenant la féodalité est vile, et la patrie a besoin d'unir toutes ses forces. Les jeunes burgraves ne le *veulent* pas comprendre : ils ne songent qu'à leurs intérêts et à leurs plaisirs. Magnus ne le *peut* pas comprendre : il ne songe qu'à sa haine. Job, lui, le comprendra. Quand le mendiant s'est démasqué pour adresser de sanglants reproches aux burgraves ; quand Magnus, poussant un cri de joie à la vue de son ennemi tombé en son pouvoir, a fait entourer l'empereur impuissant ; quand il a saisi sa hache en s'écriant d'une voix tonnante :

> Ah ! tu sors du sépulcre ! eh bien, je t'y repousse,
> Afin qu'au même instant,—tu comprends, Barberousse,—
> Où le monde entendra cent voix avec transpor
> Crier: il est vivant ! l'écho dise : Il est mort !
> — Tremble donc, insensé qui menaçais nos têtes

alors « Job sort de la foule et lève la main ; tous se taisent » :

> Sire, mon fils Magnus vous a dit vrai. Vous êtes
> Mon ennemi. C'est moi qui, soldat irrité,
> Jadis portai la main sur votre majesté.
> Je vous hais. — Mais je veux une Allemagne au monde.
> Mon pays plie et penche en une ombre profonde.
> Sauvez-le ! Moi, je tombe à genoux en ce lieu
> Devant mon empereur que ramène mon Dieu !
>
> Il s'agenouille devant Barberousse, puis se tourne à demi vers les princes et les burgraves.
>
> A genoux tous ! — Jetez à terre vos épées !

Job délivre les esclaves ; il se fait enchaîner pour mieux se mettre à la disposition de l'empereur, et il force les soldats à enchaîner les autres burgraves. L'empereur commande à Heppenheff, et donne en quelque sorte une nouvelle investiture à Job, réconcilié avec l'empire. Le principe de la féodalité s'efface devant l'idée de la patrie.

VII

Les Burgraves marquaient le déclin d'un dramaturge, mais en annonçant magnifiquement la venue d'un puissant poète épique ; et, comme Hugo, froissé par l'échec de sa « trilogie », avait résolu de ne plus rien écrire pour le théâtre ; comme sa muse lyrique se taisait depuis 1840, date des *Rayons et des Ombres*, et allait se taire pendant seize ans jusqu'en 1856, date des *Contemplations*, on pouvait espérer que bientôt une œuvre proprement épique allait naître. — Malheureusement, cinq mois après la première représentation des *Burgraves*, le 4 septembre 1843, se produisait l'épouvantable catastrophe de Villequier : Léopoldine Hugo, mariée depuis le 15 février à Charles Vacquerie, se noyait dans une partie de bateau sur la Seine ; son mari périssait volontairement avec elle, et le poète accablé, ne demandant plus à la muse que des chants de deuil, écrivait ce sublime poème de la douleur qui figure dans *les Contemplations* sous le titre de *Pauca meæ* (*quelques mots à ma fille*). Rendu par le malheur plus sensible que jamais aux misères sociales, Hugo écrivait aussi *le Manuscrit de l'Évêque*, c'est-à-dire la première partie du roman *les Misérables*. Nommé pair de France en 1845, il se mêlait à la politique et faisait ses débuts comme orateur. Survint la seconde République : Hugo fut absorbé de plus en plus par l'art oratoire et la politique, jusqu'à ce que le coup d'État du 2 décembre et l'exil le jetassent dans la polémique, dans ce qu'il appelait l'histoire, et dans la satire : *Napoléon le petit*, 1852 ; *Histoire d'un crime*, publiée seulement en 1877, mais composée aussi en 1852 ; *les Châtiments*, 1853. Avec *les Châtiments*, Hugo revenait aux vers, abandonnés, semblait-il, depuis dix ans ; mais comme il paraissait loin de l'épopée !

Regardons de plus près, et nous verrons que le démon de l'épopée n'a pas cessé de tenter Hugo : sans qu'il s'en rende compte peut-être, le poète amasse des matériaux pour l'œuvre épique qui doit venir. Déjà en 1840 il avait écrit la *Chanson des aventuriers de la mer*; vers 1846, il rime en versificateur de génie le *Mariage de Roland* et l'*Aymerillot* contés en prose par Jubinal [1] ; à la même époque il compose le beau poème de *la Conscience*; puis viennent *Après la bataille* en 1850, *la Première rencontre du Christ avec le tombeau* en 1852 et *la Vision de Dante* en 1853.

La Vision de Dante avait peut-être été écrite pour *les Châtiments*, et en a été éliminée comme trop épique ; en revanche, l'addition en novembre 1852 d'une partie satirique toute nouvelle a permis de faire entrer dans *les Châtiments* le poème tout épique qui devait en être le plus étincelant joyau et qui avait été achevé par le poète dès le 14 novembre 1847. *L'Expiation*, qui d'abord ne comportait pas ce titre et qui se terminait à ce vers : « Et l'Océan rendit son cercueil à la France », était un simple retour à l'épopée impériale, mais un retour mélancolique, tel qu'il convenait maintenant au poète assombri par la catastrophe de Villequier. La retraite de Russie, Waterloo, Sainte-Hélène, les désastres et les humiliations suprêmes du conquérant, le poète les contemple avec émotion et les chante avec grandeur. Que manque-t-il — on se le demande — au caractère épique de cette œuvre ? Le poète épique voit et nous fait voir les événements qu'il raconte ! quel historien nous fera voir comme Hugo la retraite de Russie ? — Le poète épique grandit tout ! Que faut-il donc penser de

---

1. Pour la date de ces deux pièces, voir notre article : *Comment ont été composés « Aymerillot » et « le Mariage de Roland »* (*Revue d'histoire littéraire de la France*, 15 janvier 1900). Pour les autres dates, voir P. et V. Glachant, *Papiers d'autrefois*, Paris, 1899, in-18. (Étude sur *les Manuscrits de Victor Hugo*.)

Napoléon-Prométhée cloué par le Destin sur le Caucase de Sainte-Hélène et auquel le vautour Angleterre ronge le cœur ? — Le poète épique aime les dénombrements pittoresques qui séduisent l'imagination et les ensembles imposants qui la frappent ! Quel mélange des deux procédés dans ce beau tableau !

> Allons ! faites donner la garde, cria-t-il, —
> Et Lanciers, Grenadiers aux guêtres de coutil,
> Dragons que Rome eût pris pour des légionnaires,
> Cuirassiers, Canonniers qui traînaient des tonnerres,
> Portant le noir colback ou le casque poli ;
> Tous, ceux de Friedland et ceux de Rivoli,
> Comprenant qu'ils allaient mourir dans cette fête,
> Saluèrent leur dieu, debout dans la tempête.
> Leur bouche, d'un seul cri, dit : Vive l'empereur !
> Puis, à pas lents, musique en tête, sans fureur,
> Tranquille, souriant à la mitraille anglaise,
> La garde impériale entra dans la fournaise.

— Le poète épique trouve des comparaisons neuves et saisissantes !

> Toute une armée ainsi dans la nuit se perdait.
> L'empereur était là, debout, qui regardait.
> Il était comme un arbre en proie à la cognée.
> Sur ce géant, grandeur jusqu'alors épargnée,
> Le malheur, bûcheron sinistre, était monté ;
> Et lui, chêne vivant, par la hache insulté,
> Tressaillant sous le spectre aux lugubres revanches,
> Il regardait tomber autour de lui ses branches.

— Le poète épique anime tout, crée des mythes, c'est-à-dire des personnifications hardies, et, en proie à une sorte d'hallucination sacrée, admet sans hésitation le surnaturel et le merveilleux ! Voyez donc les batailles du Nil, du Danube et du Tibre se penchant sur le front de l'empereur mourant, et lisez cette page sublime sur Waterloo :

Hélas ! Napoléon, sur sa garde penché,
Regardait, et, sitôt qu'ils avaient débouché
Sous les sombres canons crachant des jets de soufre,
Voyait, l'un après l'autre, en cet horrible gouffre,
Fondre ces régiments de granit et d'acier,
Comme fond une cire au souffle d'un brasier.
Ils allaient, l'arme au bras, front haut, graves, stoïques.
Pas un ne recula. Dormez, morts héroïques !
Le reste de l'armée hésitait sur leurs corps
Et regardait mourir la garde ! — C'est alors
Qu'élevant tout à coup sa voix désespérée,
La Déroute, géante à la face effarée,
Qui, pâle, épouvantant les plus fiers bataillons,
Changeant subitement les drapeaux en haillons,
A de certains moments, spectre fait de fumées,
Se lève grandissante au milieu des armées,
La Déroute apparut au soldat qui s'émeut,
Et, se tordant les bras, cria : sauve qui peut !
Sauve qui peut ! affront ! horreur ! toutes les bouches
Criaient ; à travers champs, fous, éperdus, farouches,
Comme si quelque souffle avait passé sur eux,
Parmi les lourds caissons et les fourgons poudreux,
Roulant dans les fossés, se cachant dans les seigles,
Jetant shakos, manteaux, fusils, jetant les aigles,
Sous les sabres prussiens, ces vétérans, ô deuil !
Tremblaient, hurlaient, pleuraient, couraient ! — En
[un clin d'œil,
Comme s'envole au vent une paille enflammée,
S'évanouit ce bruit qui fut la grande armée,
Et cette plaine, hélas ! où l'on rêve aujourd'hui,
Vit fuir ceux devant qui l'univers avait fui !
Quarante ans sont passés, et ce coin de la terre,
Waterloo, ce plateau funèbre et solitaire,
Ce champ sinistre où Dieu mêla tant de néants,
Tremble encor d'avoir vu la fuite des géants !

Maintenant nous pouvons être tranquilles. Quand un homme a écrit ces vers, le démon de l'épopée le tient assez fortement pour ne le lâcher qu'après que le chef-d'œuvre possible aura été produit : *deus ! ecce deus !* De 1851 à 1853, il est vrai, c'est « la muse Indignation » qui paraît l'inspirer seule. Mais, dans cette œuvre si puissante et si étonnamment originale des *Châtiments*, tous les souffles poétiques se font entendre et se mêlent au souffle satirique. Si l'Indignation dicte à Hugo des invectives violentes, comme celles des iambes d'Archiloque ou des épodes d'Horace, nul livre lyrique n'a de plus hautes envolées, nul drame n'a d'accents plus poignants, et la poésie des *Burgraves*, la poésie épique, a aussi son tour. On la trouve dans divers symboles empruntés à l'histoire, et notamment dans cette belle pièce où l'on voit Josué promenant l'arche sept fois au son des trompettes autour de Jéricho. Sur les murs de cette ville aussi étrangement attaquée, femmes, enfants, infirmes même viennent se mêler aux guerriers pour railler les Hébreux. A chaque fois que passent l'arche et les trompettes, le rire et les huées redoublent, jusqu'à ce qu'à la septième fois, brusquement, les murailles s'écroulent :

Sonnez, sonnez toujours, clairons de la pensée.

— Surtout, avec un art merveilleux, l'épopée intervient dans le rapprochement si naturel entre les luttes glorieuses de la Révolution et les luttes fratricides qui ont fondé le nouvel ordre de choses, entre la gloire de Napoléon Ier et la bassesse de celui que le poète appelle Napoléon le Petit. Songeant aux crimes que peut amener l'obéissance passive de l'armée, Hugo s'écrie aussitôt : « O soldats de l'an deux ! ô guerres ! épopées ! » et voilà les armées de la Révolution qui se dressent devant ses yeux ; la Marseillaise, sorte de divinité farouche, qui les dirige ; la grande République qui majestueusement leur montre le but à atteindre :

La tristesse et la peur leur étaient inconnues ;
Ils eussent, sans nul doute, escaladé les nues,

> Si ces audacieux,
> En retournant les yeux dans leur course olympique,
> Avaient vu derrière eux la grande République
> Montrant du doigt les cieux !

Après *les Châtiments*, nouvel abandon apparent de l'épopée. Hugo tient à réunir ses vers lyriques et à donner ces « mémoires d'une âme » qu'il appelle *les Contemplations*. Après *les Contemplations* ne sera-t-il pas trop tard et ne peut-on pas craindre l'engourdissement de l'âge pour un poète qui a déjà 55 ans ? Crainte chimérique ! Le 27 décembre 1875, devant les Goncourt qui nous l'ont rapporté, Hugo préludait à une lecture de vers nouveaux par cette déclaration : « Messieurs, j'ai soixante-quatorze ans, et je commence ma carrière ». Qu'aurait-il pu dire dix-neuf ans plus tôt ? Dans *les Contemplations* mêmes, au tome II, s'étaient glissés les beaux vers épiques de la pièce *Pleurs dans la nuit* sur la chute des cités antiques, et l'admirable allégorie sur Adam et Ève qui termine la pièce *les Malheureux*. En 1854, le poète avait aussi écrit *les Pauvres Gens*, *le Lion d'Androclès* et, pour *la Fin de Satan*, presque tout le drame extra-humain, avec l'épisode entier du *Glaive*; en 1855, il avait écrit *Paroles dans l'épreuve* et *Dieu*. En 1856, Vacquerie et François Victor-Hugo parlent des *Petites Épopées*. De 1857 datent *les Lions*, *Ratbert* et *la Vision* qui ouvre l'édition définitive de *la Légende*. On voit que les grandes lignes du monument épique de Hugo étaient déjà, et depuis plusieurs années, arrêtées dans son esprit. En 1858 et en 1859, le poète travaille avec plus de suite à sa nouvelle œuvre, et, à la fin de septembre 1859, paraît enfin *la Légende des siècles*

CHAPITRE II

Inventaire sommaire de l'œuvre épique.

I

Avant d'étudier en détail un pays, le géographe est obligé d'en marquer la situation, d'en indiquer les limites, d'en décrire sommairement les aspects principaux. C'est ainsi que nous devons procéder nous-même pour la partie épique de l'œuvre de Hugo depuis 1859.

On dit : *les Légendes des siècles* et *la Légende des siècles*. Quand on emploie le pluriel, on fait allusion à ce fait qu'il y a eu trois publications successives, sous le titre de *Légende des siècles* : celle de 1859, la *Première série ;* celle de 1877, la *Nouvelle série ;* celle de 1883, le *Volume complémentaire*. Quand on emploie le singulier, on peut désigner deux choses différentes : ou bien la réunion des trois publications que je viens de signaler, réunion qui s'est accomplie (en quatre volumes, 1883) au moment où se publiait l'*édition définitive* des œuvres de Hugo ; — ou bien ce qui est resté *la Légende* par excellence, la *première série*, celle de 1859. Parlons d'abord de cette première série, qui forme un volume dans les éditions les plus répandues, mais qui en formait deux à l'origine.

Elle avait pour dédicace ces vers touchants de l'exilé *à la France* :

> Livre, qu'un vent t'emporte
> En France, où je suis né ;
> L'arbre déraciné
> Donne sa feuille morte.

Elle avait pour sous-titre ces mots : *Histoire, — les petites épopées.* Et c'était bien l'histoire de l'humanité que Hugo prétendait exposer ; non l'histoire telle que les historiens l'ont faite (ce n'est pas l'affaire des poètes de rivaliser avec eux), mais, comme il s'exprime lui-même, « l'histoire écoutée aux portes de la légende », c'est-à-dire l'histoire telle que l'imagination populaire l'a conçue, telle que le poète la devine dans le passé ou même dans l'avenir. A vrai dire, ma définition est double ; mais c'est que Hugo donne deux sens au mot légende, et on s'y est souvent mépris. Pour lui, comme pour tous, la légende est d'abord la tradition historique populaire ; mais pour lui (et cette fois spécialement pour lui), la légende est aussi l'invention poétique chargée de rendre la physionomie des temps par des traits synthétiques et d'autant plus expressifs. Un passage du roman de *Quatre-vingt-treize* est, sur ce point, on ne peut plus formel : « L'histoire a sa vérité, la légende a la sienne. La vérité légendaire est d'une autre nature que la vérité historique. La vérité légendaire c'est l'invention ayant pour résultat la réalité. Du reste, l'histoire et la légende ont le même but : peindre sous l'homme momentané l'homme éternel. » Ceci revient à répéter le mot fameux d'Aristote : « La poésie est plus vraie que l'histoire » ; seulement Hugo donne le mot *légende* pour synonyme au mot *poésie*. S'entendre sur ce point était indispensable pour qu'on n'objectât pas à Hugo que nombre de ses récits n'ont leur source ni dans l'histoire des historiens ni dans l'histoire des anciens poètes : pourvu qu'ils soient représentatifs d'un certain peuple, d'une certaine époque, d'un certain état de civilisation, le poète avait le droit de les inventer. Et, de même, on n'a plus lieu de dire au poète : pourquoi telle grande bataille, pourquoi tel grand événement n'est-il même pas mentionné par vous ? Il répondrait : « Je n'ai pas la prétention de montrer l'enchaînement des causes et des effets dans l'histoire ; je ne fais pas un *discours* (en vers) *sur l'histoire universelle ;* comme vous l'a dit ma préface, j'ai pris et je vous livre « des empreintes successives du profil humain de date en date » ; ce profil se voit quelquefois mieux dans un petit fait, très caractéristique, que dans une grande révolution politique, dont le hasard a peut-être décidé. » Et cette réponse ne justifierait pas, tant s'en faut, toutes les lacunes de *la Légende des siècles* ; mais elle en justifierait une partie.

Sous quelle forme artistique les « empreintes du profil humain » nous sont-elles présentées par Victor Hugo ? La seconde partie du sous-titre : *les petites épopées*, faisait supposer que Hugo avait composé uniquement une série de récits épiques d'une certaine étendue. Mais, au contraire, les petites épopées sont bien peu nombreuses dans le livre, où, à côté du *Petit roi de Galice*, d'*Éviradnus*, de *Ratbert*, on trouve de courts récits comme *Après la bataille*, des tableaux comme *Booz* ou *la Rose de l'Infante*, des pièces humoristiques comme *les Raisons du Momotombo*, une chanson, celle des *Aventuriers de la mer*, un grand poème de forme lyrique : *Plein Ciel*, et jusqu'à des quatrains : *le Temple*, ou *Mahomet*. En dépit de cette diversité d'exécution, les fragments de la *première série* ont bien un caractère commun : ils donnent tous une idée de l'humanité à ses différents âges.

La première section de l'ouvrage est intitulée *d'Ève à Jésus :* elle peint l'humanité d'après la Bible. Comme il était juste, le premier poème est consacré à la formation même de la race humaine : c'est *le Sacre de la femme* ; — le second à la formation de ce qu'il y a de plus essentiel dans cette race, la conscience morale. Si l'homme était resté toujours pur et innocent, comme au sortir des mains de Dieu, la conscience lui eût été inutile, ou plutôt le mot même n'eût eu aucun sens pour lui ; la conscience devait naître du premier crime, et c'est ce que marque admirablement le poème sur Caïn. Cette section finit avec *la Première rencontre du Christ avec le tombeau,* c'est-à-dire avec la résurrection de Lazare. Et brusquement voici une énorme lacune : la Grèce n'est pas représentée, Rome n'est représentée qu'en pleine décadence par *le Lion d'Androclès*. Le moyen âge au contraire va tenir une grande place : il n'occupe pas moins de cinq sections ou chapitres : *l'Islam, le Cycle héroïque chrétien, les Chevaliers errants, les Trônes d'Orient, Ratbert*.

Le XVIe siècle est représenté sous quatre faces. Son esprit même, son génie, c'est *le Satyre* ; la puissance de l'Espagne, c'est *la Rose de l'Infante ;* l'inquisition, c'est *les Raisons du Momotombo ;* les condottieri, c'est *la Chanson des aventuriers de la mer*. — Le XVIIe siècle, vu sous un de ses aspects les moins importants, l'emploi des mercenaires suisses dans les armées de l'Europe, inspire *le Régiment du baron Madruce*. — Le XVIIIe siècle et la Révolution manquent. — Le moment actuel se montre, d'une façon assez peu caractéristique d'ailleurs, dans *Après la bataille, le Crapaud, les Pauvres Gens, Paroles dans l'épreuve*. — Le xxe siècle est représenté par les deux symboles : *Pleine mer, Plein ciel*. — Sous ce titre : *Hors des temps*, la vision de la trompette du jugement termine l'œuvre.

On aura été frappé, en lisant cette brève analyse, du développement pris dans la première série de *la Légende* par l'étude du moyen âge, et de l'absence complète de périodes au moins aussi importantes dans l'histoire de l'humanité. L'auteur avait prévu l'objection et il y insistait longuement dans sa préface. « Les personnes, disait-il, qui voudront bien jeter un coup d'œil sur ce livre ne s'en feraient pas une idée précise, si elles y voyaient autre chose qu'un commencement... — Ici lacune, là étude complaisante et approfondie d'un détail, tel est l'inconvénient de toute publication fractionnée. Ces défauts de proportion peuvent n'être qu'apparents. Le lecteur trouvera certainement juste d'attendre, pour les apprécier définitivement, que *la Légende des siècles* ait paru en entier. Les usurpations, par exemple, jouent un tel rôle dans la construction des royautés au moyen âge et mêlent tant de crimes à la complication des investitures, que l'auteur a cru devoir les présenter sous leurs trois principaux aspects dans ces trois drames : *le Petit roi de Galice, Éviradnus, la Confiance du marquis Fabrice*. Ce qui peut nous sembler aujourd'hui un développement excessif s'ajustera plus tard à l'ensemble. » Et encore : « Quand d'autres volumes se seront joints à celui-ci, de façon à rendre l'œuvre un peu moins incomplète, cette série d'empreintes, vaguement disposées dans un certain ordre chronologique, pourra former une sorte de galerie de la médaille humaine. »

Ces *autres volumes* dont parle Hugo, les lecteurs de 1859 devaient les attendre dix-huit ans et davantage. Mais, nous, nous les avons en main ; examinons-les.

La *Nouvelle série*, parue en deux volumes en 1877, commence par un poème-préface : *la Vision d'où est sorti ce livre*, après lequel vient un hymne *à la Terre*. A la fin se trouve une pièce intitulée *Abîme*, destinée à faire ressortir la petitesse de l'homme dans la création, la faiblesse de la création devant Dieu : « Je n'aurais qu'à souffler, et tout serait de l'ombre ». Entre ces deux hommages rendus à la terre et à celui qui l'a faite, l'histoire humaine se déroule de nouveau, comme dans la *première série*, depuis ses origines jusqu'au moment actuel, depuis les luttes entre les divers dieux, ou entre les dieux et les géants, jusqu'aux faits auxquels nous avons assisté, jusqu'aux misères dont nous souffrons encore. Seulement, l'ordre chronologique, suivi avec rigueur dans la *première série*, commence à se déranger ici : que vient faire un poème sur *les Sept merveilles du monde*, merveilles tout antiques, au milieu de petites épopées consacrées au moyen âge ? Un poème sur l'œuvre sinistre et triomphante de ce grand destructeur, le ver de terre, pouvait très bien avoir sa place dans une *Légende des siècles*, mais à la condition d'en fournir la conclusion ou l'introduction : *l'Épopée du ver* ouvre ici le second volume. — De plus, la *Nouvelle série* contient trop de pièces inspirées par un sentiment personnel.

Ces deux défauts vont s'accentuant dans le *Volume complémentaire* de 1883, où l'inspiration personnelle domine et où il n'est plus question d'ordre chronologique. Ajoutons que, tandis que la *série* de 1877 renfermait de nombreux chefs-d'œuvre et, dans son ensemble, n'était pas trop inférieure à *la Légende* primitive, le *Volume complémentaire* (exception faite peut-être pour *la Vision de Dante*) n'a plus aucune œuvre qui vaille les belles œuvres antérieures et, dans son ensemble, est un des recueils les plus faibles de l'auteur. Comme il est fâcheux que ces trois publications soient venues se fondre dans *la Légende des siècles* de l'*édition définitive !* et qu'il faille maintenant, pour passer de cette merveille qui s'appelle *le Satyre* à cette autre merveille qui s'appelle *la Rose de l'Infante*, enjamber une médiocre diatribe contre Borgia, une étrange énumération de « songeurs sacrés » (n'oublions pas que Hugo se piquait d'être un *songeur*), et un symbole mal conçu sur les poètes (encore une intention personnelle), assez gauchement comparés aux fleuves !

La réunion des trois recueils, si fâcheuse pour l'impression esthétique, a-t-elle du moins été réglée de façon à mettre de l'ordre entre tant de pièces d'origine différente ? Il faut bien avouer que non. La préface de 1859 promettait un ensemble « *vaguement* disposé dans un certain ordre chronologique » ; une note de l'*édition définitive* dit que « l'auteur a dû rassembler et refondre en un seul tout... les cinq volumes, en unifiant dans cet ensemble l'ordre chronologique, dérangé seulement et varié, comme il convient, par l'ordre philosophique ». L'ordre philosophique est peu visible et l'ordre chronologique est certainement très *vague*. Pourquoi est-il question du Cid en trois endroits différents ? Pourquoi, de nouveau, *les Sept merveilles du monde* et *l'Épopée du ver* au milieu du moyen âge ? Pourquoi telle dissertation philosophique est-elle placée au xvie siècle, et non pas ailleurs ? Pourquoi est-ce aussitôt après avoir parlé du XVIIe siècle que le poète reproche aux hommes d'emprisonner les oiseaux : « Nous avons des tyrans parce que nous en sommes » ? Et pourquoi est-ce en ce même endroit que sont stigmatisés nos « tyrans » de la fin du XIXe siècle ?

Le plus grand obstacle à un ordre rationnel venait de la grande quantité des pièces philosophiques, satiriques, apologétiques, n'ayant rien à faire vraiment avec une *Légende des siècles*, que le poète s'était laissé aller à insérer dans sa *Nouvelle série* et surtout dans son *Volume complémentaire*. Je ne les énumérerai pas ; mais je donnerai une preuve curieuse de ce qu'il y a d'artificiel dans la composition d'une partie de l'ouvrage. Quand les exécuteurs testamentaires de Hugo ont réuni les vers manuscrits qui leur paraissaient devoir entrer dans le recueil *Toute la lyre*, ils ont trouvé une pièce intitulée *un Voleur à un roi*. Ils ont oublié (l'œuvre du poète est tellement vaste qu'on peut bien les en excuser), ils ont oublié que cette pièce avait déjà paru dans *la Légende* de 1883 et au tome III (entre le XVIIe et le XVIIIe siècle) de *la Légende* définitive. Ils l'ont donc publiée dans *Toute la lyre*. Mais de quelle corde de la lyre ont-ils supposé que sortait cette inspiration ? de la corde *humanité* (c'est le premier livre de l'ouvrage) ? de la corde *pensée* (c'est le troisième) ? Non, de la corde *fantaisie* ; et il n'était guère possible, en effet, de regarder comme bien sérieux ce prolixe pendant du mot d'un pirate à Alexandre cité par Cicéron et saint Augustin : « Quia id ego exiguo navigio facio, latro vocor ; quia tu magna classe, imperator : — Je conquiers des liards, tu voles des provinces ». — Et voici qu'un remords me vient ; peut-être ai-je calomnié les exécuteurs testamentaires de Hugo ; peut-être le poète qui, plusieurs années avant sa mort, avait annoncé la publication de *Toute la lyre*, en avait-il réglé lui-même la composition. En ce cas, il serait plus curieux encore qu'une même pièce ait été considérée par son auteur, tantôt comme une simple fantaisie, tantôt comme une grave « empreinte du profil humain ».

Après avoir reconnu ces deux défauts de *la Légende* définitive : le désordre et l'intrusion de pièces parasites, allons-nous pouvoir reconnaître que les lacunes signalées par Hugo lui-même dans la *première série* ont été comblées, et que les matières trop largement traitées en 1859 sont maintenant plus proportionnées à l'ensemble de l'œuvre ? Hugo, comme Bossuet à qui on l'a tant reproché, s'est tu sur la Chine et l'Inde : ou du moins l'Inde, si amplement caractérisée par Leconte de Lisle dans ses *Poèmes antiques*, n'apparaît que dans la courte pièce intitulée *Suprématie*. Les dieux védiques s'y montrent un instant, pour s'éclipser devant une force inconnue, devant le vrai Dieu : au brahmanisme, au bouddhisme, dont l'importance a été et reste encore si grande dans le monde, il n'est pas même fait une allusion. — On a dit à tort que la civilisation de l'Orient classique manquait : c'était oublier la belle *inscription du roi Mésa*, le passage des *Sept merveilles du monde* sur les jardins de Babylone, les discours des sphinx dans *Zim-Zizimi* : j'accorde cependant que tout cela est insuffisant. — La mythologie grecque n'est représentée que par son côté le plus archaïque ou, si l'on veut, le plus romantique, la lutte des dieux contre les géants ; l'histoire grecque est réduite à un court morceau sur l'arrivée de Cassandre chez Agamemnon, au dénombrement de l'armée de Xerxès, à l'apologie du patriotisme de Léonidas et de Thémistocle. — L'histoire de Rome commence à la décadence impériale et à l'arrivée d'Attila, c'est-à-dire justement à sa fin. — La désorganisation du monde romain par les invasions des barbares et la formation des peuples modernes sont passées sous silence. — Le moyen âge n'est sérieusement étudié ni dans ses croyances, ni dans ses institutions. — La grandeur du xviie siècle ne ressort nulle part. — Le xviiie siècle n'est peint qu'en passant et à la dérobée. — En revanche, un assez grand nombre de pièces se font pendant et se répètent. L'étude des usurpations, démesurée en 1859, est devenue de plus en plus excessive. Les tyrans et les tyrannies paraissent sous cent noms divers. Et, quelque tendance que nous ayons à considérer l'histoire du monde comme dominée par l'histoire de la France, il faut bien avouer que le second empire, d'ailleurs jugé sans aucune impartialité, la guerre de 1870, la Commune et les inondations de Toulouse tiennent une place disproportionnée dans un livre qui s'appelle *la Légende des siècles*.

Comment expliquer ces diverses fautes ? Faut-il croire que l'art de la composition était étranger à Hugo ? Nous montrerons aisément le contraire, quand le moment sera venu. — Hugo a-t-il ignoré l'histoire au point de méconnaître l'importance de la civilisation grecque, par exemple, ou de la conquête romaine? Cela n'est guère possible. — A-t-il renoncé à traiter ce dont il était incapable, et, s'il a laissé de côté la Grèce classique, est-ce parce que son génie n'avait rien de grec ? Certes, le génie de Hugo avait ses habitudes et ses tendances, impérieuses ; mais on ne peut pas vraiment dire qu'il y ait eu pour lui d'impossibilités. Quand vous aurez lu dans quelque critique aux formules rigides que telle ou telle qualité est complètement absente de son œuvre, plongez sans crainte dans cet océan de poésie, vous finirez toujours par en ramener la perle désirée. J'ai déjà fait allusion à une petite pièce qui figure dans le premier volume des *Contemplations*. Vous jugerez, en la relisant, si celui qui a ciselé ce fin et saisissant camée ne savait pas être grec, grec par le sentiment de la mythologie, grec par l'exquise discrétion de la forme.

Hercule a vaincu les monstres, mais il a été vaincu par l'amour d'une femme ; la main qui assommait Géryon et le lion de Némée met en mouvement — quelle humiliation pour eux ! — le rouet d'Omphale :

> Il est dans l'atrium [1], le beau rouet d'ivoire ;
> La roue agile est blanche, et la quenouille est noire.
> La quenouille est d'ébène incrusté de lapis,
> Il est dans l'atrium sur un riche tapis.
>
> Un ouvrier d'Égine a sculpté sur la plinthe
> Europe, dont un dieu n'écoute pas la plainte.
> Le taureau blanc l'emporte. Europe, sans espoir,
> Crie, et, baissant les yeux, s'épouvante de voir
> L'océan monstrueux qui baise ses pieds roses.
>
> Des aiguilles, du fil, des boîtes demi-closes,
> Les laines de Milet, peintes de pourpre et d'or,
> Emplissent un panier près du rouet qui dort.
>
> Cependant, odieux, effroyables, énormes,
> Dans le fond du palais, vingt fantômes difformes,
> Vingt monstres tout sanglants, qu'on ne voit qu'à demi,
> Errent en foule autour du rouet endormi :
> Le lion néméen, l'hydre affreuse de Lerne,
> Cacus, le noir brigand de la noire caverne,
> Le triple Géryon, et les typhons des eaux,
> Qui le soir, à grand bruit, soufflent dans les roseaux ;

---

1. Ce mot essentiellement romain est sans doute la seule tache de ce morceau.

> De la massue au front tous ont l'empreinte horrible ;
> Et tous, sans approcher, rôdant d'un air terrible,
> Sur le rouet. où pend un fil souple et lié,
> Fixent de loin, dans l'ombre, un œil humilié.

Pourquoi le poète qui avait ainsi à sa disposition tous les tons et tous les styles a-t-il laissé dans *la Légende* les développements excessifs et les lacunes que nous avons dû signaler ? Ceci tient surtout à la méthode de travail de Hugo. Hugo n'était point de ces écrivains économes de leurs forces qui, une fois un ouvrage commencé, s'y adonnent tout entiers et ne s'en laissent distraire par aucune autre pensée. On a dit de lui qu'il était une force de la nature, et, de même, en effet, que la nature donne la vie, la croissance, la mort à maintes plantes à la fois, de même ce puissant cerveau commençait ceci, continuait cela, achevait autre chose, et ainsi s'entassaient, au fur et à mesure qu'elles étaient couvertes d'écriture, maintes feuilles dont l'auteur ignorait parfois la destination. « Rien n'est fait aujourd'hui, tout sera fait demain », disait-il volontiers avec André Chénier. En avril 1856, Auguste Vacquerie écrivait de Guernesey à M. Ernest Lefèvre : « J'ai une bibliothèque unique ! Sais-tu ce que j'ai lu cette année ? En fait de roman, *les Misérables* ; en fait de poèmes, *Dieu, la Fin de Satan, les Petites épopées*; en drame, *Homo, le Théâtre en liberté, les Drames de l'Invisible* ; en lyrisme, *les Contemplations* et *les Chansons des rues et des bois* ; en philosophie, un livre que vingt-cinq ans de méditation n'ont pas encore achevé et qui s'appellera *Essai d'explication* ; — j'ai pour bibliothèque les manuscrits de Victor Hugo ! » Dix grands ouvrages en construction à la fois ! Encore Vacquerie passe-t-il sous silence les innombrables pièces de vers datées de cette époque qui entreront plus tard dans *les Quatre vents de l'esprit*, dans *Toute la lyre* et dans le recueil, inédit encore à cette heure, *Océan*. Dans ces conditions, il était à peu près inévitable que la composition d'un recueil de vers fût en partie livrée au hasard. Quand ses portefeuilles étaient trop pleins et risquaient de craquer, Hugo les allégeait en publiant un ou deux volumes. Quelques arrangements pouvaient être faits au dernier moment ; ainsi, la seconde *Légende* devant paraître le 26 février 1877, jour anniversaire de la naissance de Hugo, ce poète de 75 ans improvisa dans les derniers jours de décembre le beau poème *l'Aigle du casque* ; et, en janvier, M. Meurice lui ayant objecté que « le livre manquait de femmes », il composa encore les 23 pièces qui forment *le Groupe des Idylles* [1]. Mais il était impossible d'éviter toutes les longueurs, toutes les inutilités, toutes les lacunes.

[1]. En revanche, des pièces qui devaient faire partie d'un recueil en pouvaient disparaître au dernier moment. Le manuscrit de la première *Légende des siècles* a ainsi des tables où se trouvent les titres d'œuvres parues postérieurement ou restées inédites. *Bivar* y est divisé en : *Le Cid sous le roi Sanche, le Cid sous le roi Alphonse, le Mendiant* : les deux premières parties ont paru en 1877 sous ces titres nouveaux, *le Romancero du Cid* et *le Cid exilé* ; il est peu probable que *le Mendiant* soit une première rédaction du *Bivar* de 1859. — *Ratbert* comprend *le Conseil, Elciis, Onfroy, Fabrice* : *Elciis* n'a été publié qu'en 1883. — En 1877 ont été donnés *Gaïffer Jorge duc d'Aquitaine* et *Montfaucon* ; en 1883, *l'Océan*. — *Hugo Dundas* se trouve au premier volume de *Toute la lyre* (1888). — *Roland petit* est resté inconnu.

II

Tout à l'heure, en parlant des lacunes de *la Légende*, je n'ai pas fait remarquer que cet ouvrage ne nous offrait aucun poème sur la Révolution française et qu'il n'y était question de Jésus-Christ que dans les 76 vers de *la Première rencontre du Christ avec le tombeau*. C'est qu'en effet ce qui manque dans *la Légende* proprement dite devait se trouver dans un ouvrage qui en était le couronnement.

Dans sa préface de 1859, Hugo annonçait deux poèmes, que Vacquerie lisait déjà en partie dès 1856, qui n'ont été livrés au public qu'après la mort du poète (1891, 1886) et qui devaient être, l'un l'introduction, l'autre la conclusion de *la Légende* : *Dieu, la Fin de Satan*. *Dieu* est un poème uniquement philosophique ; mais *la Fin de Satan* comprend à la fois une action qui se passe *Hors de la terre* et trois épopées encadrées par cette action : *le Glaive*, dont le héros est Nemrod ; *le Gibet*, c'est-à-dire la mort de Jésus-Christ ; *la Prison*, c'est-à-dire la destruction de la Bastille.

Le Gibet a été entièrement écrit en 1860 ; *la Prison* n'a été qu'à peine ébauchée, si bien qu'en définitive la Révolution manque dans la grande trilogie épique de Hugo. Mais elle a été chantée ailleurs : dans *les Quatre vents de l'esprit*, dont elle forme le *livre épique*, et dans *Toute la lyre*, où elle a inspiré la pièce intitulée *la Guillotine*, sans parler du roman de *Quatre-vingt-treize* et de nombreuses pages des *Misérables*.

En effet, une fois entré dans la voie de l'épopée, Hugo n'a plus eu le courage d'en sortir définitivement. Sauf les folâtres *Chansons des rues et des bois*, sauf quelques poèmes de ses dernières années, aux prétentions philosophiques, comme l'*Ane* ou *Religions et Religion*, Hugo n'a pu former un recueil de poèmes sans y introduire des morceaux épiques. *L'Année terrible*, parue en 1872, est consacrée à des événements tout récents : la guerre de 1870-1871 et la Commune ; les divers poèmes qui la composent en ont été écrits au jour le jour ; le citoyen y exprime ses opinions politiques ou sociales ; l'homme y répond à des attaques personnelles ou y fait son apologie. Rien de plus contraire aux conditions normales du poème épique. Et pourtant l'épopée est là sans cesse, et on la sent. C'est que les maux de la France ne sont pas seulement pour le poète ce qu'ils sont pour tous les patriotes : à ses yeux

> C'est plus qu'un peuple, c'est le monde que les rois
> Tâchent de clouer, morne et sanglant, sur la croix ;
> Le supplice effrayant du genre humain commence.

Cette guerre, fatale à la civilisation, c'est la lutte de l'ombre contre la lumière ; et la défaite de nos soldats n'indigne pas seulement leurs glorieux prédécesseurs de Valmy ou de Jemmapes, elle attriste les Vendes et les Teutons d'autrefois :

> Allemands, regardez au-dessus de vos têtes ;
> Dans le grand ciel, tandis qu'acharnés aux conquêtes,
> Vous, Germains, vous venez poignarder les Gaulois,
> Tandis que vous foulez aux pieds toutes les lois,
> Plus souillés que grandis par des victoires traîtres,
> Vous verrez vos aïeux saluer nos ancêtres.

Et quel souffle, quelle grandeur, quelles admirables périodes dans cette fin du poème sur *Sedan*, où tout se transforme, où tout s'idéalise, où le mot qui décide de la capitulation devient comme un mot de l'abîme, où, par les prosopopées et les personnifications les plus hardies, cette capitulation devient la capitulation même de toute la vieille gloire de la France !

L'art d'être grand-père (1877) contient *l'Épopée du lion*, à demi ironique et enfantine. — *Les Quatre vents de l'esprit* (1881) comprennent un livre satirique, un livre dramatique, un livre lyrique et un livre épique, celui-ci plus pénétré de satire qu'il ne conviendrait peut-être. — La première corde de *Toute la lyre*, *l'Humanité*, fait souvent entendre des accents épiques. — Et l'on a pu voir quelque chose d'épique même dans cette fantaisie politico-religieuse : *le Pape* (1878), ou dans ce drame non destiné à la scène, écrit en 1866, publié en 1882 : *Torquemada*.

III

Quelle place convient-il de faire aux romans dans l'œuvre épique de Victor Hugo ? La question prêterait à de longs développements, si je ne tenais à restreindre presque complètement cette étude à des œuvres écrites en vers. Nous avons vu que Hugo, en écrivant *Notre-Dame de Paris*, avait commencé à tenir sa promesse de 1823 et à créer le *roman épique*. Cette promesse a été tenue plus encore par la suite. Elle l'a été en 1862 dans *les Misérables* — « cette épopée des *Misérables* », disait déjà Vacquerie en 1847 — par de nombreuses pages sur la Révolution et sur l'Empire ; par le vivant

récit de l'émeute de 1832, appelée par Victor Hugo lui-même *l'Épopée rue Saint-Denis* ; par les visions utopiques du pâle et noble insurgé Enjolras; et surtout par cet épisode de Waterloo, dont Lamartine a écrit : « Depuis Jules Romain dans les batailles de Constantin jusqu'à Lebrun dans les batailles d'Alexandre, aucun peintre de batailles n'égala le poète des batailles de Napoléon. Les batailles d'Achille dans Homère n'ont pas plus de verve. C'est le triomphe de la langue française menée au feu... On sort de cette lecture ivre et anéanti, comme un enfant qui s'essouffle à suivre un géant » ; et Leconte de Lisle : « La bataille de Waterloo y revit dans son horreur sublime... Rien de plus foudroyant de beauté épique ».
— La promesse a été tenue en 1869 dans *l'Homme qui rit* par la peinture de l'aristocratie, du parlement, de la société d'Angleterre au xviie et au xviiie siècle.
— Elle l'a été en 1874 dans *Quatre-vingt-treize* par la résurrection de divers épisodes de la Révolution française, surtout des luttes héroïques de la Vendée.

Le philosophe Guyau donne une autre raison pour que les romans de Hugo soient appelés épiques. « L'épopée antique, dit-il, contait la destinée des nations. Mais le sentiment patriotique a changé de mesure, le mot nation est devenu trop vaste, trop vague peut-être pour tenir en un poème. Alors un poète a pensé que l'épopée devait se transformer et s'appliquer à telle ou telle classe d'individus digne d'intérêt et de pitié, et Victor Hugo a écrit *les Misérables*. » En ce sens, *l'Homme qui rit*, historiquement fort contestable, mais où la plèbe anglaise s'oppose à l'aristocratie en un si vigoureux relief, serait aussi une épopée ; et de même *les Travailleurs de la mer* (1866), où toute une classe d'hommes, dans la personne de Gilliatt, est représentée luttant avec acharnement contre la nature [1].

Les quatre grands romans de Hugo peuvent être aussi appelés des épopées, si l'on considère la façon dont les personnages principaux y deviennent des types et, en quelque façon, de vivants symboles : Gilliatt dans *les Travailleurs de la mer* ; — la duchesse Josiane, le philosophe Ursus et le bateleur Gwynplaine dans *l'Homme qui rit* ; — Thénardier, Javert, Enjolras, Gavroche, Jean Valjean dans *les Misérables*. Quelle admirable conception, notamment, que celle de Jean Valjean ! Je sais tout ce qu'on peut dire sur l'invraisemblance de ses aventures, sur l'invraisemblance de ses condamnations, et sur l'injustice dont la pitié pour « les misérables » a rendu Hugo coupable vis-à-vis de la société. Mais je sais aussi qu'on n'a jamais conçu rien de plus noble ni de plus grand que l'ascension lente et douloureuse de l'ancien forçat vers le désintéressement, vers l'amour, vers le sacrifice, vers la sainteté ; et je sais que rien n'élève plus le cœur, que rien ne donne davantage le frisson de l'admiration et la sensation du sublime que certains actes et certaines paroles de Jean Valjean. — Pour la création des types qu'on peut appeler épiques, *Quatre-vingt-treize* est peut-être plus caractéristique encore. Car non seulement tous les rêves généreux de la Révolution s'incar-

---

[1] « Un jour — c'était en mai 1868 — le déjeuner était fini... Son humeur (de Victor Hugo) ce jour-là était singulièrement enjouée et sereine. Il avait parlé de toutes sortes de choses, du *Roland furieux*, de la *Jérusalem délivrée*, de la *Henriade*, des *Travailleurs de la mer*, et il disait, je m'en souviens très bien, qu'il y a plus de matière épique dans ce dernier ouvrage que dans les trois épopées proprement dites que je viens de nommer. » Stapfer, *Les Artistes juges et parties*, p. 39-40.

nent dans le commandant Gauvain, tout le jacobinisme dans le délégué du Comité de salut public, l'ex-prêtre Cimourdain, tout un royalisme farouche dans le chef vendéen le marquis de Lantenac ; mais encore Hugo nous a fait sentir admirablement ce que ces deux derniers hommes, si différents en apparence, avaient au fond de semblable et, par suite, ce que le jacobinisme avait d'identique à l'esprit de l'ancien régime : « Disons-le, ces deux hommes, le marquis et le prêtre, étaient jusqu'à un certain point le même homme. Le masque de bronze de la guerre civile a deux profils, l'un tourné vers le passé, l'autre tourné vers l'avenir, mais aussi tragiques l'un que l'autre. Lantenac était le premier de ces profils, Cimourdain était le second ; seulement l'amer rictus de Lantenac était couvert d'ombre et de nuit, et sur le front de Cimourdain il y avait une lueur d'aurore. »

Enfin les romans de Hugo, en maints endroits, sont encore épiques par la poésie grandiose du style et par des effets que le roman proprement dit ne comporte point. Qui jamais a eu l'impression qu'il lisait un roman, quand il a été ébloui par les images dont certains chapitres des *Misérables* sont remplis, quand il a vu Jean Valjean, en lutte contre sa conscience, comparé magnifiquement à Jacob luttant avec l'ange, quand il a suivi le long et splendide développement de ce symbole de l'âme naufragée que la société abandonne : *un Homme à la mer !*

J'ai dû, en passant, résumer ce qui a été dit de plus spécieux sur le caractère épique des romans de Hugo. Mais, pour ma part, je répugne à appeler épique ce qui n'a nul rapport avec l'histoire, et je tiens, je le répète, à étudier avant tout l'épopée en vers. Quand je ferai des emprunts aux romans, ce sera pour signaler des récits, des aperçus, des doctrines morales, des procédés de style qui pourraient figurer dans *la Légende des siècles*, n'était la prose, et qui complètent pour nous cette *Légende*.

Dès à présent, qu'on nous permette, en citant un passage très beau et surtout très caractéristique, de montrer à la fois : et quels secours nous pouvons attendre des romans de Hugo, et quel sera le caractère de cette poésie épique dont nous allons maintenant entreprendre l'étude détaillée. Là où Hugo n'a vu qu'un récit de ce qui se passe en un certain moment dans l'esprit de l'étudiant Marius Pontmercy, nous verrons, nous, un symbole de la formation d'une poésie épique — dans un peuple, dans une âme de poète, dans celle de Hugo lui-même.

Une poésie épique se forme alors qu'un fait important, ou regardé comme tel, a frappé, a ébranlé l'imagination. Mais cet ébranlement ne suffit point. Il n'y a pas d'*Iliade*, il n'y a pas de *Chanson de Roland*, — et il n'y a pas de *Légende des siècles*, — si l'émotion de l'imagination ne gagne l'âme tout entière, si tout ce qu'on a de puissance d'aimer ou de puissance de haïr, si tout ce qu'on éprouve de trouble profond devant la nature, si tout ce qu'on sent en soi d'instinct religieux impérissable ne se trouve mystérieusement intéressé et comme mêlé à l'idée qu'on se fait de la lutte contre Troie, du désastre de Roncevaux, ou des grands événements de l'histoire humaine. — Marius, fils d'un colonel de l'empire et petit-fils d'un bourgeois légitimiste, a été élevé par son grand-père loin de son père, un sabreur, un buveur de sang, un brigand de la Loire. Le colonel meurt, et tout à coup Marius s'aperçoit que ce soldat a été un héros, et que ce héros, séparé de lui, oublié par lui, l'a adoré. Marius est jeune et il a en lui des trésors d'amour inemployés : il devient amoureux de son père mort ; par son père et pour son père, il devient amoureux de cette Révolution et de cet Empire pour lesquels son père a combattu :

« La révolution et l'empire se mirent lumineusement en perspective devant sa prunelle visionnaire ; il vit chacun de ces deux groupes d'événements et d'hommes se résumer dans deux faits énormes : la république dans la souveraineté du droit civique restituée aux masses, l'empire dans la souveraineté de l'idée française imposée à l'Europe ; il vit sortir de la révolution la grande figure du peuple et de l'empire la grande figure de la France. Il se déclara dans sa conscience que tout cela avait été bon...

« L'empereur... fut l'homme prédestiné qui avait forcé toutes les nations à dire : — la grande nation. Il fut mieux encore ; il fut l'incarnation même de la France conquérant l'Europe par l'épée qu'il tenait et le monde par la clarté qu'il jetait. Marius vit en Bonaparte le spectre éblouissant qui se dressera toujours sur la frontière et qui gardera l'avenir. Despote, mais dictateur, despote résultant d'une république et résumant une révolution. Napoléon devint pour lui l'homme-peuple comme Jésus est l'homme-Dieu. »

Après l'amour, la métaphysique. Il ne manque plus à Marius que de mêler à sa vision de l'empire le sentiment religieux de la nature :

« Une nuit, il était seul dans sa petite chambre située sous le toit. Sa bougie était allumée ; il lisait accoudé sur sa table à côté de sa fenêtre ouverte. Toutes sortes de rêveries lui arrivaient de l'espace et se mêlaient à sa pensée. Quel spectacle que la nuit ! On entend des bruits sourds sans savoir d'où ils viennent, on voit rutiler comme une braise Jupiter qui est douze cents fois plus gros que la terre, l'azur est noir, les étoiles brillent, c'est formidable.

« Il lisait les bulletins de la grande armée, ces strophes héroïques écrites sur le champ de bataille ; il y voyait par intervalles le nom de son père, toujours le nom de l'empereur ; tout le grand empire lui apparaissait ; il sentait comme une marée qui se gonflait en lui et qui montait ; il lui semblait par moments que son père passait près de lui comme un souffle, et lui parlait à l'oreille ; il devenait peu à peu étrange ; il croyait entendre les tambours, le canon, les trompettes, le pas mesuré des bataillons, le galop sourd et lointain des cavaleries ; de temps en temps ses yeux se levaient vers le ciel et regardaient luire dans les profondeurs sans fond les constellations colossales, puis ils retombaient sur le livre et ils y voyaient d'autres choses colossales remuer confusément. Il avait le cœur serré. Il était transporté, tremblant, haletant ; tout à coup, sans savoir lui-même ce qui était en lui et à quoi il obéissait, il se dressa, étendit ses deux bras hors de la fenêtre, regarda fixement l'ombre, le silence, l'infini ténébreux, l'immensité éternelle, et cria : vive l'empereur ! »

Pour Marius Pontmercy l'Empire était devenu une épopée.

CHAPITRE III

L'histoire.

Si je partageais l'opinion de certains critiques sur le rôle de l'histoire dans la poésie épique de V. Hugo, ce chapitre pourrait être court et piquant comme le chapitre fameux de Théodore de Banville dans son *Petit traité de poésie française* : « Licences poétiques. Il n'y en a pas. » — Presque aussi brièvement je pourrais dire : « L'histoire dans la poésie épique de Hugo. Il n'y en a pas, il n'y a que de la fantaisie ». Seulement cette formule serait par trop simple et manquerait entièrement de justice. Il y a des erreurs et de la fantaisie dans *la Légende des siècles* et dans les œuvres qui s'y rattachent ; il y a même une conception générale de l'histoire qui est fâcheuse : ce sera mon devoir de le montrer ; — il y a aussi des peintures exactes, profondes, saisissantes du passé : ce sera mon plaisir de les admirer avec le lecteur.

I

Les grands hommes ont leurs faiblesses et, si j'ose dire, leurs manies. Une des plus curieuses de Victor Hugo, ç'a été, tout en dédaignant la science et l'érudition, tout en se fiant, avant tout, à son intuition et à son imagination, de parler sans cesse de ses recherches, de multiplier dans ses vers comme dans sa prose les mots techniques, d'accabler ses lecteurs sous le poids d'imposantes dissertations de toutes sortes. Au reste, dès qu'un véritable érudit a voulu contrôler les recherches du poète, il a vite vu à quoi elles se réduisaient. Le drame de *Marie Tudor* est escorté de la note suivante : « Afin que les lecteurs puissent se rendre compte, une fois pour toutes, du plus ou moins de certitude historique contenue dans les ouvrages de l'auteur, ainsi que de la quantité et de la qualité des recherches faites par lui pour chacun de ses drames, il croit devoir imprimer ici, comme spécimen, la liste des livres et documents qu'il a consultés avant d'écrire *Marie Tudor*. Il pourrait publier un catalogue semblable pour chacun de ses drames. » Le savant critique anglais Marzials a examiné cette liste ; il y a trouvé plus d'une erreur, et notamment, tout au début, un certain *Franc. Baronum*, auteur d'une histoire de Henri VII, qui ne peut être que François Bacon. — Une note de *Ruy Blas* dit, non moins pompeusement: « Il n'y a pas dans *Ruy Blas* un détail de vie privée ou publique, d'intérieur, d'ameublement, de blason, d'étiquette, de biographie, de chiffre ou de topographie, qui ne soit scrupuleusement exact. Ainsi, quand le comte de Camporéal dit..., on peut consulter *Solo Madrid es Corte*... Quand don Salluste dit.., on n'a qu'à recourir au registre de la grandesse. Quand le laquais du quatrième acte dit..., on peut ouvrir le livre des monnaies publié sous Philippe IV, *en la imprenta real*. De même pour le reste. L'auteur pourrait multiplier à l'infini ce genre d'observations... » M. Morel-Fatio a examiné les sources de *Ruy Blas* : il a trouvé qu'elles se réduisaient à deux ouvrages français, dont l'un ne concerne pas l'époque où nous transporte Victor Hugo, et que le poète n'a pas toujours consultés avec beaucoup de soin. — Le roman de *Quatre-vingt-treize* se déroulant en Bretagne, V. Hugo a cru qu'il serait d'un bon effet que certaines parties de son récit fussent saupoudrées de mots bretons. Mais il pouvait être long d'étudier le langage breton de la fin du xviiie siècle, et il était plus commode certes à un habitant de l'île de Guernesey de prendre son érudition bretonne dans un dictionnaire franco-normand du dialecte de Guernesey vers 1870. C'est M. Louis Havet qui a fait cette curieuse découverte, et voici sa conclusion : « M. V. Hugo fait de la couleur locale bretonne avec des mots guernesiais. Il fait montre de science, et d'une science en apparence très scrupuleuse avec des renseignements pris au hasard dans un livre qu'il ne se donne pas toujours la peine de comprendre. »

Avec de telles habitudes d'esprit, Hugo devait prodiguer dans ses écrits les erreurs les plus amusantes. Rien de plus étonnant que certains renseignements nautiques des *Travailleurs de la mer*, sinon peut être la dissertation de *l'Homme qui rit* sur l'effluve, qui n'est ni le vent ni le flot, et qui est responsable des bouleversements de la mer. Veut-on un renseignement de physique ? le baromètre marque les degrés du froid, sans rien omettre ni rien ajouter ; — de cosmographie ? le zénith et le nadir sont des points fixes dans l'espace ; — de linguistique ? « le basque et l'irlandais se comprennent, ils parlent le vieux jargon punique » ; — d'étymologie ? *canapé* se décompose en *can a pe*, c'est un « meuble où l'on peut avoir un chien à ses pieds » ; —

de versification ? Ursus était si familier « avec les vénérables rythmes et mètres des anciens qu'il avait des images à lui, et toute une famille de métaphores classiques. Il disait d'une mère précédée de ses deux filles : c'est un dactyle, d'un père suivi de ses deux fils : c'est un anapeste »; — d'histoire de la philosophie ? Pyrrhon est un disciple d'Épicure, et celui-ci vivait dans l'Inde, au temps de Jésus-Christ.

Les bizarreries de ce genre ne manquent pas dans *la Légende des siècles*. Pour avoir l'air précis dans ses descriptions, aussi bien que pour rimer d'une façon piquante, Hugo entasse les mots techniques, et parfois de la façon la plus intempestive du monde. Parmi les monstres sculptés sur les tours du château de Corbus, en Lusace, doivent être très flattées de figurer la *drée*, qui est un monstre particulier à Montlhéry, et la *tarasque*, qui est particulière à Tarascon. Les chevaliers mis en scène par Hugo sont couverts d'armures que le poète nous nomme avec un grand soin : malheureusement les compagnons de Charlemagne sont coiffés de *salades*, c'est-à-dire de casques du xv⁰ siècle ; les anciens marquis de Lusace, au moyen âge, portent des *morions*, mis en usage seulement au xvi⁰ siècle, et des *bourguignottes*, qui ont été portées aussi au xvi⁰ siècle, non au moyen âge, et par des piquiers, non par des princes. Et voilà qui rappelle un peu trop la théorie de Scarron dans son *Virgile travesti* :

> Il tint le langage suivant,
> Exposant sa perruque au vent,
> C'est-à-dire ôtant sa barrette
> Ou son chapeau ; mais un poète,
> Pour exprimer l'étui du chef,
> Dit bonnet, chapeau, couvre-chef,

> Toque, tapabor, *bourguignotte*,
> Béguin, turban, calle, calotte,
> Casque, *salade*, heaume, pot,
> Capuchon, barrette : en un mot,
> Le plus éloigné synonyme
> Chez nous rimeurs passe à la rime.

Ailleurs Hugo estropie les noms qu'il emploie. Le *girel* dont il couvre le cheval de Pacheco doit être un *giret* ; l'*andryade* du *Satyre*, qui se cache dans sa grotte, doit être une *hamadryade* se cachant dans son arbre. Ailleurs il brouille les temps et les civilisations, parlant de Babel à propos de mythologie grecque, mettant les flamines romains en Grèce, faisant la tour de Pharos, bâtie par un des successeurs d'Alexandre, contemporaine des Titans, et mettant parmi ceux-ci Actéon et Adonis. *Le Groupe des idylles* contient les confusions les plus étranges : Moschus est un révolutionnaire ; Virgile, se souvenant de son épitaphe : « Mantua me genuit... Tenet me Parthenope », mais ne la comprenant plus, prononce ce vers inintelligible : « O pasteurs, j'ai Mantoue et j'aurai Parthénope ». Trouve-t-il un trait de fausse érudition dans un auteur qu'il imite, Hugo n'a garde de l'éviter : l'épée Hauteclaire, qui avait appartenu à Closamont, porte elle-même le nom de Closamont dans les vers du *Mariage de Roland* comme dans la prose de Jubinal ; mais aux méprises de ses auteurs, Hugo se réserve d'ajouter ses propres méprises, et le *bachelier*, c'est-à-dire le jeune écuyer, Aymerillot sait, grâce à lui, du latin et devient un *bachelier* de l'enseignement classique. Citons deux autres inadvertances. Diderot disait à propos de la philosophie des Chinois : « Les Chinois ont eu des sages dès les premiers âges du monde. Ils avaient des cités érudites ;

des philosophes leur avaient prescrit des plans sublimes de philosophie morale dans un temps où la terre n'était pas encore bien essuyée des eaux du déluge. » L'expression est belle et ne soulève pas d'objection sérieuse, parce que nous ne savons pas de quel temps parle Diderot[1]; Hugo s'exprime plus magnifiquement encore, mais il éveille nos scrupules, quand, parlant de Ruth et de Booz qui vivaient plus de douze siècles après le déluge, il écrit :

> La terre, où l'homme errait sous la tente, inquiet
> Des empreintes de pieds de géant qu'il voyait,
> Etait encor mouillée et molle du déluge.

— Il existe une folle opérette où, Catherine de Médicis étant en train de recevoir de grands personnages, on lui annonce J.-Baptiste Poquelin de Molière : « déjà! » s'écrie-t-elle. De même Gérard de Roussillon pourrait s'écrier : « déjà! » quand, en 778, Charlemagne lui parle de la Sorbonne, fondée seulement 580 ans plus tard.

Ce sont là de simples peccadilles et des erreurs de détail sans grande importance pour la valeur historique ou épique des peintures brossées par Hugo. Mais il faut tout au moins que ces peintures puissent être datées, qu'on sache à quel temps elles se rapportent. Quand les rois Pyrénéens veulent délibérer sur le cas de Masferrer, ils se réunissent dans un vieux donjon, qui « date du temps rude où Rollon naviguait ». Rollon, qu'on s'étonne d'ailleurs de voir ainsi nommé à propos de montagnards franco-espagnols, naviguait à la fin

---

1. Bossuet avait dit aussi (*Discours sur l'hist. univ.* II, 2) : « Représentez-vous donc le monde encore nouveau, et encore pour ainsi dire tout trempé des eaux du déluge ». Mais il parlait des temps qui ont immédiatement suivi Noé.

du ix⁰ siècle, il faudrait donc que la réunion fût au plus tôt du x⁰ ou du xi⁰ siècle : le premier chapitre du poème porte pour titre : « Neuvième siècle, Pyrénées ». L'erreur est assez forte ; mais elle peut ne porter que sur le vers où Rollon est nommé, et il se peut qu'ailleurs ce soit bien le neuvième siècle que Hugo ait eu en vue. Mais que dire des poèmes auxquels on ne peut assigner de date, même approximative ? Déjà, quand on essayait de dater *les Burgraves*, on se heurtait à des indications contradictoires. L'épopée permettant moins de précision que le drame, Hugo poète épique s'est donné plus de liberté encore que Hugo dramaturge. Le poème d'*Éviradnus* met aux prises le chevalier errant Éviradnus avec l'empereur d'Allemagne Sigismond et le roi de Pologne Ladislas. Pour trouver un Sigismond et un Ladislas régnant en même temps, il faut arriver jusqu'au commencement du xv⁰ siècle ; mais Éviradnus vient de Palestine, où évidemment il a pris part aux croisades, et nous ne devrions pas descendre plus bas que le xiii⁰ siècle. *Les quatre jours d'Elciis* ne comportent point de récit ni d'action. C'est la juxtaposition de quatre longs discours sur les maux de l'Italie, faits par le vieux gentilhomme pisan Elciis à l'empereur Othon III. Le premier jour, Elciis maudit les gens de guerre et les gens d'Église ; le second, il oppose les rois et les peuples ; le troisième, il fait pressentir les catastrophes prochaines ; le quatrième, il montre au fond du ciel le vengeur inéluctable, Dieu. Et quand Othon, qui avait fait vœu de tout entendre avec patience, a tout écouté, en effet, il fait signe au bourreau, qui tranche la tête du vieillard. Plus qu'aucun autre, un poème qui avait la prétention de peindre les mœurs et l'état d'un peuple, devait être astreint à une chronologie précise : un peuple ne reste pas dans le même état pendant plusieurs siècles. Or Othon III est mort en 1002, et nous sommes donc à la fin du xı^e siècle. Elciis parle de Ratbert et se plaint de ce que don Fabrice est oublié à Final ; comme nous voyons dans le poème sur *Ratbert* que le père de don Fabrice est né en 1230, nous sommes donc au moins à la fin du xIII^e siècle. — Il est question de Trivulce mis au ban de l'Empire ; quel que soit celui des Trivulces auquel est attribué ce fait, d'ailleurs inexact, nous sommes à la fin du xve ou au commencement du xvie siècle. — Avec Villiers de l'Isle Adam, grand maître des chevaliers de Rhodes, nous sommes nettement au xvie siècle. Quelle peinture exacte espérer d'un auteur qui se joue ainsi de la chronologie !

Je m'empresse d'ajouter que *les Quatre jours d'Elciis* forment sans doute le poème où le dédain de la chronologie est le plus accusé, et, avec ce dédain, les défauts qui naturellement en découlent ou s'y rattachent. Mais ces défauts se retrouvent trop souvent ailleurs, et sans multiplier les analyses pénibles (il n'y a d'analyse agréable que celle des beautés), j'indique d'un mot ces défauts. Ils sont au nombre de quatre : la fantaisie, qui, dans *Éviradnus* par exemple, a forgé à peu près de toutes pièces les règnes de Ladislas et de Sigismond ; — le groupement arbitraire de faits exacts mais nullement contemporains, qui défigure ce que le poète prétend peindre et qui nous donne une fausse idée de la décadence romaine, par exemple, dans *le Lion d'Androclès*, ou de la civilisation mahométane dans *Sultan Mourad* ; — le subjectivisme ou, si l'on me passe cet autre mot barbare, le modernisme naïf, qui attribue au marquis Fabrice, à Welf, aux Titans, les idées de Hugo et de ses contemporains ; — enfin, l'habitude de dresser des réquisitoires contre ceux qui ont joué dans l'histoire le plus grand rôle, contre les rois, contre les empereurs, contre les « tyrans » et contre ceux qui les ont soutenus. Ici je ne cite plus de pièce en exemple : les titres se présentent en masse à l'esprit de tous les lecteurs.

Comment expliquer cette habitude ? Par un parti pris conscient, volontaire, de rester dans l'épopée le poète républicain des *Châtiments* ? d'enseigner aux peuples ce qu'ils ont souffert de leurs maîtres, et aux maîtres ce qu'ils ont à craindre de leurs peuples ou de Dieu ? Je ne nie pas que cette intention puisse percer çà et là ; on la trouve notamment dans la pièce préliminaire qui ouvre le *Livre épique* des *Quatre vents de l'esprit :*

> Nous écrivons avec une plume de bronze ;
> Philippe II, Sylla, Tibère, Louis onze
> Sont là sous notre œil fixe, et tremblent...

Dans l'introduction même de l'ouvrage, le poète, faisant allusion au *Livre épique*, à ce poème de *la Révolution*, où Louis XVI nous est montré expiant les fautes et les crimes de Henri IV, de Louis XIV et de Louis XV, le poète dit de la poésie :

> Épopée, elle peut montrer aux rois tragiques
> La tyrannie aveugle et toutes ses logiques,
> L'effrayante moisson des noirs semeurs du mal,
> Et le carrosse d'or du sacre triomphal
> Dans l'ombre accompagné par l'invisible roue
> D'un tombereau hideux que le pavé secoue.

Et là-dessus certains critiques ont beau jeu pour dire que Hugo, ayant *voulu* faire de l'épopée une œuvre satirique et didactique, en a dénaturé le caractère et n'est plus un poète épique. Mais je prie qu'on fasse deux remarques. La première, c'est que le ton du poème *la Révolution*, où Henri IV et Louis XIV, n'étant montrés que par leurs mauvais côtés, sont certainement calomniés, n'est pas tout à fait celui de *la Légende des siècles*; ce poème a un caractère spécial et, si son auteur l'a appelé épique, c'est parce qu'il est en partie épique, en effet, et parce qu'il fallait une œuvre qu'on pût dire inspirée par le vent épique de l'esprit dans un livre qui s'intitulait *les Quatre vents*. Et la seconde remarque, c'est que, là où Hugo est injuste pour les rois ou les empereurs, il est imprudent de conclure, comme le fait sans cesse, par exemple, M. Edmond Biré, qu'il a *voulu* l'être, qu'il a *voulu* faire son devoir de républicain farouche, ou, pis encore, qu'il a *voulu* flatter un certain nombre de démagogues influents. On ne remarque pas assez que la plupart des pièces ainsi incriminées pourraient être du temps où le poète se disait et se croyait royaliste ; que, bien longtemps avant d'être républicain[1], Hugo était démocrate et révolutionnaire ; que sa sympathie est toujours allée aux humbles, aux conspirateurs, aux révoltés ; que les pouvoirs civils et religieux lui ont toujours inspiré de la méfiance et de l'antipathie. Il y a une belle figure d'évêque dans l'œuvre de Hugo, celle de Monseigneur Myriel dans *les Misérables*, et précisément

---

1. A quel moment d'ailleurs Hugo a-t-il commencé d'être républicain ? N'est-ce pas le 12 juin 1832 qu'il écrivait à Sainte-Beuve : « Nous aurons un jour une république, et quand elle viendra, elle sera bonne... La république proclamée par la France en Europe, ce sera la couronne de nos cheveux blancs. » *Correspondance*, I, p. 290.

elle a été signée par le libre-penseur républicain Hugo en 1862 : comparez le hideux archidiacre Claude Frollo qui est du catholique monarchiste de 1830. Dans *Ruy Blas*, qui est de 1838, le valet est sublime et le roi grotesque. François I*er* est avili dans *le Roi s'amuse*, qui est de 1832, Louis XIII et Richelieu dans *Marion de Lorme*, qui est de 1829 ; les rois sont maudits dans l'épilogue des *Feuilles d'automne* (novembre 1831), et à qui allaient, en 1830, les longues acclamations des fougueux romantiques du théâtre français, sinon à Hernani le bandit ? Faut-il parler des truands de *Notre-Dame*, du *Dernier jour d'un condamné*, de *Claude Gueux* ? L'on voit assez que, pour parler comme il l'a fait du peuple ou des rois aux divers moments de l'histoire, Hugo n'a pas eu besoin de *vouloir* manifester sa foi républicaine, il a exprimé des idées déjà anciennes en lui, auxquelles le deux décembre et l'exil avaient seulement donné une force nouvelle ; il a naïvement rendu sa conception générale de l'histoire, comme l'avaient fait et comme ne pouvaient pas ne pas le faire les épiques antérieurs. Seulement cette conception générale de l'histoire a son côté très fâcheux, et c'est ce que nous ne devons pas dissimuler.

II

M. Jules Lemaître, un jour de mauvaise humeur, a parlé de « l'humanité mise en antithèses » par Hugo, « pareille à un immense guignol apocalyptique ». « Sa vision de l'histoire, dit-il, est... sommaire, anticritique, enfantine et grandiose. L'histoire, c'est la lutte des mendiants sublimes et des vieillards décoratifs, à longues barbes, contre les rois atroces et les prêtres hideux. *La Légende des siècles* devient ainsi, à force de simplification, une façon de guignol épique. » Guignol épique, guignol apocalyptique, le mot est cruel, sans être tout à fait inexact. Oui, Polichinelle commet toutes sortes de méfaits contre des gens simples, innocents et purs, et à la fin le diable survient, qui emporte son âme noire dans le noir séjour ; et de même trop souvent, dans Hugo, des peuples simples, innocents et purs sont torturés par des rois sans entrailles jusqu'à ce qu'un bon diable survienne, qui emporte le tyran. Nous nous expliquerons bientôt sur ces justiciers chers au poète, car j'attends d'avoir parlé de la philosophie de Hugo pour traiter de ce qui, dans sa conception de l'histoire, se rattache à cette philosophie : les origines de l'humanité, la lutte du bien et du mal dans le monde et le dogme du progrès. Je ne veux dire un mot ici que sur les rapports des peuples avec leurs gouvernants. Hugo les a fort simplifiés, et en cela il s'est montré vraiment poète épique, l'épopée n'étant que de l'histoire simplifiée et agrandie ; mais il les a trop simplifiés, et en cela il est allé jusqu'à compromettre la moralité même de l'histoire.

On connaît la belle peinture que Hugo a faite du peuple dans *les Pauvres gens*. Quand le pêcheur, que la mer a trahi et qui vient de rentrer au logis les mains vides, apprend que la mort a fait deux orphelins dans son voisinage, il éprouve un moment d'ennui, mais il n'a pas un instant d'hésitation ; aussitôt son parti est pris de les recueillir :

> Diable ! diable ! dit-il en se grattant la tête,
> Nous avions cinq enfants, cela va faire sept.

Déjà, dans la saison mauvaise, on se passait
De souper quelquefois. Comment allons-nous faire ?
Bah ! tant pis ! Ce n'est pas ma faute. C'est l'affaire
Du bon Dieu....
Femme, va les chercher.

Est-ce là simplement le peuple du XIX° siècle ? De tout temps le peuple a été aussi noble que les rois étaient vils. Le Cid méprise profondément le roi, dont il chante, en sa présence même, l'étrange litanie : *le roi jaloux, le roi ingrat, le roi défiant, le roi abject, le roi fourbe, le roi voleur, le roi soudard, le roi couard, le roi moqueur, le roi méchant*, mais quelle estime il a pour le peuple ! et en quels vers magnifiques le poète la traduit !

Ces hommes sont vaillants. Ames de candeur pleines,
Leur regard est souvent fauve, jamais moqueur ;
Rien ne gêne le souffle immense dans les plaines ;
La liberté du vent leur passe dans le cœur...

Les rayons du grand Cid sur leurs toits se répandent ;
Il est l'auguste ami du chaume et du grabat ;
Car avec les héros les laboureurs s'entendent ;
L'épée a sa moisson, le soc a son combat ;

La charrue est de fer comme les pertuisanes ;
Les victoires, sortant du champ et du hallier,
Parlent aux campagnards étant des paysannes,
Et font le peuple avec la gloire familier.

Ils content que parfois ce grand Cid les arrête,
Les fait entrer chez lui, les nomme par leur nom,
Et que, lorsqu'à l'étable ils attachent leur bête,
Babiéça n'est pas hautaine pour l'ânon.

Le barbier du hameau le plus proche raconte
Que parfois chez lui vient le Cid paisible et franc,
Et, vrai ! qu'il s'assied là sur l'escabeau, ce comte
Et ce preux qui serait, pour un trône, trop grand.

> Le barbier rase bien le héros, quoiqu'il tremble ;
> Puis, une loque est là pour tous ceux qui viendront ;
> Le Cid prend ce haillon, torchon du peuple, et semble
> Essuyer le regard des princes sur son front...
>
> Il n'est pas un d'entre eux qui ne soit prêt à suivre
> Partout ce Ruy Diaz comme un céleste esprit,
> En mer, sur terre, au bruit des trompettes de cuivre,
> Malgré le groupe blond des enfants qui sourit.
>
> Tels sont ces laboureurs. Pour défendre l'Espagne,
> Ces rustres au besoin font plus que des infants ;
> Ils ont des chariots criant dans la campagne,
> Et sont trop dédaigneux pour être triomphants.
>
> Ils cultivent les blés où chantent les cigales ;
> Pélage à lui jadis les voyait accourir,
> Et jamais ne trouva leurs âmes inégales
> Au danger, quel qu'il fût, quand il fallait mourir.

Même note dans *Éviradnus*, dans *Zim-Zizimi*, dans *la Défiance d'Onfroy*, partout ! Par exception, Elciis nous parle de l'avilissement du peuple. Mais cet avilissement est encore un crime des rois, il est leur œuvre ; l'ignominie du peuple et l'orgueil du tyran s'accroissent ensemble, comme s'augmente l'effet quand devient plus forte la cause.

Une petite pièce résume l'opinion de Hugo sur les rois : c'est *l'Hydre*. Un chevalier va combattre une hydre redoutable sur les confins du pays gouverné par le roi Ramire. L'hydre était couchée au soleil ; elle se dresse et demande au chevalier : « Pour qui viens-tu ? »

> Est-ce pour moi, réponds, ou pour le roi Ramire ?
> — C'est pour le monstre. — Alors c'est pour le roi, beau
> [sire.
> Et l'hydre, reployant ses nœuds, se recoucha.

Les rois de la *Légende* ont à la bouche toutes sortes de formules odieuses comme celle de Joss-Sigismond :

« Les impôts, cela pousse en plantant des gibets » ; les rois dévorent les peuples ; les rois ont fait noir l'horizon humain que le Seigneur avait fait bleu. Non pas que les rois soient nécessairement des monstres de par leur nature — Hugo n'est pas assez naïf pour l'admettre ; mais ils deviennent des monstres de par leur situation même de rois :

> Donc cette ville (*la ville disparue*) avait des rois ; ces
> [rois superbes
> Avaient sous eux les fronts comme un faucheur les herbes.
> Étaient-ils méchants ? Non, ils étaient rois. Un roi
> C'est un homme trop grand que trouble un vague effroi,
> Qui, faisant plus de mal pour avoir plus de joie,
> Chez les bêtes de somme est la bête de proie ;
> Mais ce n'est pas sa faute, et le sage est clément.
> Un roi serait meilleur s'il naissait autrement ;
> L'homme est homme toujours ; les crimes du despote
> Sont faits par sa puissance, ombre où son âme flotte,
> Par la pourpre qu'il traîne et dont on le revêt,
> Et l'esclave serait tyran s'il le pouvait.

Explication juste en partie. Mais il n'en résulte point que l'humanité n'ait jamais connu de bons rois ni que les mauvais l'aient été autant que le poète souvent se le figure.

Si la puissance matérielle corrompt ceux qui la détiennent, la puissance spirituelle doit faire de même. Partant sans doute de ce principe, Victor Hugo représente sans cesse le prêtre comme le complice du tyran : « Le seigneur est la griffe et le prêtre est la dent ». Les infants de Galice ont avec eux un prêtre quand ils viennent d'enlever *le petit roi* ; le plus habile et le plus vil des courtisans de Ratbert, c'est l'évêque Afranus ; Philippe-Auguste dresse les gibets de Montfaucon, mais c'est l'archevêque Bertrand qui lui en a donné l'idée ; Othon III veut séduire Welf, mais il a avec lui le pape Sylvestre II. Nous pourrions, s'il était utile, insister sur ce que Hugo a dit en maints endroits de ce Sylvestre II, de ce pape philosophe, de ce Gerbert, qu'on a récemment étudié en détail, et nous verrions avec quelle facilité Hugo accepte et amplifie les légendes diffamatoires sur les prêtres, comme aussi bien sur les juges, comme sur les rois, comme sur tous ceux qu'il accuse d'avoir été des oppresseurs. Il nous suffira de citer un passage où le clergé est censé se dénombrer lui-même et où se trouvent accouplés les noms les plus disparates :

> Nous sommes Anitus, Torquemada, Caïphe...
> Urbain huit, Sixte Quint, Paul trois, Innocent trois,
> Gerbert, l'âme livrée aux sombres aventures,
> Dicatus inventant les quatorze tortures,
> Judas buvant le sang que Jésus-Christ suait,
> La ruse, Loyola, la haine, Bossuet,
> L'autodafé, l'effroi, le cachot, la bastille,
> C'est nous, et notre pompe effrayante pétille
> Par moments, et s'allume et devient flamboiement.

Déclamations regrettables, parce qu'elles sont incompatibles avec une exacte justice ! parce qu'elles nuisent à la cause même de la tolérance que le poète croit servir ! parce qu'on y sent une confusion — trop commune — entre le mal fait au nom des croyances et les croyances elles-mêmes, entre l'esprit des différentes époques et l'essence même des religions [1]. Le conventionnel des *Misérables* nous dit que l'évêque Bossuet a chanté le *Te Deum* sur les Dragonnades ! sur les Dragonnades, non pas ; mais peut-être sur la révocation de l'Édit de Nantes. L'épicurien La Fontaine l'eût chanté

---

1. Cf. Renouvier, *Victor Hugo le philosophe*. Paris, 1900, in-18, p. 280.

de même, s'il avait aussi bien connu le *Te Deum* que les contes de Boccace : ainsi le voulait l'esprit du xviie siècle. De tout temps, d'ailleurs, l'instinct de la domination et la cruauté humaine ont su s'appuyer sur toutes les doctrines : les partisans de l'autorité ont tué, ceux qui se proclament libertaires prouvent leur amour pour la liberté en tuant ; Torquemada brûlait au nom du catholicisme, Calvin a brûlé au nom de la réforme ; Robespierre a guillotiné au nom du déisme, et l'athéisme du père Duchesne argumentait aussi à coups de couperet. Guerre à l'intolérance et paix aux doctrines, tel est le programme qu'on eût voulu voir adopter par un génie tel que Victor Hugo.

Et l'on eût voulu aussi qu'un poète auquel sont dues tant de belles pages sur la conscience n'eût pas contribué à étouffer chez le peuple le sentiment de sa responsabilité dans les affaires de l'État. Parcourons un poème caractéristique : *la Vision de Dante*. Dante s'éveille dans son tombeau en 1853 ; il est transporté « hors du temps, de la forme et du nombre » : le voici dans le lieu mystérieux où se rendent les jugements suprêmes. Une lueur, que l'on sent divine, s'aperçoit derrière un voile ; un archange, sur le front duquel on peut lire resplendissant le mot Justice, appelle la foule des victimes à déposer contre leurs bourreaux. Une effrayante nuée s'approche et cette nuée est une foule :

> L'effroi
> Et la stupeur glaçaient ce noir tourbillon d'ombres.
> Les uns étaient assis sur d'infâmes décombres ;
> D'autres, je les voyais quoiqu'un vent les chassât,
> Terribles, agitaient des vestes de forçat ;
> D'autres étaient au joug liés comme des bêtes ;
> D'autres étaient des corps qui n'avaient pas de têtes ;
> Des femmes sur leur sein montraient les clous du fouet ;

> Des enfants morts tenaient encore leur jouet,
> Et leur crâne entr'ouvert laissait voir leurs cervelles ;
> D'autres gisaient en tas ainsi que des javelles ;
> D'autres...

Martyrs de Brescia et de Milan, mineurs de Tobolsk, prisonniers du Spielberg, déportés de Cayenne et de Lambessa, mitraillés de Paris, tous demandent justice. « Quels sont vos meurtriers et vos bourreaux ? » dit l'ange. — « Les soldats. » Je passe les vers tumultueux, retentissants, par lesquels l'arrivée des soldats est décrite. Ce n'est pas nous qui sommes coupables, disent les soldats, ce sont nos capitaines. Les capitaines accusent les juges. Les juges accusent les rois, qui arrivent à leur tour, sinistres (et je n'ai pas besoin d'ajouter que le plus sinistre de tous est l'auteur du deux décembre). Mais ceux-ci mêmes n'acceptent pas le poids de la responsabilité. Ils accusent le pape qui a béni les rois, qui a fait suivre les massacres de *Te Deum*, qui a réservé l'apothéose aux tyrans et l'anathème aux victimes. Lui seul est coupable, puisque, ayant mandat de Dieu de faire régner ici-bas la vérité et la justice, il a fait croire aux rois que leurs prétentions étaient fondées et que leurs forfaits étaient légitimes. — Dante, c'est-à-dire Hugo, accepte-t-il complètement ce plaidoyer ? Va-t-il jusqu'à amnistier l'homme qu'il a flétri dans *les Châtiments*? Je ne sais et j'en doute ; mais c'est le pape seul que Dieu condamne, c'est le pape que Dante reçoit l'ordre de faire entrer dans son *enfer*.

Je n'ai pas à examiner ici ce qui s'est pu glisser de pure satire dans *la Légende des siècles*. Il importe seulement de remarquer combien Hugo, qui revendique les droits politiques pour tous, tend à restreindre les responsabilités à un petit nombre, voire à un seul.

Juges, capitaines, soldats sont trop nombreux pour qu'il les condamne ; et quant au peuple, il ne songe même pas à le faire comparaître devant l'archange. Et pourtant les convulsions qui ont compromis l'existence de la seconde République, à qui les attribuer ? Si Lamartine a été payé de ses services par l'ingratitude, à qui faut-il s'en prendre ? Qui a mis au pouvoir un Napoléon ? Qui lui a donné le courage de faire un coup d'État ? Qui a sanctionné le coup d'État de ses suffrages ? N'est-ce pas l'être aux millions de têtes et aux millions de voix ? N'est-ce pas la nation ? N'est-ce pas le peuple ? Le peuple aidé par des imprudents, que Hugo devait connaître, ceux auxquels Lamartine, à propos du retour des cendres célébré par Hugo lui-même, reprochait prophétiquement en 1840 « cet enthousiasme sans souvenir et sans prévoyance », cette « déification de la guerre et de la gloire », cette « religion napoléonienne », ce « culte de la force que l'on voulait substituer dans l'esprit de la nation à la religion sérieuse de la liberté »; ceux à qui Lamartine criait : « Prenez garde de donner une pareille épée pour jouet à un pareil peuple ». — Victor Hugo commence son livre de *l'Année terrible* par ce fier alexandrin : « Quant à flatter la foule, ô mon esprit, non pas ! » Vers sincère : V. Hugo ne veut pas flatter la foule, mais il donne toujours raison au peuple [1], et quelle est la façon rigou-

---

1. Parce qu'il souffrirait trop de lui donner tort. Un fragment de lettre intime comme celui que nous allons citer éclaire le fond même de l'âme du poète démocrate : « En ce moment, j'ai l'âme accablée. Ils viennent de tuer John Brown... Et c'est une République qui a fait cela !... Voilà une nation libre tuant un libérateur ! J'ai vraiment le cœur serré. Les crimes des rois, passe : crime de roi est fait normal ; mais ce qui est insupportable au penseur, ce sont les crimes de peuple. » A George Sand, 20 décembre 1859 (*Correspondance*, II, 230).

reuse, la façon scientifique dont on peut distinguer la foule du peuple? Il écrit au même endroit ces beaux vers :

> Un monde, s'il a tort, ne pèse pas un juste.
> . . . . .Nous ne voulons, nous autres,
> Pas plus du tyran Tous que du despote Un Seul ..
> Le droit est au-dessus de Tous...

Voilà qui est bien. Mais il convient alors de dire nettement que c'est une conception éminemment fausse de l'histoire que d'y accuser toujours les rois et les prêtres, et que les grands crimes ont généralement de nombreux complices. Et, si cette conception est fausse, elle est peut-être encore plus dangereuse. Un peuple libre doit être bien averti qu'avant de maudire les coups d'État il faut éviter tout ce qui doit les rendre possibles ; que ce n'est pas un seul homme qui détruit la liberté ; que ce n'est pas une assemblée (ou deux) qui fait de mauvaises lois ; que la corruption d'en haut n'est possible que par la corruption d'en bas ; et que tous, depuis le plus haut placé jusqu'au plus humble, nous sommes gardiens de l'honneur, de la liberté, de la santé physique et morale de notre pays.

III

Ces réserves faites, il ne reste plus qu'à admirer — et à s'étonner. Souvent, en effet, Hugo déconcerte la critique et, dans son œuvre épique, l'érudition historique la plus sérieuse côtoie l'erreur et la fantaisie, de même que, dans *les Travailleurs de la mer*, à côté de renseignements bizarres, on trouve une description de tempête dont l'exactitude scientifique a été proclamée par les savants. De plus, le génie de Hugo efface souvent toutes les taches, supplée à toutes les lacunes et fait ce que l'érudition la plus profonde n'arriverait pas à faire : il crée la vie. J'ai dit comment avait été préparé *Ruy Blas*, et pourtant la couleur espagnole de *Ruy Blas* est incontestable, et Paul de Saint-Victor n'a pas craint de dire : « Il y a quelques années, écrivant une étude sur la cour d'Espagne sous Charles II, je m'étais entouré des matériaux fournis par l'époque, j'avais consulté tous les documents, feuilleté toutes les chroniques, relu toutes les relations et tous les mémoires. Mon étude écrite, je rouvris *Ruy Blas*. Quelle surprise, et quel éblouissement ! Ce fragment de siècle que je venais d'exhumer de tant de recherches, je le retrouvais, vivant et mouvant, dans l'harmonie d'un drame admirable. Le souffle d'un grand poète ressuscitait subitement l'ossuaire des faits et des choses que j'avais péniblement rajusté. »

Pour ressusciter ainsi le passé, le poète emploie des procédés multiples. Parfois il s'impose de ne rien inventer d'important et prend un modèle qu'il suit pas à pas, auquel il se contente, ne lui faisant que des additions et des changements de détail, de prêter le secours de ses merveilleux vers : ainsi pour *la Première rencontre du Christ avec le tombeau*, tirée de la Bible et bien digne d'elle ; ainsi pour l'*Inscription*, paraphrase de la fameuse inscription de Mésa, publiée en 1870 par M. Clermont-Ganneau ; ainsi pour *Aymerillot*, indirectement tiré de la chanson de geste *Aymeri de Narbonne*, et pour *le Mariage de Roland*, indirectement emprunté à *Girard de Viane*. — Ailleurs, Hugo a un modèle aussi, mais avec lequel il prend plus de libertés : ainsi pour les *Trois cents*, inspirés par Hérodote, et pour *le Gibet de la Fin de Satan*, inspiré par la Bible. — Ailleurs encore, Hugo combine à sa guise des éléments en partie empruntés, en partie fictifs : dans *la Conscience*, dans *l'An neuf de l'Hégire*, dans *Sultan Mourad*, dans *l'Aigle du casque*, qui doivent quelque chose, mais quelque chose seulement, à la Bible, au Coran, à l'*Histoire* de Cantemir, à *Raoul de Cambrai* [1]. — Enfin, Hugo crée de toutes pièces des récits qui lui paraissent propres à caractériser un certain temps et un certain pays : *le Titan, le Petit roi de Galice, Éviradnus, Ratbert, Welf castellan d'Osbor* [2]. Que si nous nous étonnions d'entendre conter par le poète les exploits, glorieux ou sinistres, de personnages absolument inconnus, le poète nous répondrait que l'histoire des historiens ne sait pas tout, et que le poète est un *vates*, un devin.

> Oh ! que d'Herculanums et que de Pompéis
> Enfouis sous la cendre épaisse de l'histoire !

lit-on dans *Masferrer :* ce sont ces Herculanums et ces Pompéis que le poète découvre. Et l'empereur Rat-

---

1. A *Raoul de Cambrai* (par l'intermédiaire d'un article de Jubinal qui lui avait déjà fourni *le Mariage de Roland* et *Aymerillot*) Hugo n'a emprunté que l'idée d'une poursuite acharnée, de temps en temps interrompue par des incidents. Les incidents ont, d'ailleurs, été changés, et un seul vers rappelle le texte dont Hugo s'inspirait :

Grâce ! criait l'enfant, je ne veux pas mourir !

Cf. Jubinal : « Grâce ! Raoul, merci ! lui crie-t-il ; je suis jeune encore, et je ne veux pas mourir. »

2. Tel ou tel de ces récits peut d'ailleurs dériver d'une source restée jusqu'à présent inconnue : l'observation générale n'en restera pas moins vraie.

bert, comment les érudits trouveraient-ils son nom dans les archives poudreuses ?

> L'ombre couvre à présent Ratbert, l'homme de nuit.
> Nos pères — c'est ainsi qu'un nom s'évanouit —
> Défendaient d'en parler, et du mur de l'histoire
> Les ans ont effacé cette vision noire.

Naturellement, il n'y a pas lieu d'admirer la valeur historique des morceaux qui sont traduits ou imités de très près. Mais ailleurs que de traits profonds ! Que de tableaux saisissants ! Quels symboles admirables !

Le premier crime vient de faire naître la conscience. Aura-t-elle, dès ce début de l'humanité, le caractère nettement abstrait que nous lui reconnaissons après tant d'analyses philosophiques de l'âme humaine ? Non sans doute, et Caïn, jouet d'une hallucination, doit la voir sous la forme d'un œil toujours ouvert sur lui. Quant à ses fils — « naïfs sauvages », comme dit Montégut, — ses fils à qui la conscience est inconnue et pour qui la matière seule existe, que penseront-ils des terreurs de leur père et comment essaieront-ils de l'en délivrer ? Évidemment pour eux Caïn a peur d'un danger extérieur, et ce qu'il faut y opposer, ce sont des barrières matérielles :

> Jubal, père de ceux qui passent dans les bourgs
> Soufflant dans les clairons et frappant des tambours,
> Cria : je saurai bien construire une barrière.
> Il fit un mur de bronze, et mit Caïn derrière [1].

La barbarie primitive n'est pas moins fortement sen-

---

[1]. La famille de Caïn est nombreuse ; elle se groupe autour de l'aïeul, épousant ses querelles, obéissant au moindre de ses gestes, oubliant pour lui ses propres fatigues : n'est-ce pas là aussi une admirable peinture de la famille primitive ?

tie et peinte dans les luttes entre les géants et les dieux de l'Olympe grec, dans ce que le poète appelle « les temps paniques ». Les dieux mythologiques ne représentant ni le vrai Dieu, ni la vraie morale, ni les forces naturelles dans leur simplicité et dans leur intégrité, Hugo est contre eux, il prend parti pour la Terre et pour les enfants de la Terre, ces vaincus.

> La Terre avait une âme, et les dieux l'ont tuée...
> Le Nil cache éperdu sa source à tous les yeux,
> De peur de voir briser son urne par les dieux...
> Et trois fleuves, le Styx, l'Alphée et le Stymphale
> Se sont enfuis sous terre et n'ont plus reparu.

Que de traits je pourrais citer encore, si je ne devais avoir à montrer plus tard la merveilleuse faculté de création mythologique qu'a possédée ce poète primitif égaré au xix° siècle !

Voici maintenant les terribles civilisations orientales, d'autant mieux résumées par l'*Inscription* farouche de Mésa, qu'aux paroles authentiques du roi de Moab le poète a mêlé quelques traits qui ont plutôt une couleur égyptienne ou assyrienne [1]. N'a-t-on pas aussi comme une vision rapide de l'Égypte, quand on lit dans *Zim-Zizimi*, où de tels passages abondent :

> Chrem fut roi, sa statue était d'or ; on ignore
> La date de la fonte et le nom du fondeur ;
> Et nul ne pourrait dire à quelle profondeur,

---

1. Est-ce aussi pour donner de la couleur au morceau que Baal-Méon, ville de Palestine, devient une « ville d'Afrique » ? ou n'y a-t-il là qu'une erreur comme celle qui a fait d'Omri, roi d'Israël, un « roi de Juda » ? — On peut voir l'inscription traduite dans Héron de Villefosse, *Musée national du Louvre, Notice des monuments provenant de la Palestine*, p. 2-4, et dans Renan, *Histoire du peuple d'Israël*, t. II, p. 303-305. Mais pour certains passages, Hugo paraît avoir eu sous les yeux une version sensiblement différente.

Ni dans quel sombre puits ce pharaon sévère
Flotte plongé dans l'huile, en son cercueil de verre.

Le tableau de la marche de Xerxès contre la Grèce est éclatant de couleur, trop éclatant peut-être, et je regrette de ne pas citer au moins un beau fragment : *la Garde*. Quant à la Grèce classique, nous l'avons dit, elle tient trop peu de place dans *la Légende des siècles* ; mais que de traits, dans *le Détroit de l'Euripe* ou dans *les Trois cents*, qui feraient tressaillir un Eschyle ou un Pindare !

Ces Mèdes sont hideux, et leur flotte barbare
Fait fuir éperdument la flottante Délos...
Prêtre, je sais cela. Mais la patrie existe.
Pour les vaincus, la lutte est un grand bonheur triste
Qu'il faut faire durer le plus longtemps qu'on peut.
Tâchons de faire au fil des Parques un tel nœud
Que leur fatal rouet déconcerté s'arrête.

Et, quand Thémistocle, a fait décider le combat :

Combattons. — Comme s'ils entendaient ces paroles,
Les vaisseaux secouaient aux vents leurs banderolles ;
Deux jours après, à l'heure où l'aube se leva,
Les chevaux du soleil dirent : Xerxès s'en va !

Quand on lit, dans *la Fin de Satan*, l'épopée consacrée à la mort de Jésus, on éprouve quelque gêne à voir des inventions poétiques se mêler à un pareil sujet, mais ces inventions sont discrètes ; l'inspiration sans doute est rationaliste, mais si respectueuse, qu'on pourrait souvent s'y tromper. Il y aurait surtout lieu d'étudier ici la peinture de Rome sous Tibère, les beaux portraits de l'hypocrite Caïphe et du nonchalant Pilate, enfin la réunion du tribunal des dix-neuf, où la couleur historique est remarquable.

L'invasion des barbares est seulement entrevue dans *la Légende des siècles*, mais d'une façon aussi saisissante que poétique. On est en Germanie, dans une forêt, au crépuscule. D'un côté un camp romain fortifié, à un créneau duquel paraît Majorien, prétendant à l'empire. Partout ailleurs, emplissant l'horizon, une immense horde humaine. Un homme s'en détache :

> Majorien, tu veux de l'aide. On t'en apporte.
> — Qui donc est là ? — La mer des hommes bat ta porte.

Le dialogue continue, farouche ; en voici la fin :

> MAJORIEN : César vous a vaincus. — Qui, César ? — Nul ne doute
> Que Dentatus n'ait mis vos hordes en déroute.
> — Va-t'en le demander aux os de Dentatus.
> — Spryx vous dompta. — Je ris. — Cimber vous abattus.
> — Nous n'avons de battu que le fer de nos casques.
> — Qui donc vous a chassés jusqu'ici ? — Les bourrasques,
> Les tempêtes, la pluie et la grêle, le vent,
> L'éclair, l'immensité ; personne de vivant.
> Nul n'est plus grand que nous sur la terre où nous
> [sommes.
> Nous fuyons devant Dieu, mais non devant les hommes.
> Nous voulons notre part des tièdes horizons.
> Si tu nous la promets, nous t'aidons. Finissons.
> Veux-tu de nous ? La paix. N'en veux-tu pas ? La guerre.
> — Me redoutez-vous ? — Non. — Me connaissez-vous ? —
> [Guère.
> — Qui suis-je pour vous ? — Rien. Un homme. Le
> [Romain.
> — Mais où donc allez-vous ? — La terre est le chemin,
> Le but est l'infini, nous allons à la vie.
> Là-bas une lueur immense nous convie.
> Nous nous arrêterons lorsque nous serons là.
> — Quel est ton nom à toi qui parles ? — Attila.

Un mot profond d'*Éviradnus* nous montre ce qu'il est advenu de ces barbares qui avaient bouleversé l'Europe : à leur tour ils l'ont protégée, *le flot est devenu digue*. Ce n'a pas été sans ouvrir une ère de violence, et le droit féodal s'est trop souvent résumé dans cette formule, que j'emprunte au poème *le Jour des rois* : « Le droit est l'envers du pouvoir dont la force est l'endroit ». Mais que de grandeur aussi dans la chevalerie ! Quelle bravoure joyeuse, sensible dans *le Petit roi de Galice*, dans *Éviradnus* et ailleurs ! Quel respect de sa dignité même de chevalier, en ce temps où les fer-vêtus se reconnaissaient quelque espèce de fraternité d'un bout à l'autre de l'Europe, et où, les provinces et les nations étant bouleversées, « l'épée avait fini par être une patrie » (*La Paternité*). La même pièce nous fournit encore ce beau trait :

> Le rêve du héros
> C'est d'être grand partout et petit chez son père ;

et l'on sait comme ce trait est magnifiquement développé dans *Bivar*, où le scheik Jabias, qui chez le roi a vu le Cid entouré d'une pompe triomphale, est étonné de le voir travaillant comme un manant chez son père.

Puisque le Cid nous a conduits en Espagne, comment ne pas remarquer avec quelle prédilection le poète a peint ce pays et reproduit ses légendes ! Certes, il a introduit dans *le Romancero* une fantaisie, un symbolisme, un luxe d'images grandioses que *le Romancero* ne connaissait point. Mais il n'en a, somme toute, ni trahi l'esprit, ni faussé l'allure, ni méconnu le pittoresque. Quelques inexactitudes qu'on ait pu signaler dans la partie espagnole de *la Légende*, les meilleurs critiques de la péninsule ne l'en ont pas moins saluée avec reconnaissance, et Castelar s'est écrié : « Dans le génie de Victor Hugo il resplendit quelque chose de notre soleil ! »

Il faut se borner, et je ne montrerai ni l'Orient musulman peint par fragments dans *Sultan Mourad* ou dans *Zim Zizimi* ; ni l'entourage d'un tyran italien tel que Ratbert, et ce festin de Final où l'orgie, le luxe, l'amour des arts, la cruauté se mêlent en une vision effrayante et splendide ; ni cette belle chanson des reîtres, si expressive, dont tous les couplets nous montrent la guerre aboutissant pour eux au jeu et à la curée, sauf le dernier, où, si amoureux qu'ils soient de la curée et du jeu, les reîtres demandent à mourir au milieu du fracas de la guerre.

Quand on arrive au xvie siècle, on est d'abord étonné de trouver ce poème du *Satyre*, dont la donnée nous reporte en pleine mythologie grecque et où un satyre libertin, amené devant Jupiter pour répondre de ses méfaits, sommé par les dieux, que ses allures amusent, de chanter un chant de sa façon, fait en effet entendre un chant de révolte en l'honneur de la terre, de l'humanité, de la science, du progrès, et force l'Olympe à s'incliner devant le grand Tout :

> Place à Tout ! Je suis Pan ; Jupiter, à genoux !

A la réflexion, on voit vite qu'il y a dans ce thème, purement antique en apparence, une conception profonde du xvie siècle. Le xvie siècle avait vu le paganisme renaître de ses cendres. Certes, la Renaissance ne date pas du xvie siècle, même en France, et on parlait, tant bien que mal, de Troie, d'Athènes, de Rome au xve siècle ou au moyen âge. Mais, au xvie siècle, on s'enivre d'humanisme et on a l'imagination pleine des images de l'antiquité. Quand Jodelle a ressuscité la tragédie, ses amis couronnent un bouc et entonnent un hymne à Bacchus ; le langage des poètes devient païen; tout lettré du xvi° siècle a deux religions : l'une pour son cœur ou sa raison (ou simplement pour les convenances sociales), qui est le christianisme ; l'autre pour son imagination, qui est la mythologie antique. C'est donc peindre déjà le xvi° siècle que d'adopter en son honneur un symbole mythologique, de vivre un moment au milieu des dieux et des demi-dieux antiques, et Hugo l'avait bien senti, quand il inscrivait sur son manuscrit ces ébauches de titre : « Seizième siècle, le mythe — le monde — le poème païen retrouvé ». — Mais le *Satyre* n'est pas tout antique, le xvi° siècle ne l'ayant pas été non plus. Le xvi° siècle, lorsqu'il s'est émancipé du christianisme, ne s'en est pas tenu au paganisme formel, il s'est pénétré de l'âme même du paganisme, et il l'a fécondée par la réflexion et par les connaissances modernes. Au moyen âge, le christianisme avait déclaré la chair infâme : « l'éternel paganisme », le sensualisme reparaît; — il avait déclaré la vie mauvaise: l'amour de la vie débordè ; — il avait méprisé et rejeté la science : on s'enivre de science et, de toute façon, on s'attache avec fierté à l'univers que l'on vient, en quelque sorte, de créer par un effort de l'esprit. Rabelais résume les diverses faces de cet esprit, et le satyre de Hugo les résume aussi, avec sa sensualité grossière et sa soif de vie, avec sa poésie enflammée, avec sa révolte contre les vieilles croyances, avec son adoration du monde, de l'univers, du Tout. La mythologie primitive, c'est le divin appliqué, sans vue d'ensemble, aux divers êtres et aux divers objets de la nature; la mythologie d'un âge plus scientifique, c'est le divin appliqué à l'ensemble des êtres et des choses : c'est le panthéisme. La mythologie avait conduit au panthéisme vers la fin de la civilisation grecque : le xvi° siècle allait aussi au panthéisme, et il y serait arrivé d'une façon plus nette, si le christianisme ne l'avait retenu.

Ainsi, pour le fond et pour la forme, *le Satyre* convient bien à ce xvi° siècle que Hugo a voulu lui faire symboliser. Il ne le résume qu'en partie, et il est regrettable que la réforme, par exemple, n'ait pas aussi son poème et son symbole. Mais il le résume avec une force que bien des historiens, parmi les plus grands, pourraient envier au poète.

Et de même il a fallu du temps aux historiens pour démêler, par la plume de M. Albert Sorel surtout, ce qu'il y a eu d'atavisme et d'esprit de l'ancien régime dans ce que la Révolution française a eu de plus révolutionnaire, et par conséquent de plus nouveau en apparence; mais le poète l'avait fait ressortir avec force dans son poème de *la Guillotine*, aussi bien que dans son roman de *Quatre-vingt-treize*.

Empruntons le jugement, non plus d'un brillant rhéteur comme Paul de Saint-Victor, mais d'un grave et savant historien comme M. Gabriel Monod : « V. Hugo n'a point été, à proprement parler, un historien, mais, comme romancier et comme poète, soit dramatique, soit épique, il a fait œuvre historique. Que cette histoire soit toujours vraie, je ne l'affirmerai pas, mais elle est assurément grande et saisissante. Hugo n'est pas un critique, il n'est même pas un savant ; il avait la science en petite estime, et en cela il était en désaccord avec l'esprit de notre temps ; mais il était un voyant, et, par la puissance de son imagination, il rendait la vie aux époques et aux hommes disparus. »

CHAPITRE IV

La métaphysique.

I

Nous venons d'assister à ce curieux spectacle, d'un pur lettré, nullement historien, jugeant *anticritique* et *enfantine* l'histoire que Hugo a introduite dans sa poésie, pendant qu'un historien érudit et habitué aux méthodes les plus sévères la juge *grande et saisissante*. Nous pourrions maintenant contempler un spectacle analogue et plus curieux encore. La plupart des critiques littéraires accusent Hugo de n'avoir à son service que des mots au lieu d'idées et jugent sa philosophie aussi pauvre que prétentieuse, alors que des philosophes profonds comme Guyau et M. Renouvier ne dédaignent pas d'étudier longuement cette philosophie, d'en discuter les erreurs et d'en admirer les beautés, — car ils en trouvent, et de nombreuses. A quoi tiennent ces contradictions? Pour l'histoire et la philosophie à la fois, à ce que les purs lettrés, ayant toujours trouvé ces sciences toutes faites dans les livres, n'en soupçonnent guère les difficultés et sont surtout choqués par les fautes, tandis que de plus expérimentés sont plutôt ravis par les trouvailles heureuses. Pour la philosophie en particulier, on peut ajouter que les lettrés instinctivement lui demandent surtout ce qui est le plus de mise dans les ouvrages littéraires : la clarté se conciliant avec un air de nouveauté piquante, l'absence de contradictions, le bel ordre et, si je puis dire, la majestueuse architecture des systèmes ; les philosophes de profession, au contraire, savent tout ce qu'il y a d'arbitraire dans les systèmes les mieux suivis ; ils savent qu'en face de faits obscurs et déconcertants ce sont les esprits les plus superficiels qui ont le moins de peine à paraître cohérents et clairs ; ils savent que, pour acquérir une réputation d'originalité, il faut parfois plus de savoir-faire que de vigueur réelle de génie : aussi pardonnent-ils à Hugo ce qu'il y a d'apparemment banal, ou de fumeux, ou de contradictoire dans ses théories, en faveur de l'abondance, de la richesse, de la profondeur de ses aperçus.

Oserai-je faire une dernière remarque ? Oui, ou plutôt je la laisserai faire par ce philosophe, par cet écrivain éminent qui s'appelait Guyau : « Les préjugés et la réaction contre Hugo, dit-il, sont aujourd'hui une mode si tyrannique pour les littérateurs, que des esprits à portée philosophique et au courant des systèmes, comme MM. Brunetière et Scherer, ou M. Faguet, ou M. Hennequin, prévenus contre le poète, persuadés d'avance qu'il doit divaguer dès qu'il ouvre la bouche, ne veulent plus même essayer de comprendre ce qu'il dit de profond. Toute idée de Hugo *doit* être un lieu commun, c'est chose arrêtée d'avance. En revanche, quand le lieu commun vient de Lamartine, on ne lui fait plus aucun reproche, et même on s'efforce d'y voir des profondeurs. »

Enhardi par cette autorité, je relèverai une assertion de M. Faguet dans sa belle étude sur Victor Hugo. « L'idée glisse sur Hugo, dit-il. Il la comprend. Il ne la prend pas. Il n'en est pas curieux. Il la laisse tomber. La moindre image fait mieux son affaire. » Et d'abord, on a beaucoup abusé contre le poète de son don le plus merveilleux, celui de créer des images : Hugo s'exprime en images, donc il ne pense pas ! Mais est-ce qu'une image n'est pas le plus souvent l'enveloppe poétique d'une pensée ? Et, lorsqu'une pensée mérite l'admiration dans la prose tout unie de Leibniz ou de Kant, comment se peut-il qu'elle devienne insignifiante dans les vers imagés de Hugo ? J'aurais plutôt cru que, sous cette nouvelle forme, elle méritait deux fois l'admiration. — Ensuite, Hugo ne s'intéresse pas à *toutes* les idées, il n'est pas curieux de la science, il est d'une ignorance étrange dans l'histoire de la philosophie, et, lorsqu'il a voulu réfuter un philosophe dans le poème qui porte ce titre : *l'Ane*, il a précisément choisi celui de tous contre lequel ses objections portaient le moins : Emmanuel Kant. Tout cela est vrai. Mais une conséquence rigoureuse de ces constatations, c'est que, lorsque cet ignorant retrouve les pensées et les formules les plus profondes de philosophes qu'il ne connaît pas, il y a une suprême injustice à répéter qu'il ne pense point et que les idées glissent sur lui. Non, certaines idées n'ont pas *glissé* sur lui ; elles ont au contraire *envahi* son esprit en conquérantes ; elles y ont pris, comme malgré lui, une force et un empire tyranniques ; il les a *subies* plutôt qu'il ne les a *voulues* et, pour adopter une distinction qu'il faisait lui même, il a été moins un *penseur* qu'un *songeur*. De là l'apparente banalité ou l'air suranné de quelques-unes de ces idées ; car, n'étant pas « au courant », comme l'on dit, Hugo ne songeait pas à taire ce qu'il avait à dire du devoir comme trop connu depuis Kant, ou ce qu'il avait à dire de la lutte du bien et du mal comme trop démodé depuis les Manichéens. De là l'obscurité et l'air abstrus de certaines de ses théories ; car, ces théories régnant en maîtresses sur son esprit, il ne songeait pas à les expliquer, à les arranger, à faire leur toilette pour les présenter au public. De là enfin ses contradictions ; car ses idées, l'envahissant tout entier chacune à son tour, ne faisaient nul effort pour s'accommoder ensemble et pour établir entre elles un lien solide et puissant.

Au surplus, ce n'est pas mon affaire d'étudier toute cette philosophie —ou toutes ces *songeries* — de Hugo : je n'oublie pas que j'ai seulement à étudier son œuvre épique. Je ne dirai — le plus brièvement et le plus clairement possible — que ce qui sera nécessaire pour entendre cette œuvre et pour rendre compte des intentions philosophico-religieuses du poète. Le mal est que je serai ainsi obligé d'insister sur les principes généraux de sa métaphysique, parfois peu cohérents, et de beaucoup négliger ses vues de détail, souvent si admirables. Après avoir pris la défense du poète, je ne pourrai le montrer moi-même que par ses plus mauvais côtés. Et je ne m'en consolerais pas sans doute si, malgré tout, de telle ou telle analyse, de telle ou telle citation ne devait spontanément ressortir la valeur philosophique de sa poésie.

II

La préface de 1859 se terminait par ces lignes :

« Plus tard, nous le croyons, lorsque plusieurs autres parties de ce livre auront été publiées, on apercevra le lien qui, dans la conception de l'auteur, rattache *la Légende des siècles* à deux autres poèmes, presque terminés à cette heure, et qui en sont, l'un le dénoûment, l'autre le commencement : *la Fin de Satan, Dieu*.

« L'auteur... ne voit aucune difficulté à faire entrevoir, dès à présent, qu'il a esquissé dans la solitude une sorte de poème d'une certaine étendue où se réverbère le problème unique, l'Être, sous sa triple face : l'Humanité, le Mal, l'Infini ; le progressif, le relatif, l'absolu ; en ce qu'on pourrait appeler trois chants, *la Légende des siècles, la Fin de Satan, Dieu*.

« ... Il est permis, même au plus faible, d'avoir une bonne intention et de la dire.

« Or, l'intention de ce livre est bonne.

« L'épanouissement du genre humain de siècle en siècle, l'homme montant des ténèbres à l'idéal, la transfiguration paradisiaque de l'enfer terrestre, l'éclosion lente et suprême de la liberté, droit pour cette vie, responsabilité pour l'autre ; une espèce d'hymne religieux à mille strophes, ayant dans ses entrailles une foi profonde et sur son sommet une haute prière ; le drame de la création éclairé par le visage du créateur, voilà ce que sera, terminé, ce poème dans son ensemble, si Dieu, maître des existences humaines, y consent. »

Que Hugo ait eu une intention religieuse en composant son œuvre épique, c'est ce qui n'est pas discutable et c'est ce qu'a très bien senti l'athéisme de Leconte de Lisle. « Il faut reconnaître, disait-il dans son discours de réception à l'Académie française, que la foi déiste et spiritualiste de V. Hugo, son attachement exclusif à certaines traditions lui interdisaient d'accorder une part égale aux diverses conceptions religieuses dont l'humanité a vécu et qui, toutes, ont été vraies à leur heure, puisqu'elles étaient les formes idéales de ses rêves et de ses espérances. » Et plus loin : « Telle est la foi de V. Hugo. Il a été toute sa vie l'évocateur du rêve surnaturel et des visions apocalyptiques. Il est enivré du mystère éternel. Il dédaigne la science qui prétend expliquer les origines de la vie ; il ne lui accorde même pas le droit de le tenter, et il se rattache en ceci, plus qu'il ne se l'avoue à lui-même, aux dogmes arbitraires des religions révélées. »

La haine est clairvoyante, et celle que Leconte de Lisle portait aux sentiments religieux l'a ici fort bien servi. Il a nettement vu que Hugo, alors même qu'il attaque tous les dogmes, alors qu'il ne craint pas de rééditer contre le christianisme les railleries vieillottes des voltairiens de la Restauration, admet des dogmes, lui aussi, et n'a pas tout rejeté du christianisme [1]. Dans le passé, le polythéisme l'indigne et il en marque avec une grande force l'immoralité foncière. Dans le présent, le matérialisme, le darwinisme, tout ce qui lui paraît contraire à Dieu et à l'existence de l'âme le met véritablement hors des gonds. « Je ne veux pas », s'écrie-t-il dans le poème *les Grandes lois*, « je ne veux pas « être brute, ayant le choix d'être âme » ; je n'éprouve pas « le besoin d'être zéro dans l'infini » ;

> Je veux être ici-bas libre, ailleurs responsable,
> Je suis plus qu'un brin d'herbe et plus qu'un grain de
> [sable ;

---

[1]. Qu'a dû dire Leconte de Lisle en 1886, quand il a vu, dans *la Fin de Satan*, Dieu imputer au Maudit les mérites de l'ange Liberté, lui appliquant ainsi le dogme catholique de la réversibilité des peines et des récompenses :

> Un ange est entre nous, ce qu'elle a fait te compte ?

Et qu'avait-il dû dire en 1859, en voyant que Dieu, pour pouvoir sauver le sultan Mourad, le faisait mourir, sinon en parfait *état de grâce*, du moins aussitôt après le seul acte de charité qu'il eût jamais fait ?

> Je me sens à jamais pensif, ailé, vivant.
> Ce n'est point vers la nuit que je crie en avant !
> Mourir n'est pas finir, c'est le matin suprême.
> Non ! je ne donne pas à la mort ceux que j'aime !
> Je les garde, je veux le firmament pour eux,
> Pour moi, pour tous [1]...!

Et, sûr de ses croyances, il ne discute pas, il injurie ; il attribue à de grands savants les pires sottises, qu'il n'a dès lors pas de peine à réfuter ; tout l'enfonce dans sa foi, même le rire d'un enfant : « Ce rire, c'est le ciel prouvé, c'est Dieu visible. »

Quelle est donc la foi de Hugo ? On a montré le poète oscillant sans cesse entre le panthéisme, c'est-à-dire la confusion de la nature et de Dieu, et la croyance à un Dieu personnel, distinct de la nature ; mais il y a là quelque exagération. *Le Satyre*, dont la conclusion est incontestablement panthéiste, est avant tout (je l'ai dit) un symbole du génie de la renaissance, non une manifestation des sentiments propres de Hugo ; la pièce des *Feuilles d'automne* qui a pour titre *Pan* n'est qu'un conseil adressé au poète de s'intéresser à tout dans la nature, et il y est dit expressément que la nature est une *création* de Dieu. D'autres passages sont plus vraiment empreints de panthéisme, par exemple ce mot du poème *Tout le passé et tout l'avenir* : « le ciel rempli d'étoiles, ce dedans du crâne de Dieu », ou ces vers du poème *A l'homme* sur la nature :

> Toute sa foule étant elle-même, elle est seule ;
> Monde, elle est la nature ; âme, on l'appelle Dieu.
> Tout être, quel qu'il soit, du gouffre est le milieu.

---

1. Il est arrivé cependant à Hugo, surtout vers la fin de sa vie, de ne pas admettre l'immortalité *pour tous* : ceux qui s'attendent au néant ont peut-être raison. C'est la théorie, aujourd'hui bien connue, de l'immortalité conditionnelle.

LA MÉTAPHYSIQUE 97

Mais il est difficile à un poète en communion avec la nature, s'il n'est pas retenu par un *credo* très explicite, de ne pas verser çà et là dans un panthéisme poétique où l'entraîne l'élan de son imagination. Lamartine s'est laissé mener dans cette voie plus loin peut-être que V. Hugo, lui qui, dans le *livre primitif* de la *Chute d'un Ange*, avait écrit ces vers corrigés tant bien que mal par la suite et qu'il faisait prononcer par Dieu même :

> Mes ouvrages et moi, nous ne sommes pas deux.
> Comme l'ombre du corps je me sépare d'eux ;
> Mais, si le corps s'en va, l'image s'évapore :
> Qui pourrait séparer le rayon de l'aurore ?

Si Hugo avait plus ou moins bien amalgamé dans son esprit le panthéisme et la croyance à un Dieu personnel, il n'eût point été le seul, — et, par exemple, c'est à cette croyance hybride qu'avait fini par aboutir Lamennais ; mais le panthéisme, qui a séduit tant de grands esprits dans notre siècle, s'il a pu par instants séduire aussi notre poète, a laissé intacte sa croyance à un Dieu personnel ; les rares vers panthéistes de Hugo sont en contradiction avec ce qui les entoure, et il n'y a le plus souvent là que des imprudences d'expression.

La pièce intitulée *Abîme*, et qui termine la *Légende des siècles* par un magnifique acte de foi, contient une imprudence de ce genre, et qui pourrait conduire à une autre sorte d'erreur. L'homme y fait orgueilleusement son éloge. « Tu n'es que ma vermine », lui dit la Terre, qui à son tour célèbre sa propre gloire. Mais Saturne la fait taire, et le Soleil impose silence à Saturne, et peu à peu tout l'infiniment grand dont s'effrayait Pascal se déploie à nos yeux, à mesure que parlent Sirius, Aldébaran, Arcturus, la Comète, Septentrion (c'est-à-dire la grande Ourse), le Zodiaque, la Voie lactée, les Nébuleuses et l'Infini. « L'être multiple vit dans mon unité sombre », dit l'Infini ; et Dieu alors, prenant la parole, rabaisse toutes ces ambitions d'un mot : « Je n'aurais qu'à souffler, et tout serait de l'ombre ». Si l'on prenait à la lettre les indications de Hugo, l'Infini serait ainsi distinct de Dieu. Mais il est trop clair que le poète, après s'être permis de faire parler ces ensembles simplement conçus par l'esprit : Septentrion, le Zodiaque, la Voie lactée, comme s'ils étaient des êtres réels, a tout simplement employé le mot *infini* dans le sens d'*univers* ou de *création*, et ce passage ne doit pas prévaloir contre la définition donnée dans *l'Élégie des fléaux* : « L'Infini conscient que nous appelons Dieu. »

III

Ouvrons le grand poème que Victor Hugo a intitulé *Dieu* et qui, écrit en 1855, avant même *la Légende* dont il était l'introduction, n'a été publié qu'en 1891, trente-six ans plus tard.

La conception, dans l'ensemble, en est remarquable. Le poète, voulant connaître Dieu, consulte l'esprit humain, qui lui répond d'abord par mille idées contradictoires. Puis, il examine une à une les théories philosophiques, les religions, les théodicées. Enfin il comprend que, si l'on arrive à dégager peu à peu l'idée de Dieu d'un alliage par trop impur, Dieu lui-même reste inaccessible et qu'il nous sera connu seulement après notre mort. De là trois parties : *Ascension dans les ténèbres*, — *Dieu*, — *le Jour*.

La mise en œuvre de cette conception est étrange, mais bien digne d'un poète et d'un voyant. La première partie : *Ascension dans les ténèbres*, commence, comme toutes les autres, par ce vers qui, légèrement modifié, revient comme un refrain pour exprimer l'obsession du mystère :

>   Et je voyais au loin sur ma tête un point noir.

Le poète, que l'abîme a toujours attiré, se dirigeait vers ce point mystérieux, lorsque apparaît une figure étrange,

>   Un être tout semé de bouches, d'ailes, d'yeux,
>   Vivant, presque lugubre et presque radieux ;
>   Vaste, il volait ; plusieurs des ailes étaient chauves.
>   En s'agitant, les cils de ses prunelles fauves
>   Jetaient plus de rumeur qu'une troupe d'oiseaux,
>   Et ses plumes faisaient un bruit de grandes eaux.
>   Cauchemar de la chair ou vision d'apôtre,
>   Selon qu'il se montrait d'une face ou de l'autre,
>   Il semblait une bête ou semblait un esprit.
>   Il paraissait, dans l'air où mon vol le surprit,
>   Faire de la lumière et faire des ténèbres.

C'était l'esprit humain, brillant et sombre, parfum et poison, bien et mal, amas de contradictions. Le poète lui demande de lui faire connaître Dieu. Un éclat de rire retentit (et nous apprendrons à la fin que ce rire ironique est celui de la mort, la seule dépositaire du grand secret) ; en même temps l'esprit humain, impuissant, s'est évanoui. Pourtant le poète insiste, et comme, après tout, la première stupeur passée, l'esprit humain a toujours eu l'audace d'aborder les problèmes et d'en donner des solutions, l'être étrange reparaît. Il reparaît « grandi jusqu'à l'effarement »; il est couvert de têtes, et de ces têtes sortent des voix. La fin de la première partie sera consacrée à nous les faire entendre.

Toutes ces voix sont décourageantes. Les penseurs se sont tous contredits, s'écrie l'une; est-ce toi qui les mettras d'accord ? — Beaucoup, dit l'autre, ont escaladé le mystère; ils se sont enfoncés dans la nuit; leur as-tu demandé quel était le résultat de leur entreprise ?

>   Leur as-tu dit : Eh bien ? — Et qu'ont-ils répondu,
>   Ces noirs navigateurs sans navire et sans voiles ?
>   Et qu'ont-ils rapporté, ces oiseleurs d'étoiles ?
>   Ils n'ont rien rapporté que des fronts sans couleur,
>   Où rien n'avait grandi, si ce n'est la pâleur.

— Quel Dieu cherches-tu ? reprend une autre voix. Et elle fait une revue satirique des images que l'homme a données de la divinité : le dieu horrible des autodafés, et le dieu paternel et quelque peu ridicule *des bonnes gens*; le dieu sinistre de la guerre, et le dieu commode des bigots. — Figure-toi, dit une autre, la monstrueuse muraille qu'étaient les Pyrénées aux premiers jours du globe; la pluie tombe sur un point, recommence, recommence encore, s'obstine et creuse; des siècles se passent, et voilà l'immense cirque de Gavarnie. Avons-nous besoin d'un Vichnou ou d'un Allah pour expliquer cette merveille ? L'auteur, c'est l'atome, c'est une goutte d'eau. — Et une dernière voix s'écrie : Non, la recherche de Dieu n'a jamais abouti qu'à l'avortement.

>   Veux-tu savoir,
>   En combinant l'Égypte et Delphe et l'Idumée,
>   Ce que tu construiras sur Dieu ? De la fumée.

Le poète s'est tu longtemps. A la fin, il ne peut retenir ses protestations. A la voix qui lui montre magnifiquement que le cirque de Gavarnie est l'œuvre d'une goutte d'eau, il réplique avec force : « Mais cette goutte d'eau, qui l'a faite ? » A celle qui proclame que tous les efforts pour trouver Dieu ont été et resteront vains, il réplique que cela ne se peut pas : et, en effet, il existe des théories philosophiques, des religions, des théodicées, qui donnent de la divinité une idée de plus en plus haute. Le poète va les envisager : ce sera la deuxième partie.

Sans cesse le poète voit au-dessus de sa tête un point noir. Mais le point noir (le problème du divin) prend des formes différentes, qui symbolisent des conceptions différentes de la divinité. Chacun des êtres qui nous apparaît ainsi expose la conception qu'il représente, puis s'évanouit pour faire place à un être supérieur et à une conception plus pure. Nous voyons ainsi successivement : *la chauve-souris*, l'athéisme ; *le hibou*, le scepticisme ; *le corbeau*, le manichéisme ; *le vautour*, le paganisme ; *l'aigle*, le mosaïsme ; *le griffon*, le christianisme ; *l'ange*, le rationalisme. Il y aurait de bien beaux vers à citer sur le dieu juif, le dieu terrible, le dieu vengeur ; — sur le dieu chrétien, qui n'est pas le dieu vengeur, qui n'est pas le dieu jaloux, qui est clémence :

> Rédemption ! mystère ! ô grand Christ étoilé !
> Soif du crucifié d'amertume assouvie !
> Linceul dont tous les plis font tomber de la vie !...
> Après le créateur, le Sauveur s'est montré.
> Le Sauveur a veillé pour tous les yeux, pleuré
> Pour tous les pleurs, saigné pour toutes les blessures.
> Les routes des vivants, hélas ! ne sont pas sûres,
> Mais Christ, sur le poteau du fatal carrefour,
> Montre d'un bras la nuit et de l'autre le jour !

3***

— Si ce langage est haut, l'ange du rationalisme peut, d'après Hugo, nous en faire entendre un plus haut encore :

> ..... Dieu, c'est le vrai. Ni vengeur, ni clément ;
> Il est juste. Venger l'affront, c'est le connaître,
> Et c'est le mériter. Être clément, c'est être
> Injuste pour tous ceux qu'on ne pardonne pas.

Il n'y a pas d'enfer éternel, et personne n'est puni pour autrui. L'homme a raison de détruire ces erreurs et, par la science, par le progrès, d'ébaucher la statue de la vérité. Mais il ne faut pas non plus que l'homme se fasse le centre et le but de la création. Il dit : « *Ma souffrance s'explique, parce que j'aurai ensuite la vie immortelle* » ; mais la bête souffre aussi, pourquoi l'homme ne lui accorde-t-il pas une immortelle vie ?

> .... Quoi l'homme, roi ! quoi, l'être populace !
> Adam seul serait graine et sa seule âme fleur !
> Sabaoth vannerait dans un van de douleur
> Le monde, et l'homme seul passerait par le crible !

L'homme sait-il s'il diffère beaucoup de la bête, et a-t-il bien raison de se targuer si fort de sa science ? La science a fait de merveilleuses découvertes, d'accord ! Mais en savons-nous mieux le mot de l'énigme ? Nos besoins moraux en sont-ils plus satisfaits ? Et que penser des mœurs de l'homme, des supplices qu'il inflige, des guerres impies où il se complaît ? Ah ! si l'homme, au lieu de se regarder comme un être à part, avait voulu s'unir intimement à la nature, quelle paix ! quelle harmonie ! En somme, rien n'est méprisable dans l'univers, et rien n'a été sacrifié. Tout progresse, tout monte vers le bonheur suprême par l'expiation.

Ainsi, pour l'ange, Dieu est justice. Mais l'ange était un symbole encore insuffisamment pur. Le point noir se transforme encore une fois et devient une lumière avec deux ailes blanches. Et cette lumière, parlant au poète, à ce « curieux du gouffre, Empédocle de Dieu », lui dit que vengeance, pardon et justice sont des mots humains, et qu'on ne peut expliquer Dieu.

> Quand la bouche d'en bas touche à ce nom suprême,
> L'essai de la louange est presque le blasphème...
> Il échappe aux mots noirs de l'ombre...

Ce qu'on peut dire, avec ces mots noirs qui trahissent les hautes vérités, c'est que Dieu est amour et qu'à l'aimer, à croire en lui consiste toute la grandeur de la créature :

> Suppose que sur terre un seul être en Dieu croie,
> Cet être, si jamais le soleil s'éclipsait,
> Remplacerait l'aurore [1]...

Rien n'existe que par Dieu, la matière n'est pas, l'âme seule existe, et l'âme monte toujours, à travers mille épreuves, vers l'éternel foyer, vers Dieu ; « Dieu n'a qu'un front : Lumière ! et n'a qu'un nom : Amour! »

> Et je vis au-dessus de ma tête un point noir.

La seconde partie finit comme elle a commencé : le problème du divin est moins obscur ; quelques données nous en sont connues ; il n'est pas résolu cependant.

---

1. Dans *la Fin de Satan*, le Maudit lui-même commente les paroles de la Lumière :
> Je le sais, Dieu n'est pas une âme, c'est un cœur...
> Splendide, il aime, et c'est par reflux qu'on l'adore.

De là la troisième partie : *le Jour*, qu'il faut citer ici presque tout entière :

> Et ce point prit bientôt la forme d'un suaire.
>
> Les plis vagues jetaient une odeur d'ossuaire ;
> Et sous le drap hideux et livide on sentait
> Un de ces êtres noirs sur qui la nuit se tait.
>
> C'était de ce linceul qu'était sorti le rire
> Qui m'avait par trois fois troublé jusqu'au délire.
> Sans que l'Être le dit, je le compris. Mon sang
> Se glaça ; je frémis.
>   L'Être parla :
>   — Passant,
> Écoute. — Tu n'as vu jusqu'ici que des songes,
> Que de vagues lueurs flottant sur des mensonges,
> Que des aspects confus qui passent dans les vents
> Ou tremblent dans la nuit pour vous autres vivants.
> Mais maintenant veux-tu, d'une volonté forte,
> Entrer dans l'infini, quelle qu'en soit la porte ?
>
> Ce que l'homme endormi peut savoir, tu le sais.
> Mais, esprit, trouves-tu que ce n'est pas assez ?
> Ton regard, d'ombre en ombre et d'étage en étage,
> A vu plus d'horizon... — en veux-tu davantage ?
> Veux-tu, perçant le morne et ténébreux réseau,
> T'envoler dans le vrai comme un sinistre oiseau ?...
> Veux-tu planer plus haut que la sombre nature ?
> Veux-tu dans la lumière inconcevable et pure
> Ouvrir tes yeux, par l'ombre affreuse appesantis ?
> Le veux-tu ? réponds.
>   Oui ! criai-je.
>   Et je sentis
> Que la création tremblait comme une toile.
> Alors, levant un bras et, d'un pan de son voile,
> Couvrant tous les objets terrestres disparus,
> Il me toucha le front du doigt.
>   Et je mourus.

Les défauts ne manquent pas dans cette œuvre, à laquelle, d'ailleurs, le poète n'a pas mis la dernière

main. La diffusion y est extrême et bien des pages pourraient être resserrées. Les doctrines et les religions n'y sont pas représentées d'une façon parfaitement exacte : l'athéisme parle comme le ferait un scepticisme inquiet, le scepticisme a un langage qui ne serait avoué ni par Pyrrhon ni par Montaigne ; le judaïsme est un moment confondu avec le bouddhisme. En certains endroits, on trouve ce cliquetis bizarre de noms propres jetés au hasard dont Hugo est coutumier : écrivains et philosophes verraient sans doute avec étonnement les théories que le poète leur attribue. A côté de ces erreurs et des bizarreries de style, des vers spirituels, par exemple sur le Dieu de Voltaire, ce

> Dieu qu'il faudrait inventer....,
> Par les sages bâti sur la sagesse humaine,
> Utile à ton valet, bon pour ton cuisinier,
> Modérateur des sauts de l'anse du panier ;

— des vers d'une ironie énergique et sombre contre le dogme de l'éternité des peines ; — un éloquent plaidoyer pour l'animal ; — un passage profond, à rapprocher des vers du *Satyre* sur le fond immoral du paganisme ; — d'admirables élans vers Dieu. Et surtout la conception générale est vraiment poétique et pittoresque, digne d'un Dante Alighieri.

Les idées principales du poème *Dieu* se retrouvent en divers endroits de l'œuvre proprement épique de Hugo, notamment dans les pièces qui portent pour titre *A l'homme* et *le Temple*. Mais je ne puis m'attarder à le montrer, et, après avoir analysé l'introduction de *la Légende des siècles*, je dois maintenant dire un mot de son dénouement, c'est-à-dire du poème *la Fin de Satan*.

IV.

Un mot, ai-je dit. C'est qu'en effet il ne peut être question en ce moment que de la partie surnaturelle du poème, celle qui se passe *hors de la terre* : et cette partie a une valeur symbolique qu'il n'est pas encore temps d'étudier. Quelle en est la valeur littérale ? c'est-à-dire jusqu'à quel point Hugo croit-il à une puissance malfaisante qui s'oppose à la puissance du bien, à Dieu, et qui parfois le tient en échec ? La question est difficile, peut-être insoluble. Le poète s'est souvent contredit sur ce point, et il se peut que la contradiction soit purement poétique et apparente, il est plus probable pourtant qu'il y a eu contradiction réelle et que l'esprit de Hugo a été alternativement hanté par des idées opposées, ainsi que nous l'expliquions au début de ce chapitre.

Quelles sont ces idées ?

Le mal existe dans le monde, sous deux formes également troublantes : le mal physique et le mal moral. L'humanité, de tout temps, en a été préoccupée, et elle a trouvé pour l'expliquer cinq conceptions différentes. Ou bien le monde a été créé par deux principes opposés, Ormuzd et Ahriman, le dieu du bien et le dieu du mal (c'est la conception dualiste ou manichéenne). — Ou bien le créateur est unique et souverainement bon ; mais une de ses créatures s'est révoltée contre lui, et, non contente de devenir ainsi mauvaise, s'est mise à lutter contre Dieu en répandant le mal dans le monde (c'est la conception chrétienne). — Ou bien Dieu n'a contre lui aucune personnification du mal, et c'est lui, foncièrement bon pourtant, qui veut le mal, soit afin de nous éprouver, soit parce qu'*il fait des choses inconnues où le mal entre comme élément*, soit pour toute autre raison mystérieuse (c'est encore une conception religieuse, et qui, pour n'être propre à aucune religion particulière, n'en est peut-être que plus répandue). — Ou bien, la création ne pouvant être parfaite sous peine de se confondre avec la perfection même, c'est-à-dire avec son créateur, le mal a naturellement existé dans le monde : la Providence divine intervient quand bon lui semble pour l'enrayer et le modérer (c'est la conception simplement spiritualiste). — Ou bien enfin l'univers est ce qu'il est ; soit qu'il ait été formé par un concours aveugle d'éléments, soit qu'un dessein divin ait présidé à la formation des éléments pour les laisser ensuite évoluer et se transformer eux-mêmes, aucune Providence n'intervient plus dans le jeu des rouages qui le constituent : l'homme est seul à lutter contre le mal son ennemi (c'est la conception que nous appellerons scientifique, et pour laquelle nous ne saurions trouver de terme plus précis, parce qu'elle est commune à plusieurs écoles).

Ces cinq conceptions ont laissé des traces dans l'œuvre de Hugo, mais on ne peut vraiment pas dire qu'il les ait acceptées toutes.

Lorsqu'on lit dans l'admirable pièce *à Villequier*, des *Contemplations*, ces vers touchants que la résignation dicte à un père en deuil :

> Nos destins ténébreux vont sous des lois immenses
> Que rien ne déconcerte et que rien n'attendrit.
> Vous ne pouvez avoir de subites clémences
> Qui dérangent le monde, ô Dieu, tranquille esprit,

on peut croire que Hugo n'admet pas l'intervention de Dieu dans la vie de l'humanité, mais l'ensemble de la pièce montre le contraire ; et de même et surtout *l'Élégie des fléaux* de *la Légende*, où le poète dit nettement que la Providence ne veut jamais le mal, mais que les fléaux déchaînés par les forces de la nature ou par les fautes de l'homme peuvent être arrêtés par elle :

> L'Infini conscient que nous appelons Dieu
> Soutient tout ce qui penche, entend tout ce qui pleure...
> Dieu ne permettra pas à la nuit de rester,
> Dieu ne laissera pas continuer le crime.

Le manichéisme de Hugo est un des lieux communs de la critique littéraire. « Sa métaphysique est rudimentaire, dit M. J. Lemaître. C'est une sorte de manichéisme panthéistique avec la croyance au triomphe final du bien. » Et il est certain que Hugo, très tourmenté par l'existence du mal, a été tenté par l'hypothèse dualiste. On le voit dans certaines pièces des *Contemplations*; on le voit dans *les Travailleurs de la mer* : « C'est cette perfection du mal, dit-il à propos de la pieuvre, qui a fait pencher parfois de grands esprits vers la croyance au Dieu double, vers le redoutable bi-frons des Manichéens. » On le voit enfin dans un passage du poème *le Glaive* où Melchisédech paraît présenter le principe du mal comme aussi ancien que Dieu même :

> Le monstre Nuit planait sur la bête Chaos.
> C'était ainsi quand Dieu se levant dit à l'ombre :
> Je suis. Ce mot créa les étoiles sans nombre.
> Et Satan dit à Dieu : Tu ne seras pas seul.

Mais les termes employés dans *les Travailleurs de la mer* montrent que la tentation dualiste a été repoussée, et les vers du *Glaive*, s'ils ont bien le sens que nous leur avons attribué, sont en désaccord avec tout le reste de *la Fin de Satan*. Enfin, nous avons vu tout à l'heure, en analysant le poème *Dieu*, que le manichéisme était considéré par Hugo comme inférieur au polythéisme lui-même.

Restent trois conceptions, où il semble bien que Hugo ait donné simultanément ou à tour de rôle : le mal lacune nécessaire de la création ; le mal voulu par Dieu ; le mal incarné dans Satan. On trouve les deux premières en cent endroits ; la dernière est dans *Toute la lyre*, où Hugo parle avec effroi du *passage des êtres sombres;* elle est dans *l'Homme qui rit*, où Ursus, porte-parole ordinaire de Hugo, déclare : « Je ne suis pas impie au diable. La foi au diable est l'envers de la foi en Dieu. L'un prouve l'autre. Qui ne croit pas un peu au diable ne croit pas beaucoup en Dieu. Qui croit au soleil doit croire à l'ombre. Le diable est la nuit de Dieu » ; elle est dans le poème-préface de *la Légende* : *la vision d'où est sorti ce livre* :

> Et dans l'obscur taillis des êtres et des choses
> Je regardais rôder, noir, riant, l'œil en feu,
> Satan, ce braconnier de la forêt de Dieu.

Jusqu'à quel point faut-il voir en tout ceci des images poétiques ? jusqu'à quel point le Satan de *la Fin de Satan* est-il un simple symbole ? Qui le dira ?

En tout cas un jour viendra où (être symbolique ? être réel?) Satan sera pardonné et où se réalisera la prédiction de *la Bouche d'ombre* :

> Le mal expirera ; les larmes
> Tariront ; plus de fers, plus de deuils, plus d'alarmes...
> Les douleurs finiront dans toute l'ombre : un ange
> Criera : « Commencement ! »

V

Ainsi, existence d'un Dieu que nous ne pouvons bien connaître, mais qui est puissance et amour; Providence divine se manifestant à la fois par le jeu de lois générales et par des interventions particulières dans la vie du monde; disparition future du mal, tels sont (pour laisser actuellement de côté la question de la liberté dans l'homme et dans la nature) les articles les plus assurés de la métaphysique de Hugo. Puisque cette métaphysique fournissait à *la Légende des siècles* son commencement et son dénouement, il était juste, il était nécessaire qu'elle eût une influence considérable sur la conception générale que le poète épique s'était faite de l'histoire.

A-t-elle exercé cette influence? sans doute; et cependant la conception générale de l'histoire dans *la Légende* reste quelque peu obscure. Ce qui tient d'abord à ce que, ici comme ailleurs, les idées qui pénètrent profondément dans l'esprit du poète ne cherchent pas à s'y associer assez fortement; ensuite à ce que Hugo, s'il savait sûrement que le mal finirait, savait moins s'il disparaîtrait d'une façon brusque ou s'il diminuerait peu à peu, et à ce qu'il a été ainsi ballotté entre la foi en un triomphe subit, miraculeux du bien et la croyance au progrès continu, tel qu'il a été rêvé par une partie du XVIIIe et du XIXe siècle.

L'homme a été créé par Dieu. Dans quel état? Pur, comme le veut la Bible? Misérable et méchant, comme les savants sont plutôt tentés de l'admettre? Si Hugo accepte la théorie du progrès, il doit montrer l'homme faible et impur à son point de départ ; s'il croit à Satan, il peut imputer à ce génie du mal une chute profonde de l'homme et montrer l'homme heureux avant son premier crime. Les théories métaphysiques de Hugo lui permettaient de choisir l'une ou l'autre de ces données. Mais, à coup sûr, il devait choisir, et c'est ce qu'il n'a pas fait. Je n'alléguerai pas qu'il nous a montré l'homme innocent et heureux à l'origine dans ses études bibliques, d'*Ève à Jésus* : force lui était en cet endroit de montrer comment l'esprit hébreu concevait les origines de l'humanité. Mais lui-même, quand il a parlé en son nom, a écrit dans *le Lion d'Androclès*:

> Au lieu de cette race en qui Dieu mit sa flamme,
> Au lieu d'Eve et d'Adam, si beaux, si purs tous deux,
> Une hydre se traînait dans l'univers hideux.

Concluons-nous que, pour Hugo, l'homme a commencé en effet par être beau et pur? Voici le poème sur *la Ville disparue*, qui nous montre, « mille ans avant Adam », un état d'hommes et de géants plongé dans une corruption si profonde, que l'océan a dû intervenir pour le submerger. Et si l'on pensait que la contradiction est plus apparente que réelle, Hugo, qui tout à l'heure devait suivre la tradition biblique, étant obligé ici de suivre une tradition différente, celle des anciens sur l'Atlantide, j'appellerais l'attention sur ce qu'offre de contradictoire une seule et même pièce, bien connue : *le Sacre de la femme*. Au premier paragraphe de cette œuvre, les animaux dont Adam est entouré sont ceux que nous connaissons, aussi arrêtés dans leur forme et aussi parfaits ; au second, la terre est couverte de ces ébauches étranges, destinées à être changées par le temps, dont Lucrèce nous a dépeint la formation dans son cinquième livre. Du reste, c'est bien dans ce milieu que devait être d'abord l'homme pour justifier ce mot de la préface : « l'homme montant des ténèbres à l'idéal ».

Il y a plus de cohérence dans ce que dit Hugo de la lutte du bien et du mal au cours de l'histoire. Cette lutte est constante, et Hugo, qui, en véritable épique, simplifie et agrandit tout, nous la présente sans cesse sous la forme d'un duel entre le tyran et le justicier. Le tyran est sinistre et exécrable; le justicier, ayant une mission mystérieuse, est sinistre aussi, quoique bienfaisant. Il est muet, lugubre, ténébreux; il a l'attitude du rêve; il est le spectre de l'honneur, et, vengé par lui, le peuple est cependant inquiet en sa présence. Nous le retrouverons quand nous étudierons l'emploi du merveilleux dans l'épopée de Hugo. Ce qui maintenant nous frappe, c'est combien, pour Hugo, l'histoire de l'homme est sombre, et combien le mal y domine :

> S'il regarde la vie, elle est aussi le gouffre,
> Toute l'histoire pleure et saigne et crie et souffre ;
> Tous les purs flambeaux sont éteints;
> Morus après Caton dans le cirque se couche;
> Le genre humain assiste au pugilat farouche
> Des grands cœurs et des noirs destins.

« Les tableaux riants sont rares dans ce livre, disait la préface; cela tient à ce qu'ils ne sont pas fréquents dans l'histoire. » Ils ne sont pas fréquents, soit ; mais pourtant Hugo nous a dit dans une des premières pièces de *la Légende* que la puissance en Dieu était égale à la bonté ; et la Providence pourrait bien se manifester autrement que par l'envoi de justiciers, auxquels il est possible sans doute de supprimer les méchants, mais non pas de supprimer tout le mal qu'ils ont commis. Et de fait, Hugo a-t-il bien cherché tous les spectacles réconfortants que pourrait nous offrir l'histoire? Il semble qu'il les ait cherchés, en effet, mais pour les exclure. Et, à ce sujet, Émile Montégut fait entendre une protestation éloquente : « Il y a eu d'autres personnages que des Sigismond dans l'Allemagne du moyen âge, il y a eu un Henri l'Oiseleur, un Frédéric Barberousse, un Rodolphe de Habsbourg. Il y a eu autre chose dans l'Italie du moyen âge que cette cohue d'intrigants sanguinaires que le poète nous montre entourant le fourbe Ratbert ; il y a eu un Dante, un Can della Scala, un Castruccio Castracane, un Sforza. Non, la légende de l'humanité, ce n'est pas Anytus, c'est Socrate ; ce n'est pas Denys de Syracuse, c'est Pélopidas et Dion ; ce n'est pas Héliogabale, c'est Marc-Aurèle ; ce n'est pas Richard III, c'est saint Louis ; ce n'est pas Théodora et Marozie, c'est Jeanne d'Arc. Voilà les personnages qui composent la vraie légende des siècles, qui forment la chaîne de la tradition humaine. »

Pourquoi Hugo a-t-il négligé de prendre tant de belles pages de l'histoire pour en faire de belles pages de son livre? Parce que sa palette était surtout riche en couleurs sombres et que la composition de *la Légende* a été (je l'ai montré) trop livrée aux hasards de l'inspiration? Oui, voilà une raison, et peut-être la principale ; mais il y en a une autre : c'est que, plus le mal aura paru triomphant dans le passé, plus le triomphe définitif du bien paraîtra éclatant dans l'avenir ; il est bon que le passé nous indigne pour que l'avenir, tel que nous le fait entrevoir le poète, nous arrache un hymne de joie et de reconnaissance ; l'humanité doit gémir sans relâche jusqu'à « la fin de Satan ». — Seulement, jusqu'à quel point ceci était-il d'accord avec l'idée du progrès continu, que Hugo ne laissait pas d'admettre ?

La théorie du progrès est partout dans Hugo, et M. Renouvier, qui admire beaucoup le poète, parle crûment des « incommensurables bêtises » qu'elle lui a dictées. Je n'aurai garde de parler comme M. Renouvier, mais je rappellerai, outre l'admirable épilogue des *Châtiments* : *Lux*, et certaines pièces des *Contemplations* ou des recueils antérieurs, les beaux vers du *Satyre*, de *l'Amour*, de *l'Océan*, de *Plein ciel*, dans *la Légende* ; — les visions grandioses d'Enjolras, dans *les Misérables*, notamment celle que résume ce titre piquant : *Quel horizon on voit du haut de la barricade* ; — et encore, si l'on veut, l'utopie de Gauvain prêt à monter sur l'échafaud, dans *Quatre-vingt-treize*. Pour l'imagination épique de Hugo, le progrès c'est « l'immense marcheur jamais découragé » et « les brutalités du progrès s'appellent Révolutions ». Au reste, même dans cette doctrine du progrès, antireligieuse par ses origines et par l'emploi qu'on en fait le plus souvent, l'auteur de *Dieu* et de *la Fin de Satan* verse quelque chose de sa foi religieuse. A ses yeux,

> Du pur idéal ces comètes errantes,
> Ces guerrières du bien, ces vastes conquérantes,
> Les révolutions, archanges de clarté,

ont, aussi bien qu'un Roland ou un Éviradnus, reçu de Dieu une sorte de mission sinistre et bienfaisante. « Une tempête sait toujours ce qu'elle fait », dit Gauvain, et Victor Hugo, en son propre nom : « La Convention a toujours ployé au vent ; mais ce vent sortait de la bouche du peuple et était le souffle de Dieu. »

Ceci serait trop aisé à discuter et je passe. Mais, quelle que soit la collaboration des révolutions à l'œuvre du progrès, ce qu'il est nécessaire de remarquer, c'est que l'auteur de *la Légende* a promis de nous montrer « l'épanouissement du genre humain de siècle en siècle », et que *la Légende* ne nous le montre point. Même la Révolution française, dont Hugo nous a dit tant de fois qu'elle ouvrait une ère morale nouvelle ; même la Révolution française, qui, d'après *la Fin de Satan*, a eu pour cause le sommeil et l'apaisement du Mal, pour effet le pardon du Mal et le retour de Satan à sa forme de Lucifer céleste ; — même la Révolution française a laissé le monde en proie aux antiques misères. La première série de *la Légende*, en 1859, peignait, il est vrai, le temps présent de couleurs favorables. Mais que prouvaient pour la supériorité de notre siècle des récits comme *Après la bataille*, *les Pauvres gens*, *le Crapaud*, qui auraient pu se rapporter à toute autre époque ? Et depuis la publication des volumes de 1877 et de 1883, le XIXe siècle, avec ses guerres internationales et ses guerres civiles, avec ses trahisons et ses coups d'État, avec ses questions sociales irritantes, paraît aussi sombre que les précédents. Ne parlons pas ici du progrès scientifique et industriel, évident celui-là, fatal, nécessaire, parce que chaque jour les découvertes nouvelles s'ajoutent aux découvertes anciennes ; parlons du progrès moral, le plus important et le plus désirable : celui-là, Hugo a beau nous dire, afin de rester d'accord avec la doctrine du progrès continu, qu'il est « l'immense marcheur jamais découragé », il le conçoit, au fond, comme devant être produit brusquement par une sorte de miracle, et il en remet l'éclosion au xxe siècle.

Sous le titre général de *XXe siècle*, *la Légende* contient, en effet, deux pièces qui s'opposent, deux symboles, *Pleine mer* et *Plein ciel*. En pleine mer est un immense, un effroyable vaisseau désemparé et en ruines, Léviathan, l'ancien monde, qui autrefois — à la fin du xixe siècle — portait dans ses flancs la superstition, la guerre, le vice, le mal : le vent de l'infini a soufflé sur lui, il a sombré. Dans les airs, en plein ciel, vogue un autre navire, un aérostat gigantesque et sublime; une musique sort de ses cordages ; il va vers le droit, la raison, la fraternité, la vertu, le bien : c'est le monde nouveau, c'est l'homme délivré. — Délivré par qui? sans doute Satan est pardonné! le mal est expiré ! Dieu rapproche l'homme de lui !

Oui, évidemment c'est là le fond de la pensée de Hugo. Mais, il ne le dit pas en termes formels et n'applique qu'avec hésitation sa théorie métaphysique. Si l'on s'en tient à ses déclarations, c'est le progrès seul qui a délivré l'homme ; et, cédant même à un préjugé fâcheux, le poète lie le progrès moral au progrès scientifique et industriel. Qu'on le remarque bien : l'aérostat de *Plein ciel* n'est pas uniquement un symbole, il est la peinture anticipée d'une réalité plus ou moins prochaine aux yeux de Hugo : la direction libre des ballons, l'air dompté, la pesanteur détruite. Tandis que *la Bouteille à la mer* de Vigny était un pur symbole et que, le symbole une fois saisi, la bouteille ne nous importait plus, l'aérostat de Hugo vaut par lui-même : en même temps qu'il représente l'humanité nouvelle, il est l'aérostat dirigeable de l'avenir; en même temps qu'il va vers le droit et la vertu, il va vers les astres. Dès lors, c'est à la lettre qu'il faut entendre les vers suivants :

> Oui, l'aube s'est levée.
>   Oh! ce fut [1] tout à coup
> Comme une éruption de folie et de joie,
> Quand, après six mille ans dans la fatale voie,
> Défaite brusquement par l'invisible main,
> La pesanteur, liée au pied du genre humain,
> Se brisa; cette chaîne était toutes les chaînes!
> Tout s'envola dans l'homme, et les fureurs, les haines,
> Les chimères, la force évanouie enfin,
> L'ignorance et l'erreur, la misère et la faim,
> Le droit divin des rois, les faux dieux juifs ou guèbres,
> Le mensonge, le dol, les brumes, les ténèbres,
> Tombèrent dans la poudre avec l'antique sort,
> Comme le vêtement du bagne dont on sort.
>
> Et c'est ainsi que l'ère annoncée est venue.

Consultons les vers, plus explicites encore, du *Satyre*. Le Satyre vient de montrer l'homme domestiquant la foudre et se faisant conduire par la locomotive ; il continue et prédit les bateaux à vapeur, les ballons dirigeables, l'homme délivré de la pesanteur et se mettant, lui aussi, à se mouvoir harmonieusement dans les chœurs des astres :

> Qui sait si quelque jour, grandissant d'âge en âge,
> Il ne jettera pas son dragon à la nage,
> Et ne franchira pas les mers, la flamme au front?
> Qui sait si, quelque jour, brisant l'antique affront,
> Il ne lui dira pas : Envole-toi, matière!
> S'il ne franchira pas la tonnante frontière;
> S'il n'arrachera pas de son corps brusquement
> La pesanteur, peau vile, immonde vêtement
> Que la fange hideuse à la pensée inflige?
> De sorte qu'on verra tout à coup, ô prodige!
> Ce ver de terre ouvrit ses ailes dans les cieux.
> Oh! lève-toi, sois grand, homme! va, factieux

---

1. *Ce fut*, parce que nous sommes au xxe siècle.

Homme, un orbite d'astre est un anneau de chaîne,
Mais cette chaîne-là, c'est la chaîne sereine,
C'est la chaîne d'azur, c'est la chaîne du ciel ;
Celle-là, tu t'y dois rattacher, ô mortel,
Afin — car un esprit se meut comme une sphère —
De faire aussi ton cercle autour de la lumière !
Entre dans le grand chœur ! va, franchis ce degré,
Quitte le joug infâme et prends le joug sacré !
Deviens l'Humanité, triple, homme, enfant et femme !
Transfigure-toi ! va ! sois de plus en plus l'âme !
Esclave, grain d'un roi, démon, larve d'un Dieu,
Prends le rayon, saisis l'aube, usurpe le feu ;
Torse ailé, front divin, monte au jour, monte au trône,
Et dans la sombre nuit jette les pieds du faune !

Ces vers et ceux de *Plein ciel* sont parmi les plus beaux dont une poésie puisse se glorifier. Mais il faut avoir le courage de le dire [1] : ils contiennent une faute contre la logique, d'où résulte une faute plus grave contre la morale. Hugo veut que le progrès scientifique soit nécessairement lié au progrès moral, et il n'est même pas certain qu'il ait un lien solide avec l'adoucissement de la condition humaine. « Tout progrès dans nos connaissances, a dit l'éminent historien M. Albert Sorel, développe plus de désirs et engendre plus de besoins qu'il n'en satisfait. Tout progrès dans la réflexion éclaire plus l'homme sur la misère de sa condition qu'il ne l'aide à s'y résigner. » On a soutenu que le suicide était en rapport direct avec la civilisation, et le suicide

---

1. Après M. Renouvier, d'ailleurs. Voy. *Victor Hugo, le philosophe*, p. 155. — M. Renouvier se demande même si ces vers ne contiennent pas aussi une lourde faute contre la science, et si Hugo ne veut pas détruire — à la lettre, non d'une façon symbolique — la loi de la pesanteur, tout en conservant la loi de l'attraction universelle : il ne s'apercevrait pas que ces deux lois n'en font qu'une, ce que nous appelons la pesanteur n'étant que l'effet d'une attraction.

n'implique pas, que je sache, la satisfaction de vivre. D'ailleurs il ne s'agit pas ici de bonheur, il s'agit de moralité. Quel rapport y a-t-il entre le progrès scientifique, qui se produit en quelque sorte de lui-même, et la valeur morale de l'homme, qui ne peut s'accroître, qui ne peut même se conserver telle qu'elle est, que par des efforts constants et ininterrompus ? Le jour où la science aurait transformé la société, le jour où l'utopie serait devenue une réalité, le jour où tout homme, à tout âge, en tout état de santé, aurait son pain assuré, il n'y aurait plus assurément de Jean Valjean dérobant un pain chez un boulanger, mais il pourrait toujours y avoir des crimes causés par l'avidité, par la haine, par l'ambition, par la débauche. De fort grands esprits ont pensé que le rapport du mal et du bien était et resterait constant dans le monde. Cette doctrine est désolante, et je ne veux pas y croire ; je veux admettre que les efforts individuels peuvent amener, l'hérédité et l'éducation aidant, un relèvement sérieux et progressif de la moralité dans le monde. Mais la première condition pour que cela puisse être est de ne pas demander à la science ce que nous ne devons demander qu'à nous-mêmes, et de ne pas obscurcir en nous la saine, la vraie notion de notre responsabilité.

Au reste, il y aurait injustice à laisser croire que le poète confond d'ordinaire le progrès moral avec le progrès industriel et scientifique, et surtout qu'il fait de tous deux le même cas. Avec quelle éloquence et quelle noblesse a-t-il dit le contraire en maints endroits !

L'œuvre du genre humain c'est de délivrer l'âme ;
C'est de la dégager du triste épithalame
   Que lui chante le corps impur ;
C'est de le rendre, chaste, à la clarté première ;

> Car Dieu rêveur a fait l'âme pour la lumière,
> Comme il fit l'aile pour l'azur.

A la fin même de *la Légende,* la théorie dangereuse est immédiatement suivie de la théorie salutaire, et *Plein ciel* de *la Trompette du jugement.* Cette fois, le poète admet que le mal durera jusqu'à la fin du monde et que les méchants seront appelés à en rendre compte. Il adopte pour traduire sa pensée la formule chrétienne, et il nous montre dans la nuée le monstrueux clairon de l'archange.

> Ce clairon avait l'air de savoir le secret.
>
> On sentait que le râle énorme de ce cuivre
> Serait tel qu'il ferait bondir, vibrer, revivre
> L'ombre, le plomb, le marbre, et qu'à ce fatal glas
> Toutes les surdités voleraient en éclats ;
> Que l'oubli sombre, avec sa perte de mémoire,
> Se lèverait au son de la trompette noire ;
> Que dans cette clameur étrange, en même temps
> Qu'on entendrait frémir tous les cieux palpitants,
> On entendrait crier toutes les consciences ;
> Que le sceptique au fond de ses insouciances,
> Que le voluptueux, l'athée et le douteur,
> Et le maître tombé de toute sa hauteur,
> Sentiraient ce fracas traverser leurs vertèbres ;
> Que ce déchirement céleste des ténèbres
> Ferait dresser quiconque est soumis à l'arrêt ;
> Que qui n'entendit pas le remords, l'entendrait ;
> Et qu'il réveillerait, comme un choc à la porte,
> L'oreille la plus dure et l'âme la plus morte,
> Même ceux qui, livrés au rire, aux vains combats,
> Aux vils plaisirs, n'ont point tenu compte ici-bas
> Des avertissements de l'ombre et du mystère,
> Même ceux que n'a point réveillés sur la terre
> Le tonnerre, ce coup de cloche de la nuit !...
>
> Quand le monde atteindra son but, quand les instants,
> Les jours, les mois, les ans, auront rempli le temps,
> Quand tombera du ciel l'heure immense et nocturne,
> Cette goutte qui doit faire déborder l'urne,

Alors, dans le silence horrible, un rayon blanc,
Long, pâle, glissera, formidable et tremblant,
Sur ces haltes de nuit qu'on nomme cimetières ;
Les tentes frémiront, quoiqu'elles soient des pierres,
Dans tous ces sombres camps endormis ; et, sortant
Tout à coup de la brume où l'univers l'attend,
Ce clairon, au-dessus des êtres et des choses,
Au-dessus des forfaits et des apothéoses,
Des ombres et des os, des esprits et des corps,
Sonnera la diane effrayante des morts.

CHAPITRE V

Les idées morales.

I

Si la métaphysique de Hugo (nullement rudimentaire, quoi qu'on en ait dit) avait cependant, avec ses profondeurs, ses obscurités et ses contradictions, en revanche elle avait une partie grande et noble sur laquelle le poète n'admettait ni hésitation ni variation : l'existence d'un Dieu tout-puissant qui a créé le monde, qui aime ses créatures, qui les rappellera à lui, sur qui le mal ne saurait prévaloir même aujourd'hui, et devant qui le mal disparaîtra plus tard ; et c'est à cette partie de la métaphysique que se rattachent les idées morales qui font l'âme des œuvres épiques de Hugo. Un poète épique a le droit d'être un métaphysicien imparfait ; mais son principal rôle est peut-être de présenter avec force ce qu'il y a de meilleur et de plus fécond dans les idées, dans les aspirations morales d'un peuple à un certain moment de son histoire : Hugo n'a pas failli à ce devoir. Plusieurs critiques trouvent même qu'il l'a trop bien rempli, et volontiers ils font du poète une façon d'écrivain public, mettant son vocabulaire intarissable et son style prestigieux au service de dame

Opinion, développant docilement, sur commande, les lieux communs que lui propose sa cliente. Lieux communs ! soit. En certaines matières, toute intensité nouvelle donnée à des sentiments très anciens est un bienfait. Tout ce qu'il faut demander au poète, c'est d'être sincère et de trouver d'abord dans son âme les sentiments que la société aurait pu lui fournir et dont elle vit. Or, nous avons deux sûrs garants de la sincérité, de la spontanéité même de Hugo : l'accent avec lequel il exprime ses idées morales et le lien puissant qui les unit à sa métaphysique.

Parmi ceux qui voient dans Hugo autre chose qu'un merveilleux écrivain public ou qu'un puissant rhéteur, certains, frappés par la tristesse avec laquelle il parle souvent de la nature et de la vie, par le trouble que jette en lui le problème du mal, certains, dis-je, le rangent au nombre des pessimistes. Mais l'appellation ne peut être acceptée, que si on en précise et si on en limite nettement le sens. Car pour être, dans toute la force du terme, un pessimiste, il ne suffit point de voir avec douleur des maux qui ne sont que trop visibles. Le vrai pessimiste est celui qui, n'espérant rien ni de la vie ni de la mort, persuadé que le problème du mal ne saurait trouver de solution, gémit lui-même de vivre et s'effraie à l'idée que la vie se perpétuera :

> Moi, toujours, à jamais, j'écoute épouvanté,
> Dans l'ivresse et l'horreur de l'immortalité,
> Le long rugissement de la vie éternelle.

Ou bien le pessimiste est celui qui, plus mâle et plus stoïque, dédaigne et de maudire la vie et de souhaiter la mort :

> Gémir, pleurer, prier est également lâche.
> Fais énergiquement ta longue et lourde tâche
> Dans la voie où le sort a voulu t'appeler,
> Puis après, comme moi, souffre et meurs sans parler.

Hugo n'a rien de commun, sur ce point, ni avec Leconte de Lisle, ni avec Vigny. La pensée du mal l'assiège, l'émeut, l'ébranle peut-être un instant, mais ne lui fait jamais lâcher son point d'appui : la foi. Même lorsque, dans *les Travailleurs de la mer*, il écrit sur les monstres ses pages les plus sombres, comme il est loin du vrai pessimisme ! « Quand Dieu veut, dit-il, il excelle dans l'exécrable. Le pourquoi de cette volonté est l'effroi du penseur » : mais il admet qu'il y a un pourquoi. « L'optimisme, qui est le vrai pourtant, perd presque contenance devant eux » : mais il persiste à croire que l'optimisme est le vrai.

Oui, Hugo, à vrai dire, est optimiste : il l'est au sens proprement philosophique, et au sens qu'on pourrait appeler moral du mot. Au sens philosophique, il est optimiste comme Leibniz, parce qu'il est persuadé que Dieu, ne pouvant créer un monde parfait qui ne se serait pas distingué de la perfection, et par conséquent de lui-même, l'a du moins créé le moins imparfait possible. Cette théorie vous choque-t-elle? Trouvez-vous qu'il eût été facile à Dieu de découvrir au mal tel ou tel remède, puisque vous le découvrez vous-même? Hugo vous répondra : d'abord que vos remèdes ne valent le plus souvent que pour l'humanité, et que l'homme n'a aucune raison légitime de se considérer comme le centre et comme la vraie raison d'être de la création ; — ensuite, que nous sommes mal placés pour voir cette création sous son vrai jour; que ce qu'on ne s'explique pas de ce monde, on se l'expliquerait admirablement de l'autre, de ce « lieu blanc et chaste où le mal s'évanouit et sombre », de ce

> Lieu d'évidence où l'âme enfin peut voir les causes,
> Où, voyant le revers inattendu des choses,
> On comprend, et l'on dit : C'est bien !...

Enfin, il vous répondra que l'homme doit écouter moins son orgueil et avoir confiance. « Parce que les choses déplaisent, dit Jean Valjean mourant, ce n'est pas une raison pour être injuste envers Dieu... Il est là-haut, il nous voit tous, et il sait ce qu'il fait au milieu de ses grandes étoiles. » Du sphinx nature paraissent sortir l'hiver, la mort, la nuit : ne blasphémez pas cependant ; si on pouvait lever sa patte, on trouverait dessous le mot : amour.

Descendu de ces hauteurs dans le domaine de la vie pratique, de la vie morale et sociale, l'optimisme de Hugo prend trois formes, d'où résultent pour sa poésie trois sources d'inspiration. Chaque homme peut se consoler de l'existence du mal, parce qu'il a pour s'en revancher en ce monde la joie d'accomplir le bien. — Chaque homme peut se consoler de l'existence du mal, parce qu'il a pour s'en revancher une autre vie. — L'humanité elle-même peut se consoler de l'existence du mal, parce qu'il finira et que nous pouvons en hâter l'effondrement. Développer ces thèmes c'est pour Hugo devenir le poète de la conscience, — le poète de la mort, — le poète de la paix et de l'harmonie sociales futures.

II

Les Contemplations contenaient déjà un poème, intitulé *Les Malheureux*, où s'opposaient la misère réelle des méchants que le monde croit heureux, et le bonheur intime de ceux que tout le monde juge misérables. Cette antithèse salutaire reparaît sans cesse dans les œuvres qui ont suivi. Qu'importe ce qu'on appelle le malheur à qui a *la joie au cœur* en même temps que *la plaie au sein* ?

> J'ai rempli mon devoir, c'est bien, je souffre heureux.

Que valent la liberté ou la richesse pour celui qui a failli? On s'indigne de ce que l'homme qui a trahi sa patrie, l'homme qui a livré Metz à nos ennemis ait échappé à la mort et même à l'emprisonnement!

> Cet homme a pour prison l'ignominie immense.
> On pouvait le tuer, mais on fut sans clémence,
> Il vit...
> Ah! le Spielberg est noir, la Bastille était forte,
> Le Saint-Michel rempli de cages était haut,
> Le vieux château Saint-Ange est un puissant cachot;
> Mais aucun mur n'égale en épaisseur la honte.

Et qu'est-ce que la honte à côté du remords, de ce remords dont le poète nous a présenté deux symboles saisissants: l'œil toujours ouvert sur Caïn, la goutte de sang qui tombe éternellement sur Kanut? La déchéance morale est une mort vivante, et le remords est un ver qui ronge un cadavre capable de souffrir de toutes ses morsures.

Jamais sans doute aucun poète n'a parlé de la liberté morale, du devoir et de la conscience avec autant de netteté, de force et de profondeur que Hugo. *Les Contemplations* nous expliquent magnifiquement comment la grandeur de l'homme tient à sa liberté morale, et cette liberté à l'obscurité dans laquelle sa raison se débat :

> Où serait le mérite à retrouver sa route,
> Si l'homme, voyant clair, roi de sa volonté,
> Avait la certitude, ayant la liberté ?...
> Le doute le fait libre et la liberté grand.

La Légende nous montre à maintes reprises que la vertu dépasse la science et que l'homme est noble à proportion des efforts qu'il fait dans la recherche religieuse et morale :

> Les hommes en travail sont grands des pas qu'ils font ;
> Leur destination, ...
> Ce n'est pas de toucher le but, c'est d'être en marche.

Et *l'Année terrible* nous fait sentir dans notre conscience la présence de Dieu même :

> Ma conscience en moi, c'est Dieu que j'ai pour hôte.
> Je puis, par un faux cercle, avec un faux compas,
> Le mettre hors du ciel, mais hors de moi, non pas...
> Si j'écoute mon cœur, j'entends un dialogue.
> Nous sommes deux au fond de mon esprit, lui, moi.
> Il est mon seul espoir et mon unique effroi.
> Si par hasard je rêve une faute que j'aime,
> Un profond grondement s'élève dans moi-même ;
> Je dis : qui donc est là ? l'on me parle ? pourquoi ?
> Et mon âme en tremblant me dit : c'est Dieu, tais-toi.

Nous avons dans les romans de Hugo de magnifiques exemples de ces dialogues entre la nature faible de l'homme et sa conscience. Voyez surtout dans *les Misérables* les nombreux chapitres où Jean Valjean, l'ancien forçat devenu honnête homme et qui veut le rester, hésite devant les terribles devoirs qui s'imposent à lui, médite de s'y dérober, les accepte enfin et les accomplit héroïquement. Hugo, dont la haine pour le criminel endurci éclate en cent endroits de ses fragments épiques, a éprouvé une volupté forte à étudier longuement cette ascension pénible vers la plus haute moralité. Jean Valjean tourmenté par sa conscience devient pour lui comme un Prométhée rongé par le vautour, comme un Jacob sans cesse en lutte avec l'ange. Écoutons-le quand, pouvant être heureux auprès de sa fille adoptive Cosette et de Marius, il se décide à briser sa vie en révélant à Marius son hideux passé :

« — Vous demandez pourquoi je parle ? je ne suis ni dénoncé, ni poursuivi, ni traqué, dites-vous. Si ! je suis dénoncé ! si ! je suis poursuivi ! si ! je suis traqué ! Par qui ? par moi ! C'est moi qui me barre à moi-même le passage, et je me traîne, et je me pousse, et je m'arrête, et je m'exécute, et quand on se tient soi-même, on est bien tenu.

« Et, saisissant son propre habit à poigne-main et le tirant vers Marius :

« — Voyez donc ce poing-ci, continua-t-il. Est-ce que vous ne trouvez pas qu'il tient ce collet-là de façon à ne pas le lâcher ? Eh bien ! C'est bien un autre poignet, la conscience ! Il faut, si l'on veut être heureux, monsieur, ne jamais comprendre le devoir ; car, dès qu'on l'a compris, il est implacable. On dirait qu'il vous punit de le comprendre ; mais non ; il vous en récompense ; car il vous met dans un enfer où l'on sent à côté de soi Dieu. On ne s'est pas sitôt déchiré les entrailles qu'on est en paix avec soi-même. »

Voilà qui est grand, n'est-ce pas ? Mais le poète a eu une inspiration plus grande encore lorsque, dans *le Gibet*, il nous a montré le mal même indigné qu'on le préfère au bien et Barrabas maudissant les hommes qui n'ont pas craint de crucifier à sa place Jésus-Christ.

> Et Barrabas, debout, transfiguré, tremblant,
> Terrible, cria : « Peuple, affreux peuple sanglant,
> Qu'as-tu fait ? O Caïn, Dathan, Nemrod, vous autres,
> Quel est ce crime-ci qui passe tous les nôtres ?
> Voilà donc ce qu'on fait des justes ici-bas !...
> Celui-ci, c'est Jésus ; ceci, c'est Barrabas.
> L'archange est mort, et moi, l'assassin, je suis libre !
> Ils ont mis l'astre avec la fange en équilibre,
> Et du côté hideux leur balance a penché...
> Oh ! si c'était à moi qu'on se fût adressé,
> Si, quand j'avais le cou scellé dans la muraille,
> Pilate était venu me trouver sur ma paille,
> S'il m'avait dit : « Voyons, on te laisse le choix ;
> « C'est une fête, il faut mettre quelqu'un en croix,
> « Ou Christ de Galilée, ou toi la bête fauve ;
> « Réponds, bandit, lequel des deux veux-tu qu'on sauve ? »
> J'aurais tendu mes poings et j'aurais dit : Clouez !... »

III

C'est surtout pour être en paix avec sa conscience que l'homme doit faire le bien. Mais, quand le devoir de l'homme est terminé, on peut dire que celui de Dieu commence. « En faisant ton devoir, tu fais à Dieu sa dette », dit un beau vers de *l'Année terrible* : cette dette devient exigible à la mort.

On a souvent opposé à l'idée que Lamartine se fait de la mort (*Je te salue, ô mort, libérateur céleste*) l'idée que s'en fait Victor Hugo. « Pour celui-ci, dit M. Brunetière, elle est le passage sans nom, le roi des épouvantements, l'inévitable échéance dont la menace et

l'horreur, toujours mêlées dans nos plaisirs, en troublent, en altèrent, en corrompent la jouissance. »
Comme ces lignes sont vraies ! et comme elles sont fausses ! Oui, Hugo s'est plu à montrer que toutes les joies et toutes les grandeurs sont un décor fragile derrière lequel se cache le ver de terre ; que les rois morts n'auront plus que le ver de terre pour courtisan ; que les Césars travaillent pour le ver de terre, et que le ver est le vrai maître du monde. Oui, l'idée de la mort « roi des épouvantements » tient dans *la Légende* une large place, puisqu'elle inspire, outre cent passages çà et là, *les Sept merveilles du monde*, *l'Épopée du ver*, *Zim-Zizimi*, etc... Oui, l'on pourrait extraire des poésies de Hugo le plus saisissant pendant poétique à la danse macabre d'Holbein ou aux fresques dites d'Orcagna. Mais, lorsque le ver a longuement chanté sa gloire et lorsqu'il s'écrie orgueilleusement :

> L'univers magnifique et lugubre a deux cimes,
> O vivants, à ses deux extrémités sublimes,
> Qui sont aurore et nuit ;
> La création triste, aux entrailles profondes,
> Porte deux Tout-puissants, le Dieu qui fait les mondes,
> Le ver qui les détruit,

est-ce que le poète ne prend pas tout de suite la parole pour lui répondre :

> Non, tu n'as pas tout, monstre ! et tu ne prends point
> [l'âme !...
> Tu n'es que le mangeur de l'abjecte matière.
> La vie incorruptible est hors de ta frontière ;
> Les âmes vont s'aimer au-dessus de la mort.

Et le ver de terre lui-même n'avait-il pas donné à l'humanité ce conseil :

> Sage ici-bas celui qui pense à moi sans cesse!
> Celui qui pense à moi vit calme et sans bassesse;
> Juste, il craint le remord;
> Sous son toit frêle il songe aux maisons insondables ;
> Il voit de la lumière aux deux trous formidables
> De la tête de mort.

Autrement dit, la poésie de la mort dans Hugo est double et, si M. Brunetière en avait voulu avoir un résumé exact, il l'eût trouvé dans un auteur qu'il connaît bien, dans Bossuet : « O mort, nous te rendons grâces des lumières que tu répands sur notre ignorance : toi seule nous convaincs de notre bassesse, toi seule nous fais connaître notre dignité ; si l'homme s'estime trop, tu sais déprimer son orgueil; si l'homme se méprise trop, tu sais relever son courage ; et, pour réduire toutes ses pensées à un juste tempérament, tu lui apprends ces deux vérités, qui lui ouvrent les yeux pour se bien connaître : qu'il est infiniment méprisable en tant qu'il passe ; et infiniment estimable en tant qu'il aboutit à l'éternité. » C'est bien là l'idée que Hugo a rendue en tant de vers admirables, et l'on se rappelle la belle allégorie des *Contemplations* sur la faucheuse *Mors* :

> Les peuples éperdus semblaient sous la faux sombre
> Un troupeau frissonnant qui dans l'ombre s'enfuit.
> Tout était sous ses pieds deuil, épouvante et nuit.
> Derrière elle, le front baigné de douces flammes,
> Un ange souriant portait la gerbe d'âmes.

Mais je n'ai pas le droit d'insister sur *les Contemplations*, et je ne veux pas réunir les traits épars de *la Légende* ; je citerai seulement quelques vers du symbole que Hugo a inséré dans son *Art d'être grand-père* : *la Mise en liberté*. Un pauvre oiseau est resté seul dans une volière ; il s'y ennuie ; on l'y sent très malheureux : le poète y entre.

> Le pauvre oiseau, voyant entrer ce géant sombre,
> A pris la fuite en haut, puis en bas, cherchant l'ombre,
> Dans une anxiété d'inexprimable horreur ;
> L'effroi du faible est plein d'impuissante fureur ;
> Il voletait devant ma main épouvantable.
> Je suis, pour le saisir, monté sur une table.
> Alors, terrifié, vaincu, jetant des cris,
> Il est allé tomber dans un coin ; je l'ai pris.
> Contre le monstre immense, hélas ! que peut l'atome ?
> A quoi bon résister quand l'énorme fantôme
> Vous tient, captif, hagard, fragile et désarmé ?
> Il était dans mes doigts, inerte, l'œil fermé,
> Le bec ouvert, laissant pendre son cou débile,
> L'aile morte, muet, sans regard, immobile,
> Et je sentais bondir son petit cœur tremblant.
>
> ... Je suis sorti de la volière,
> Tenant toujours l'oiseau; je me suis approché
> Du vieux balcon de bois par le lierre caché ;
> O renouveau ! soleil ! tout palpite, tout vibre,
> Tout rayonne, et j'ai dit, ouvrant la main : Sois libre !
> L'oiseau s'est évadé dans les rameaux flottants,
> Et dans l'immensité splendide du printemps ;
> Et j'ai vu s'en aller au loin la petite âme
> Dans cette clarté rose où se mêle une flamme,
> Dans l'air profond, parmi les arbres infinis,
> Volant au vague appel des amours et des nids,
> Planant éperdument vers d'autres ailes blanches,
> Ne sachant quel palais choisir, courant aux branches,
> Aux fleurs, aux flots, aux bois fraîchement reverdis,
> Avec l'effarement d'entrer au paradis.
>
> Alors, dans la lumière et dans la transparence,
> Regardant cette fuite et cette délivrance,
> Et ce pauvre être, ainsi disparu dans le port,
> Pensif, je me suis dit : je viens d'être la mort.

IV

Ainsi la mort est un affranchissement. Mais ce n'est pas une raison pour ne pas désirer, pour ne pas rêver, pour ne pas prédire l'amélioration dès ici-bas de la condition humaine. Dans la belle pièce de *la Légende* : *Tout le passé et tout l'avenir*, un être mystérieux, un archange oppose (et c'est la forme de l'optimisme que nous venons d'indiquer) la grandeur de Dieu à la petitesse de l'homme, et à la justice dérisoire de ce monde la justice infaillible de Dieu. Le poète répond (et c'est la forme de l'optimisme qu'il nous reste à voir) que déjà l'homme se transforme et que l'amour régnera, non seulement dans l'humanité, mais dans la création tout entière.

> L'avenir, c'est l'hymen des hommes sur la terre
> Et des étoiles dans les cieux.

Après ce que j'ai dit au chapitre précédent, je n'ai plus à insister sur ce qu'il y a d'utopique dans ces théories et sur le lien fâcheux que le poète établit parfois entre le progrès scientifique et le progrès moral. Ce qui nous intéresse maintenant, c'est de voir ce que le poète entend par le progrès moral de l'humanité.

C'est d'abord la suppression de toutes les violences : et la plus ancienne, la plus odieuse, c'est la guerre. Victor Hugo, fils de soldat, a été un merveilleux peintre de batailles, et, ce qui est plus remarquable, le poète épique qui était en lui a été tellement ébloui par la gloire de Napoléon que cet adversaire des tyrans n'a pas trouvé dans sa *Légende* un seul mot sévère pour le féroce égoïsme de ce génie exterminateur. Il n'en est pas moins vrai que Hugo a haï la guerre de la haine la plus profonde et la plus éclairée. Il a vu qu'elle était souvent funeste aux idées et qu'elle avait souvent souillé d'iniquités cette déité chaste, la Justice. Il a montré combien absurde elle paraîtrait un jour, si l'humanité y renonçait :

> La guerre était sacrée et sainte en ce temps-là ;
> Rien n'égalait Nemrod si ce n'est Attila ;
> Et les hommes, depuis les premiers jours du monde,
> Sentant peser sur eux la misère inféconde,
> Les pestes, les fléaux lugubres et railleurs,
> Cherchant quelque moyen d'amoindrir leurs douleurs,
> Pour établir entre eux de justes équilibres,
> Pour être plus heureux, meilleurs, plus grands, plus libres,
> Plus dignes du ciel bleu qui les daigne éclairer,
> Avaient imaginé de s'entre-dévorer.

Il a fait de la guerre des tableaux saisissants, parmi lesquels je citerai celui du *Satyre* :

> Il dit la guerre ; il dit la trompette et le glaive,
> La mêlée en feu, l'homme égorgé sans remord,
> La gloire, et dans la joie affreuse de la mort
> Les plis voluptueux des bannières flottantes ;
> L'aube naît ; les soldats s'éveillent sous les tentes ;
> La nuit, même en plein jour, les suit, planant sur eux ;
> L'armée en marche ondule au fond des chemins creux ;
> La baliste en roulant s'enfonce dans les boues ;
> L'attelage fumant tire, et l'on pousse aux roues ;
> Cris des chefs ; pas confus ; les moyeux des charrois
> Balafrent les talus des ravins trop étroits.
> On se rencontre, ô choc hideux ! les deux armées
> Se heurtent, de la même épouvante enflammées,
> Car la rage guerrière est un gouffre d'effroi.
> O vaste effarement ! Chaque bande a son roi.
> Perce, épée ! ô cognée, abats ! massue, assomme !
> Cheval, foule aux pieds l'homme, et l'homme, et l'homme,
> [et l'homme !

> Hommes, tuez, traînez les chars, roulez les tours;
> Maintenant, pourrissez, et voici les vautours!

Poursuivant la guerre jusque dans les sophismes où elle s'abrite, Hugo a même détruit d'un mot, dans *les Misérables*, la distinction entre la guerre étrangère et la guerre civile : « La guerre civile, qu'est-ce à dire? Est-ce qu'il y a une guerre étrangère? Est-ce que toute guerre entre hommes n'est pas la guerre entre frères? »

Faut-il conclure de ceci que le beau mot de fraternité a fait oublier à Hugo le beau mot de patriotisme? Non certes. Pour le passé, le poète fait ressortir avec force le patriotisme de Thémistocle, et, dans sa touchante pièce des *Bannis*, il montre deux Grecs exilés qui souffrent de l'entrée des Perses dans leur ingrate patrie. — Pour le présent, le poète s'attache avec une adoration tendre à la France vaincue :

> Je voudrais n'être pas Français pour pouvoir dire
> Que je te choisis, France, et que, dans ton martyre,
> Je te proclame, toi que ronge le vautour,
> Ma patrie, et ma gloire et mon unique amour!

Il pleure en voyant nos soldats et en songeant qu'ils sont des vaincus, qu'ils ont passé, eux aussi, sous les fourches caudines. Il en veut aux historiens qui cherchent, non pas à justifier, mais à expliquer la trahison : « Je me sens inclément quand la patrie expire ». Il va même jusqu'à ne pas vouloir qu'après nos désastres on reparle de fraternité : « Quand nous serons vainqueurs, nous verrons ». — Pour l'avenir enfin, il caresse l'espérance, que dis-je? il est sûr que la France sera la grande ouvrière du progrès. A ses yeux, le mot patrie ne peut cesser d'être un mot sacré que si l'homme devient tellement bon, tellement aimant que l'humanité ne puisse plus former qu'une seule famille : et il y aura longtemps ce jour-là que le mot guerre n'aura plus aucun sens pour l'esprit humain.

Un jour le poète visitait le champ de bataille de Waterloo, et il s'approchait du lion de bronze que les vainqueurs y ont dressé en souvenir de leur triomphe. Saisi d'une sorte d'horreur, il s'attendait presque à entendre un rugissement sortir de la gueule formidable. Ce fut un chant qu'il entendit. Un rouge-gorge était venu faire son nid dans cette espèce d'antre difforme.

> Le doux passant ailé que le printemps bénit,
> Sans peur de la mâchoire affreusement levée,
> Entre ces dents d'airain avait mis sa couvée ;
> Et l'oiseau gazouillait dans le lion pensif.

Symbole profond ! Ce n'était pas seulement la paix qui chantait dans la gueule de la guerre, c'était la clémence, la douceur, l'amour qui allaient éclore au sein de la barbarie politique et pénale.

Ici encore il importe de ne pas se méprendre sur les intentions de Hugo. De même que le poète avait saisi fortement ce qu'il y a de poésie dans la guerre, de même il ressent un respect mystérieux pour les révolutions, même sanglantes ; mais, au fond, il maudissait la guerre et il réprouve les révolutions meurtrières. « Il faut que le bien soit innocent », dit-il dans *les Misérables*, et, en toute occasion, à propos de la Révolution française comme à propos de Cromwell, il réclame des libérateurs purs de sang et des progrès qui ne coûtent aucune larme. Sa devise est toujours : « Mort à la mort ! »

Mort à la mort, même quand il s'agit de criminels !

Le penseur, imprudent peut-être, mais à coup sûr généreux, qui a écrit *le Dernier jour d'un condamné*, *Claude Gueux* et tant d'éloquents appels à la clémence des gouvernants, se retrouve dans le poète épique. Il maudit ce qu'il appelle avec une âpre ironie *la mansuétude des anciens juges* ; il maudit la peine de mort et, dans l'épopée du *Gibet*, s'étonne qu'au moment de condamner, les juges n'entendent pas le Christ, debout derrière eux sur la croix, leur dire : « Mais vous ne voyez donc pas mes clous ! » Au progrès, « bûcheron d'échafauds », de couper enfin ces bois sinistres ; nos lois pénales doivent s'adoucir ; il faut que nous n'opposions plus à la loi sainte de l'amour l'orgueilleuse et barbare résistance du docteur de la loi juive. « Tremblez, ô vivants, s'écriait-il,

Vengez Dieu par le glaive et vivez dans la crainte.
Haïr ce que Dieu hait, peuple, c'est la loi sainte,
La loi d'en haut, connue aux seuls fils de Lévi. »
— Un homme, en ce moment, de douze hommes suivi,
Blond, jeune, et regardé fixement par le prêtre,
L'interrompit et dit avec l'accent d'un maître :
— Toute la loi d'en haut est dans ce mot : aimer.
— Peuple, cria le prêtre, on vient de blasphémer.

Ainsi, dans l'organisation politique et sociale, on sent la nécessité de ce que Hugo appelle un *changement d'horizon*. Dans la famille, il suffit sans doute d'affermir et d'améliorer encore ce qui est.

On a publié un recueil de vers de Victor Hugo portant pour titre : *les Enfants (le livre des mères)* : il ne contient pas, à beaucoup près, tout ce que le poète a écrit de beau sur la famille. Dans *la Légende des siècles*, les crimes domestiques sont flétris et punis avec une rigueur particulière : voyez les poèmes sur le parricide Kanut, sur les fratricides Caïn et Gaïffer-Jorge. Les vertus domestiques y sont exaltées : voyez le poème de *Bivar* sur l'affection filiale du Cid ; — et l'une des plus cruelles punitions d'un tyran, aux yeux du poète, est de n'être pas aimé par les siens. Un roi de Perse a rempli son palais et son jardin d'hommes armés, de peur d'être victime de quelque ambition criminelle. Un jour il rencontre dans la campagne un vieux berger qui parle à son fils avec tendresse et à qui son fils baise la main avec respect. « Il t'aime, dit le roi pensif ; il t'aime et pourtant il est ton fils ! » — Un autre personnage de *la Légende* gémit de n'être pas aimé par son fils ; et celui-ci n'est pas un tyran, c'est le noble don Jayme, de *la Paternité*. Mais aussi quels accents pénétrants le poète a mis dans sa bouche ! Ce père a souffleté son fils, don Ascagne, qui, chef déjà fameux, a laissé ses soldats faire la guerre en bandits. Le fils a protesté d'un ton farouche ; il est parti, et don Jayme, le cœur brisé, se soulage à pleurer auprès de la statue de son propre père, le glorieux don Alonze.

> Mon fils sort de chez moi comme un loup d'un repaire.
> Mais est-ce qu'on peut être offensé par son père?
> Ni le père ni Dieu n'offensent; châtier
> C'est aimer. . . . .
> Moi, je baise tes pieds. Le rêve du héros
> C'est d'être grand partout et petit chez son père.
> Le père, c'est le toit béni, l'abri prospère,...
> C'est l'honneur, c'est l'orgueil, c'est Dieu qu'on sent tout
> [près.

Et le poète est si convaincu du bon droit du père que, pour expliquer la fuite de don Ascagne, il en a fait un sombre révolté contre la vie et contre la nature même.

Ainsi que la paternité, la maternité est sainte. Hugo l'a marqué dans *le Comte Félibien* ; il l'a marqué surtout dans *le Sacre de la femme*, où la nature entoure Ève d'un si religieux respect. Quant à l'amour maternel, pour montrer comment Hugo le conçoit, il me suffira de citer une expression étrange, étrange et touchante, de *l'Homme qui rit*. Une femme, une mendiante sans doute, est tombée dans la neige, un terrible jour de janvier 1690, et elle y est morte. Elle portait dans ses bras une petite fille, qui s'est mise à gémir sourdement sous la neige qui tombe. Gwynplaine entend les cris, s'approche, dégage l'enfant. « Quand son visage fut à l'air, elle poussa un cri, continuation de son sanglot de détresse. Pour que la mère n'eût pas entendu ce sanglot, il fallait qu'elle fût bien profondément morte. »

Dans la famille, c'est l'enfant surtout que Hugo peint avec amour. Quels vers exquis sur ses premiers pas, sur ses premiers bégaiements, sur son gazouillement sans fin !

> Et l'enfant veut marcher. Et l'aïeul patriarche
> Dit : c'est juste ! marchons. Oh ! les enfants, cela
> Tremble, un meuble est Charybde, une pierre est Scylla,
> Leur front penche, leur pied fléchit, leur genou ploie,
> Mais ce frémissement n'ôte rien à leur joie.
> Frémir n'empêche pas la branche de fleurir...
>
> Paul avait chaque mois un bégaiement nouveau,
> Effort de la pensée à travers la parole,
> Sorte d'ascension lente du mot qui vole,
> Puis tombe et se relève avec un gai frisson,
> Et ne peut être idée et s'achève en chanson.

L'enfant est sacré, et rien n'est plus horrible que les attentats contre l'enfance. Quand la guerre civile est déchaînée, quand le peuple a soif de sang, il suffit parfois d'un enfant pour tout apaiser. Un sergent de ville est au pouvoir de la foule, on l'accuse d'avoir tiré sur le peuple, on demande en hurlant sa mort.

Mais un enfant de six ans apparaît et crie : c'est mon père ! la pitié commence à pénétrer dans les cœurs. Cependant le vaincu, stoïque, trouve un prétexte pour tromper son fils et le renvoyer. L'enfant, rassuré, embrasse son père et s'éloigne, pendant que celui-ci dit aux insurgés : et maintenant tuez-moi. Le tuer, ce serait achever de mentir affreusement à l'enfant ! Nul maintenant n'en a le courage. Un immense frisson passe dans cette foule, et l'on crie au père d'aller retrouver son fils.

Si l'amour des enfants est, d'après le prélude des *Voix intérieures,* une des colonnes saintes de la société, le respect des vieillards en est une autre, et Hugo aime associer dans ses poèmes l'enfant et le vieillard. Rien de plus charmant que le continuel voisinage du vieux marquis Fabrice et de sa douce petite fille Isora :

> Tous les soirs il conduit l'enfant à la chapelle ;
> L'enfant prie, et regarde avec ses yeux si beaux,
> Gaie, et questionnant l'aïeul sur les tombeaux ;
> Et Fabrice a dans l'œil une humide étincelle.
> La main qui tremble aidant la marche qui chancelle,
> Ils vont sous les portails et le long des piliers
> Peuplés de séraphins mêlés aux chevaliers ;
> Chaque statue, émue à leur pas doux et sombre,
> Vibre, et toutes ont l'air de saluer dans l'ombre,
> Les héros le vieillard, et les anges l'enfant.

Qui ne connaît ce poème un peu diffus, mais si touchant de *Petit Paul,* auquel j'ai tout à l'heure emprunté quelques vers ? Sa mère étant morte en le mettant au monde et son père lui ayant donné une rude marâtre, Petit Paul est recueilli par son grand-père qui devient son doux compagnon de jeux. Le grand-père meurt, et, quand Petit Paul l'a accompagné au cimetière, les cris de la marâtre recommencent et Petit

Paul est témoin de caresses aussi douces que celles dont le grand-père l'accablait : cette fois les caresses s'adressent à un autre enfant.

> Et Paul se souvenait, avec la quantité
> De mémoire qu'auraient les agneaux et les roses,
> Qu'il s'était entendu dire les mêmes choses.
>
> Il prenait dans un coin, à terre, ses repas.
> Il était devenu muet, ne parlait pas,
> Ne pleurait plus. L'enfance est parfois sombre et forte.
>
> Souvent il regardait lugubrement la porte.
>
> Un soir on le chercha partout dans la maison ;
> On ne le trouva point ; c'était l'hiver, saison
> Qui nous hait, où la nuit est traître comme un piège ;
> Dehors des petits pas s'effaçaient dans la neige.
>
> On retrouva l'enfant le lendemain matin.
> On se souvint de cris perdus dans le lointain ;
> Quelqu'un même avait ri, croyant, dans les nuées,
> Entendre, à travers l'ombre où flottent des huées,
> On ne sait quelle voix du vent crier : Papa !
> Papa ! Tout le village, ému, s'en occupa,
> Et l'on chercha ; l'enfant était au cimetière.
> Calme comme la nuit, blême comme la pierre,
> Il était étendu devant l'entrée, et froid ;
> Comment avait-il pu jusqu'à ce triste endroit
> Venir, seul dans la plaine où pas un feu ne brille ?
> Une de ses deux mains tenait encor la grille ;
> On voyait qu'il avait essayé de l'ouvrir.
> Il sentait là quelqu'un pouvant le secourir ;
> Il avait appelé dans l'ombre solitaire,
> Longtemps ; puis il était tombé mort sur la terre,
> A quelques pas du vieux grand-père, son ami.
> N'ayant pu l'éveiller, il s'était endormi.

Un autre poème admirable, encore plus connu, contient les traits les plus profonds sur la famille, sur l'amour conjugal, l'amour maternel, le respect attendri de l'enfance. Guy de Maupassant le recommande par la bouche d'un de ses personnages : « Petite, assieds-toi là et prends ce recueil de vers ; cherche la page 336, où tu trouveras une pièce intitulée *les Pauvres gens*. Absorbe-la comme on boirait le meilleur des vins, tout doucement, mot à mot, et laisse-toi griser, laisse-toi attendrir. Écoute tout ce que te dira ton cœur. Puis ferme le bouquin, lève les yeux, pense et rêve... » Retenons à notre tour, mais en l'étendant à beaucoup d'autres poèmes, le conseil d'Olivier Bertin, et devant les beautés que je signale, devant celles que je pourrais signaler, nous rêverons d'un monde où régneraient la pitié et la bonté. Le rêve a sa force de création ; l'avenir, dans une certaine mesure, pourra être ce que nous voulons qu'il soit. Béni donc soit le poète qui nous sollicite à de pareils rêves !

V

La pitié, la bonté, telles sont, en effet, pour ne signaler que les plus caractéristiques, les vertus que Hugo nous demande d'apporter dans les relations sociales. Il y a ajouté sans cesse la justice, mais sans ignorer que la justice et la pitié entrent souvent en conflit. Lui-même a marqué fortement ce conflit dans *Quatre-vingt-treize*. Le chef vendéen Lantenac a inauguré dans la lutte contre les bleus un système d'atroce cruauté. Enfermé dans une vieille tour où se trouvent de tout petits enfants adoptés par un régiment républicain, il menace, si on l'attaque, de faire périr les enfants dans les flammes. Et en effet, attaqué, envahi, il met le feu à la tour, pendant qu'un hasard le sauve lui-même. Cependant la mère est arrivée près de la tour en flammes et la lueur du brasier lui montre ses enfants. Elle crie. Une pitié subite s'empare du vieux chef; il remonte dans la tour, en tire les enfants, et tombe au pouvoir de ses ennemis. Que doit faire le chef de la colonne expéditionnaire, Gauvain ? Lantenac a mérité la mort, Gauvain lui-même a solennellement annoncé qu'il la lui donnerait s'il l'avait en son pouvoir ; épargner le chef vendéen c'est perpétuer la guerre de Vendée ; — d'autre part, la pitié de Lantenac l'a rendu « vénérable », et comment admettre que ce qui le rend « vénérable » soit précisément ce qui le perd ? Gauvain résout ce cas de conscience d'une façon qu'on peut juger fâcheuse, mais qui a sa noblesse. Il fait évader Lantenac et, devant le conseil de guerre qui examine sa conduite, se juge lui-même digne de mort : c'est le triomphe de la justice après celui de la pitié. — Le conflit renaît, et cette fois dans l'âme de Cimourdain, délégué du Comité de salut public, l'ancien maître et, par l'affection, presque le père de Gauvain. Cimourdain fait condamner son élève et son fils, et, quand le couperet tranche la tête de Gauvain, Cimourdain se fait sauter la cervelle d'un coup de pistolet : c'est maintenant le triomphe de la pitié après celui de la justice.

Puisque nous parlons d'idées morales, qu'on me permette d'ouvrir une parenthèse pour dire un mot de ce suicide. Hugo l'approuve-t-il ? On pourrait le croire à voir l'usage qu'il a fait du suicide dans ses drames et dans ses romans. Laissons de côté les drames, auxquels le suicide fournit une mine à dénouements par trop tentante, et qui ont été écrits avant l'époque où Hugo a été vraiment préoccupé des questions morales. Mais il y a un suicide dans chacun des quatre grands romans qui ont suivi : Javert se tue dans *les Misérables*, Gilliatt dans *les Travailleurs de la mer*, Gwynplaine dans *l'Homme qui rit* et Cimourdain dans *Quatre-vingt-treize*. Encore une fois, qu'en pense Hugo? Pour avoir son opinion vraie, il faut bien comprendre ces personnages (Javert, esprit étroit ; Gwynplaine, cœur affolé, comme submergé par le malheur ; Gilliatt et Cimourdain, grandes âmes obscures), et surtout il faut voir ce que fait, dans sa plus grande détresse morale, le personnage préféré du poète, le vrai fils de sa conscience encore plus que de son génie, Jean Valjean : « C'était fini ; il était saisi par Javert et n'y résistait pas ; un autre que lui, en une telle situation, eût peut-être vaguement songé à cette corde que lui avait donnée Thénardier et aux barreaux du premier cachot où il entrerait ; mais, depuis l'évêque, il y avait dans Jean Valjean devant tout attentat, fût-ce contre lui-même, insistons-y, une profonde hésitation religieuse. — Le suicide, cette mystérieuse voie de fait sur l'inconnu, laquelle peut contenir dans une certaine mesure la mort de l'âme, c'était impossible à Jean Valjean[1]. »

Revenons à la pitié. Quels que soient ses conflits possibles avec la justice, Hugo ne peut se résoudre à séparer ces deux idées morales : le petit roi de Galice, sauvé par Roland, comprend ce que lui impose ce bienfait ; il compatira toujours *au malheur, c'est-à-dire* (ajoute-t-il) *à la justice*. Lisons d'ailleurs cette belle allégorie de l'*Art d'être grand-père*:

> Un jour, je vis passer une femme inconnue.
> Cette femme semblait descendre de la nue ;

---

[1] Cf. *les Chants du crépuscule*, XIII, *Il n'avait pas vingt ans...*, et *les Quatre vents de l'esprit*, III, 27, *Pati*.

> Elle avait sur le dos des ailes, et du miel
> Sur sa bouche entr'ouverte, et dans ses yeux le ciel.
> A des voyageurs las, à des errants sans nombre,
> Elle montrait du doigt une route dans l'ombre,
> Et semblait dire : On peut se tromper de chemin.
> Son regard faisait grâce à tout le genre humain ;
> Elle était radieuse et douce ; et, derrière elle,
> Des monstres attendris venaient, baisant son aile,
> Des lions graciés, des tigres repentants,
> Nemrod sauvé, Néron en pleurs ; et par instants
> A force d'être bonne elle paraissait folle.
> Et, tombant à genoux, sans dire une parole,
> Je l'adorai, croyant deviner qui c'était.
> Mais elle, — devant l'ange en vain l'homme se tait, —
> Vit ma pensée et dit : Faut-il qu'on t'avertisse ?
> Tu me crois la Pitié ; fils, je suis la Justice.

De plus en plus Hugo a fait à la pitié une large place dans sa poésie, et il a fini par écrire *la Pitié suprême*, où il demande la pitié pour la haine, la pitié pour le mal. Avant de donner naissance à tout un poème, cette idée avait déjà circulé dans l'œuvre du poète, et surtout il avait insisté sur la valeur purificatrice, sur la valeur rédemptrice de la pitié. Le roman de *Quatre-vingt-treize* est de 1874, mais le poème de *Sultan Mourad* est de 1859. Sultan Mourad était un odieux tyran dont il serait impossible de dénombrer les crimes. Un jour, comme il passait à pied dans une rue de Bagdad, un pourceau agonisait devant la porte d'un boucher ; il agonisait en plein soleil, et les rayons féroces de l'astre entraient comme un fer rouge dans ses plaies, pendant que les mouches et les moustiques promenaient leurs pattes dans son sang. Le sultan fut pris de pitié et poussa doucement dans l'ombre la bête, dont les yeux prirent une expression de reconnaissance. Mourad meurt et comparaît devant le Dieu vivant ; des milliers de victimes demandent son châtiment ; mais le pourceau secouru demande sa grâce ; et Dieu fait grâce, en effet :

> Un seul instant d'amour rouvre l'éden fermé ;
> Un pourceau secouru pèse un monde opprimé.

On peut et on doit juger dangereuse cette conclusion : Hugo, en l'adoptant, était sur la pente au bout de laquelle, tout à la fin de sa vie, il devait tomber dans la méconnaissance de la responsabilité humaine[1]. Mais que penser des railleries qui ont assailli la comparution du pourceau devant le souverain juge et des lecteurs qu'ont amusés ces vers sublimes :

> Soudain du plus profond des nuits, sur la nuée,
> Une bête difforme, affreuse, exténuée,
> Un être abject et sombre, un pourceau s'éleva,
> Ouvrant un œil sanglant qui cherchait Jéhovah ;
> La nuée apporta le porc dans la lumière,
> A l'endroit même où luit l'unique sanctuaire,
> Le Saint des Saints, jamais décru, jamais accru ;
> Et le porc murmura : — Grâce ! il m'a secouru.
> Le pourceau misérable et Dieu se regardèrent.

Nous sommes classiques plus que nous ne pensons, et nous portons nos dédains classiques même dans le sentiment religieux. Nommer un animal aussi vil qu'un pourceau nous semble grave ; mais que cet animal regarde Dieu et que Dieu le regarde, voilà qui est grotesque ! Pourquoi ? Si Dieu a pris la peine de créer le pourceau et s'il pèse avec justice et bonté toutes les actions des hommes, un pourceau secouru ne pèse pas un

---

1. Hugo a parfois commis la même faute antérieurement à ses derniers écrits, mais d'une façon tout exceptionnelle. Voy par exemple *les Misérables*, IIIe p, VII, 2, et cf. Renouvier, *Victor Hugo, le philosophe*, p. 178.

monde opprimé, mais le pourceau peut demander grâce à Dieu pour son bienfaiteur, et Dieu peut écouter la requête du pourceau.

Deux autres animaux, qui jouent un rôle dans *la Légende*, ont eu le don d'exciter chez certains critiques le rire ou la nausée — selon les tempéraments. Ce sont le crapaud et l'âne du poème qui porte pour titre *le Crapaud*. Un crapaud regarde le soleil couchant et paraît heureux. Un homme passe et lui met son talon sur la tête, une femme vient et lui crève l'œil du bout de son ombrelle, des enfants accourent et torturent le pauvre blessé.

> Tous les yeux poursuivaient le crapaud dans la vase ;
> C'était de la fureur et c'était de l'extase ;
> Un des enfants revint, apportant un pavé
> Pesant, mais pour le mal aisément soulevé,
> Et dit : — Nous allons voir comment cela va faire. —
> Or, en ce même instant, juste à ce point de terre,
> Le hasard amenait un chariot très lourd
> Traîné par un vieux âne éclopé, maigre et sourd ;
> Cet âne harassé, boiteux et lamentable,
> Après un jour de marche approchait de l'étable ;
> Il roulait la charrette et portait un panier ;
> Chaque pas qu'il faisait semblait l'avant-dernier ;
> Cette bête marchait, battue, exténuée ;
> Les coups l'enveloppaient ainsi qu'une nuée ;
> Il avait dans ses yeux voilés d'une vapeur
> Cette stupidité qui peut-être est stupeur ;
> Et l'ornière était creuse, et si pleine de boue
> Et d'un versant si dur, que chaque tour de roue
> Était comme un lugubre et rauque arrachement ;
> Et l'âne allait geignant et l'ânier blasphémant ;
> La route descendait et poussait la bourrique ;
> L'âne songeait, passif, sous le fouet, sous la trique,
> Dans une profondeur où l'homme ne va pas.
>
> Les enfants, entendant cette roue et ce pas,
> Se tournèrent bruyants et virent la charrette :
> — Ne mets pas le pavé sur le crapaud. Arrête !

> Crièrent-ils. Vois-tu, la voiture descend
> Et va passer dessus, c'est bien plus amusant.
>
> Tous regardaient.
>   Soudain, avançant dans l'ornière
> Où le monstre attendait sa torture dernière,
> L'âne vit le crapaud, et, triste, — hélas! penché
> Sur un plus triste, — lourd, rompu, morne, écorché,
> Il sembla le flairer avec sa tête basse ;
> Ce forçat, ce damné, ce patient fit grâce ;
> Il rassembla sa force éteinte, et, roidissant
> Sa chaîne et son licou sur ses muscles en sang,
> Résistant à l'ânier qui lui criait : Avance !
> Maîtrisant du fardeau l'affreuse connivence,
> Avec sa lassitude acceptant le combat,
> Tirant le chariot et soulevant le bât,
> Hagard il détourna la roue inexorable,
> Laissant derrière lui vivre ce misérable ;
> Puis, sous un coup de fouet, il reprit son chemin.
>
> Alors, lâchant la pierre échappée à sa main,
> Un des enfants — celui qui conte cette histoire —
> Sous la voûte infinie à la fois bleue et noire,
> Entendit une voix qui lui disait : Sois bon !

Notez qu'il s'agit ici de bonté et non plus proprement de pitié ; notez qu'il n'y a plus ici de théorie dangereuse pour la justice. Aussi, malgré la répugnance que cet âne et ce crapaud meurtri causaient à des goûts littéraires trop délicats, se serait-on laissé aller à l'admiration que méritaient de tels vers, si Hugo n'avait pas ajouté, dans une sorte d'hymne à la bonté :

> Le baudet qui, rentrant le soir, surchargé, las,
> Mourant, sentant saigner ses pauvres sabots plats,
> Fait quelques pas de plus, s'écarte et se dérange
> Pour ne pas écraser un crapaud dans la fange,
> Cet âne abject, souillé, meurtri sous le bâton,
> Est plus saint que Socrate et plus grand que Platon.

Je confesse que le rapprochement est inattendu. Mais,

s'il a fait sourire, c'est surtout parce que nous sommes trop disposés à faire passer les qualités intellectuelles avant les qualités morales. Comment comparer un trait de bonté à un chef-d'œuvre de l'art et un âne à Platon ? Pascal avait raison cependant. Pascal disait que la charité est à une distance infiniment plus infinie des esprits que les esprits des corps. Il entendait charité au sens théologique; mais la pensée reste vraie quand on entend par là l'amour et la bonté.

VI

Avons-nous eu tort de penser que les idées morales de Hugo poète épique tenaient à un vigoureux optimisme, et à un optimisme fécond? On a nié que l'optimisme fût fécond, et l'on a eu raison si on a voulu parler d'un optimisme égoïste et béat. On a dit que le pessimisme l'était, et l'on a eu raison si on a visé le pessimisme de grands esprits capables d'aimer « la majesté des souffrances humaines » et d'oublier leur propre misère pour adoucir celle d'autrui. Mais ce pessimisme-là n'est que l'apanage du petit nombre, il se dénaturerait et se transformerait en lassitude morne s'il entrait dans l'âme d'un peuple. Le peuple a besoin de croire et d'espérer pour agir, et l'optimisme de Hugo est pour lui un cordial autrement puissant que le nihilisme artistique d'un Leconte de Lisle ou le désespoir hautain d'un Vigny. A ce titre, et l'épopée devant tendre à la fois à réfléchir et à élever l'âme d'un peuple, quel est, des trois poètes, celui qui mérite le mieux le nom de poète épique?

CHAPITRE VI

L'homme, l'animal, la nature, le mystère.

I

Si l'œuvre épique de Victor Hugo avait pris la forme traditionnelle d'un poème en douze (ou en vingt-quatre) chants, où est exposée une action suivie, — après avoir étudié la façon dont le poète rend et comprend l'histoire, après avoir résumé sa philosophie, après avoir analysé les idées morales qui sont l'âme de l'œuvre, j'aurais maintenant à faire connaître les personnages qui y jouent un rôle, leur physionomie, leur caractère et les traits essentiels qui les distinguent les uns des autres. Mais, dans *la Légende des siècles*, il n'y a pas d'Achille et d'Hector, de Pénelope et d'Ulysse, de Ganelon et de Roland longuement exposés à nos regards et à notre attention : il n'y a qu'un héros, *l'homme*, lequel, subissant des incarnations successives à la façon d'un Vichnou ou d'un Bouddha, mais des incarnations infiniment plus nombreuses et fréquentes que celles de Bouddha ou de Vichnou, paraît à nos yeux sous des traits et des noms différents dans les différents morceaux, en apparence indépendants, qui composent cette épopée d'un nouveau genre. Étudier un à un les personnages de ces petits poèmes serait une tâche singulièrement longue et fastidieuse : quelques remarques suffiront.

L'épopée ne comporte pas les études psychologiques fines, subtiles, complexes, qui font le charme de la tragédie, quand elle est l'œuvre d'Euripide ou de Racine, ou du roman, quand il est signé Mme de Lafayette, Lesage, Balzac, Daudet, George Eliot. Même dans les poèmes homériques, où le souple génie grec a tant de finesse et de maturité, les principaux personnages : un Agamemnon, un Achille, une Hécube, ont moins de complexité et sont moins riches en traits individuels qu'ils ne le deviendront dans les tragédies postérieures ; quant aux personnages secondaires, leur caractère pourrait souvent être résumé en une phrase, il se résume parfois dans l'épithète dont le nom du héros est escorté. Ce qui est exceptionnel dans Homère devient fréquent dans un bon nombre d'épopées populaires. Et si l'on considère, d'une part que le principal défaut de Hugo dramaturge a été de ne pas créer des personnages suffisamment vrais et vivants, d'autre part que la brièveté de ses fragments épiques lui rendait l'analyse psychologique beaucoup plus difficile dans l'épopée que dans le drame, on se doutera bien que les personnages dont Hugo nous conte les actions auront souvent la raideur des chevaliers de nos anciennes épopées françaises (je mets à part *la Chanson de Roland*) et témoigneront chez le poète d'une tendance excessive à la généralisation. Il est certain que les personnages de *la Légende* se divisent trop nettement en brebis et en boucs ou, pour laisser de côté les métaphores, en bons et en méchants ; que les bons sont trop uniformément candides et les méchants trop uniformément noirs. Il est certain qu'on éprouve trop rarement, en regardant les figures tracées par Hugo, l'impression qu'on a devant soi la vie, habilement saisie et naïvement rendue.

Maintenant, n'a-t-on pas trop insisté sur ce défaut ? Ne l'a-t-on pas exagéré ? N'a-t-on pas, en posant une règle en somme exacte, trop négligé les exceptions[1] ? Qu'on lise *le Cimetière d'Eylau*, par exemple, et l'on verra combien, dans ce merveilleux récit de combat, capitaine, lieutenant, sergent, soldats, peints d'un mot, sont vrais et vivants et se distinguent lumineusement les uns des autres. Qu'on parcoure aussi la galerie des tyrans de Hugo : on verra qu'ils sont tous sombres et sinistres, mais pourra-t-on dire qu'ils sont des répliques de la même médaille, qu'ils sont tous le même tyran, le même monstre ? Zim-Zizimi s'ennuie et cherche en vain dans la cruauté une sensation nouvelle. Le sultan Mourad est un violent que les résistances exaspèrent : un de ses tributaires, un boyard, a refusé le tribut et fait planter aux bords d'une route sur trente pals les trente membres de l'ambassade turque. Mourad accourt, bat le boyard, lui fait vingt mille prisonniers et les fait maçonner dans un large mur qu'il surmonte de cette inscription « : Mourad, tailleur de pierre, à Vlad, tailleur de pieux. » Ratbert est avant tout un avare et un fourbe ; quiconque est riche est destiné à être sa victime, mais Ratbert ne l'attaquera pas ouvertement. Fabrice a confiance en lui et le reçoit dans son château :

---

1. Reproduisons une importante remarque de M. Renouvier (*Victor Hugo, le philosophe*, p. 116) : « L'analyse psychologique des impressions et des sentiments des personnages de roman, dans *les Misérables*, dans *les Travailleurs de la mer*, dans *l'Homme qui rit*, est toujours vraie et pénétrante, quelque extraordinaires ou fantastiques que soient les circonstances où les place le narrateur ».

il pourra donc mourir par la hache ; mais Onfroy se défie et lui ferme les portes de sa ville : il mourra par le poison. Sigismond et Ladislas sont à la fois des ambitieux et des débauchés : ils tuent la marquise Mahaud parce qu'ils l'aiment et que cet amour risque de transformer deux complices en rivaux et en ennemis.

Il arrive même qu'une seule pièce contienne des figures de tyrans très soigneusement nuancées et rendues nettement distinctes. Les infants d'Asturie, qui viennent d'enlever leur neveu le petit roi de Galice et qui vont sans doute le tuer quand ils en sont empêchés par l'intervention de Roland, sont au nombre de dix. Les peindre tous avec le même soin eût été une maladresse, puisque notre attention se fût éparpillée. Mais il en est quatre dont la physionomie ressort avec un fort relief : Materno l'hyène, ou le féroce, digne de ses surnoms ; — Rostabat le géant, énorme bête brute qui ne sait dire un mot ni au cours de la discussion au sujet du petit roi ni dans les pourparlers avec Roland, mais qui, la bataille engagée, fond sur le chevalier avec le bruit d'un mur qui s'écroule ; — don Santos Pacheco, qui a gardé dans le crime une bonhomie bavarde, railleuse et crâne, dédaignant de pousser la cruauté plus loin qu'il n'est nécessaire, s'amusant à l'idée que son neveu, de roi devenu aspirant moine, servira la messe avec une sonnette à la main, au lieu de tenir une lance et de monter à cheval, contant à Roland toute la machination tramée contre l'enfant pour le plaisir de scandaliser cet intrus avant de le pendre, et enfin montrant une bravoure provocante quand l'intrus, au lieu de se laisser pendre, se montre prêt à exterminer tous ses adversaires. — Quelle différence entre Pacheco et don Ruy le subtil ! Celui-ci parle le moins possible, et presque uniquement pour réparer les imprudences de son frère ; lui-même est aussi prudent que cruel. Quand on propose de laisser vivre le petit roi, lui objecte qu'on peut revenir, même d'un couvent, et que la mort seule ne rend pas ceux qu'on lui confie ; quand on songe à jeter le petit roi dans un puits, lui a déjà étudié le puits et remarqué qu'il n'est pas assez profond ; quand on irrite maladroitement Roland, lui cherche à l'amadouer et propose au chevalier un bon petit traité en forme, qui sera avantageux pour tous ; quand ses frères et ses soldats se font tuer, lui disparaît, on ne sait par où ni comment. Et voilà des traits, qui, sans constituer une étude profonde, suffisent à donner un air de vérité à des poèmes assez courts.

Si maintenant nous cherchons quels genres de figures Hugo aime à peindre, nous constatons vite, avec Baudelaire, qu'il a une égale prédilection pour les forts et pour les faibles : la moyenne de l'humanité l'intéresse moins. Homère nous peint volontiers ses héros très grands et très forts, soulevant aisément des rochers que plusieurs hommes ordinaires auraient peine à mouvoir. Les auteurs de *la Chanson de Roland* font donner par leurs chevaliers : Roland, Turpin, Olivier, Roland surtout, des coups extraordinaires qui fendent à la fois homme et cheval, couverts pourtant de solides armures. C'est ainsi que la naïveté des peuples jeunes et de leurs poètes se représentait, un peu grossièrement, l'idéal. Très épique aussi en cela, Hugo, qui a peint magnifiquement les titans de la mythologie grecque, peint volontiers des guerriers et des chevaliers qui ressemblent à des titans ; des tyrans devant lesquels tout s'incline et tremble ; des justiciers invincibles qui, seuls, font reculer une nuée d'assaillants ; des révoltés sublimes, comme Welf, ou Masferrer, devant lesquels échouent toute la force et toute la ruse des rois. Et en face de ces figures gigantesques Hugo peint avec amour les faibles et les victimes : en face des tyrans le peuple, en face de Sigismond et de Ladislas Mahaud, en face de lord Tiphaine l'enfant Angus.

Le grand-père d'Angus, en mourant, lui a ordonné, pour venger une vieille querelle de famille, de provoquer, quand il aurait seize ans, le cruel, le sinistre, le redoutable lord Tiphaine. Le moment est venu ; les combattants arrivent dans le champ clos. Comme Hugo s'intéresse à cet enfant, comme il le plaint, comme il nous force à le plaindre !

Fanfares, c'est Angus.
Un cheval d'un blanc rose
Porte un garçon doré, vermeil, sonnant du cor,
Qui semble presque femme et qu'on sent vierge encor
Doux être confiant comme une fleur précoce.
Il a la jambe nue à la mode d'Écosse ;
Plus habillé de soie et de lin que d'acier,
Il vient gaîment, suivi d'un bouffon grimacier ;
Il regarde, il écoute, il rayonne, il ignore ;
Et l'on croit voir l'entrée aimable de l'aurore.
On sent que, dans ce monde étrange où nous passons,
Ce nouveau venu plein de joie et de chansons,
Tel que l'oiseau qui sort de l'œuf et se délivre,
A le mystérieux contentement de vivre...

Être de même taille et de même équipage,
Combattre homme contre homme ou page contre page,
S'adosser à la tombe en face d'un égal,
Être Ajax contre Mars, Fergus contre Fingal,
C'est bien, et cela plaît à la romance épique ;
Mais là le brin de paille, et là la lourde pique.
Ici le vaste Hercule, ici le doux Hylas !
Polyphème devant Acis, c'est triste, hélas !
Le péril de l'enfant fait songer à la mère ;
Tous les Astyanax attendrissent Homère,

> Et la lyre héroïque hésite à publier
> Les combats du chevreuil contre le sanglier.
> L'huissier fit le signal. Allez !

Tiphaine, après avoir laissé Angus s'escrimer et se fatiguer en vain, se décide à frapper enfin son adversaire harassé ; il pousse un si effroyable rugissement qu'Angus, perdant la tête, s'enfuit.

> Tremblant, piquant des deux, du côté qui descend,
> Devant lui, n'importe où, dans la profondeur fauve,
> Les bras au ciel, l'enfant épouvanté se sauve.
> Son cheval l'aime et fait de son mieux. La forêt
> L'accepte et l'enveloppe, et l'enfant disparait.
> Tous se sont écartés pour lui livrer passage...
>
> Le bois, calme et désert sous le bleu firmament,
> Remuait mollement ses branchages superbes ;
> Les nids chantaient, les eaux murmuraient dans les herbes ;
> On voyait tout briller, tout aimer, tout fleurir.
> Grâce ! criait l'enfant, je ne veux pas mourir !

Peut-on s'empêcher de se rappeler ce que Fénelon dit d'Homère : « Homère ne peint point un jeune homme qui va périr dans les combats, sans lui donner des grâces touchantes : il le représente plein de courage et de vertu ; il vous intéresse pour lui, il vous le fait aimer, il vous engage à craindre pour sa vie... C'est une espèce de trahison : le poète ne vous attendrit avec tant de grâce et de douceur, que pour vous mener au moment fatal où vous voyez tout à coup celui que vous aimez, qui nage dans son sang, et dont les yeux sont fermés par l'éternelle nuit. »

D'où vient le goût de Hugo pour ces deux extrêmes : l'énormité et la petitesse, la faiblesse et la force ? De son habitude d'opposer le bien et le mal, le mal ayant souvent pour lui la force, et la faiblesse se confondant souvent avec l'innocence? Oui, en partie. — De son amour bien connu de l'antithèse? en partie encore. Mais il y a une raison plus profonde. Physiquement et intellectuellement, Hugo, avec sa vigueur de taureau, sa santé inébranlable, son infatigable activité d'esprit, Hugo était une sorte de géant. Il a eu pour tout ce qui était fort une sympathie qu'on peut dire fraternelle. Mais pour tout ce qui était faible, c'est un sentiment presque paternel qu'il a éprouvé, une commisération désintéressée et douce, et comme un besoin de protection et de patronage. Ces deux affections si différentes et qui se concilient si bien, il les a éprouvées pour tout ce qu'il a trouvé de fort et de faible, non seulement dans l'humanité, mais dans la nature : pour le lion et l'aigle, pour la mer et les montagnes, comme pour les guerriers et les justiciers surhumains ; pour l'âne et le crapaud, pour la fleur qu'on coupe et l'ortie qu'on hait, aussi bien que pour les femmes et les enfants. Et cette sorte de projection, à la fois inconsciente et tyrannique de la personnalité du poète dans la nature est un trait de plus qui rapproche Hugo des poètes épiques primitifs.

Pour en revenir à l'humanité, si Hugo néglige le plus souvent les êtres médiocres, qui sont le plus grand nombre, il aime d'un ardent amour d'artiste ceux qui réunissent en eux la faiblesse et la force : les nobles vieillards, qui ont perdu leur vigueur, mais à mesure que croissait leur majesté.

> Les femmes regardaient Booz plus qu'un jeune homme,
> Car le jeune homme est beau, mais le vieillard est grand.
>
> Le vieillard, qui revient vers la source première,
> Entre aux jours éternels et sort des jours changeants,
> Et l'on voit de la flamme aux yeux des jeunes gens,
> Mais dans l'œil du vieillard on voit de la lumière.

Le marquis Fabrice est un beau spécimen de cette vieillesse vénérable. Sans doute, Hugo lui a attribué une crédulité excessive aux promesses du bandit couronné Ratbert ; il a mis dans sa bouche quelques paroles d'une tendresse faussement naïve et quelques accents déclamatoires, qui rappellent fâcheusement le Triboulet et le Saint-Vallier du *Roi s'amuse* ; mais, ces réserves faites, c'est une touchante et noble figure que celle de ce vieux héros, ne vivant plus que pour sa petite fille, et se laissant abuser par Ratbert, parce que Ratbert a feint d'être aimable pour Isora.

> Tout à l'ajustement de son ange de reine,
> Il habillait l'enfant, et, tandis qu'à genoux
> Les servantes chaussaient ces pieds charmants et doux
> Et, les parfumant d'ambre, en lavaient la poussière,
> Il nouait gauchement la petite brassière,
> Ayant plus d'habitude aux chemises d'acier...
>
> Tout est derrière lui maintenant ; tout a fui ;
> L'ombre d'un siècle entier devant ses pas s'allonge ;
> Il semble des yeux suivre on ne sait quel grand songe
> Parfois, il marche et va sans entendre et sans voir.
> Vieillir, sombre déclin ! l'homme est triste le soir ;
> Il sent l'accablement de l'œuvre finissante.
> On dirait par instants que son âme s'absente,
> Et va savoir là-haut s'il est temps de partir.
>
> Il n'a pas un remords et pas un repentir ;
> Après quatre-vingts ans son âme est toute blanche.

Sur ce que Hugo pense de l'humanité en général, de l'*homme*, nous avons déjà donné bien des indications en parlant de la philosophie de l'histoire, de la métaphysique, des idées morales du poète. Il nous suffira maintenant de deux autres indications, plus précises. Pascal a défini l'homme un roseau pensant ; le poète traduit cette définition dans le style concret et saisissant qui

L'HOMME, L'ANIMAL, LA NATURE, LE MYSTÈRE 159

lui est propre. Le dernier degré de la petitesse est l'atome; l'indice de l'intelligence est la largeur du front (et il n'est pas défendu à ce propos de se rappeler que Hugo avait un front énorme) : « Atome au large front », voilà donc comment l'homme est défini dans le poème de *Plein ciel*. Et voici maintenant ce que le Satyre, aux premiers temps du monde, dit de la nature de l'homme, de sa faiblesse et de son avenir :

> L'homme ébauché ne sort qu'à demi du chaos,
> Et jusqu'à la ceinture il plonge dans la brute ;
> Tout le trahit; parfois, il renonce à la lutte.
> Où donc est l'espérance? Elle a lâchement fui.
> Toutes les surdités s'entendent contre lui ;
> Le sol l'alourdit, l'air l'enfièvre, l'eau l'isole;
> Autour de lui la mer sinistre se désole...
> Ainsi la chose vient mordre aussi l'homme, et prend
> Assez d'âme pour être une force, complice
> De son impénétrable et nocturne supplice;
> Et la matière, hélas! devient fatalité.
> Pourtant qu'on prenne garde à ce déshérité!
> Dans l'ombre, une heure est là qui s'approche et frissonne,
> Qui sera la terrible et qui sera la bonne,
> Qui viendra te sauver, homme, car tu l'attends,
> Et changer la figure implacable du temps!
> Qui connaît le destin? qui sonda le peut-être?
> Oui, l'heure énorme vient, qui fera tout renaître,
> Vaincra tout, changera le granit en aimant,
> Fera pencher l'épaule au morne escarpement,
> Et rendra l'impossible aux hommes praticable.
> Avec ce qui l'opprime, avec ce qui l'accable,
> Le genre humain se va forger son point d'appui;
> Je regarde le gland qu'on appelle aujourd'hui,
> J'y vois le chêne; un feu vit sous la cendre éteinte.
> Misérable homme, fait pour la révolte sainte,
> Ramperas-tu toujours parce que tu rampas?

Ainsi, par son intelligence, l'homme est destiné à s'élever de plus en plus au-dessus de la matière et de l'animalité ; mais sa nature l'attache à la matière « et jusqu'à la ceinture il plonge dans la brute » : quoi d'étonnant dès lors si *la Légende des siècles* a fait, à côté de l'humanité, une large place à l'animalité et à la nature matérielle ?

II

La poésie classique du XVIIe siècle, s'étant donné pour objet essentiel la peinture de notre nature morale, n'admettait que bien rarement dans ses vers les objets extérieurs, les plantes, les animaux mêmes. La Fontaine est une exception qui confirme la règle, puisque Boileau n'a cru devoir nommer dans son *Art poétique* ni la fable ni le fabuliste. Et quand on ornait les vers de comparaisons empruntées à ces objets, à ces plantes, à ces animaux, on exigeait qu'ils fussent *nobles*, c'est-à-dire qu'une convention tacite les eût distingués de leurs congénères et leur eût conféré un droit tout spécial de frayer ainsi avec les muses. Il n'y avait aucun inconvénient, par exemple, à comparer Louis XIV à un lion; mais, Homère ayant quelque part comparé Ajax à un âne, Boileau est fort embarrassé devant cette extraordinaire incongruité, et son trouble ne s'apaise que lorsqu'il a fait cette remarquable découverte : l'âne, qui n'est pas un animal noble chez nous, était un animal noble chez les Grecs. Tout a bien changé au XIXe siècle, et nos poètes ont été moins timorés. Mais le plus hardi de tous a été Victor Hugo, car il n'avait pas, pour aller à l'encontre des traditions classiques, ce seul motif que son goût était plus large et, dans certains cas, moins sûr : il était surtout poussé par la conviction qu'entre l'homme et la nature existent des liens mystérieux et puissants, qu'il ne saurait appartenir au poète de rompre, — au poète moins qu'à tout autre.

Et d'abord, quand même il y aurait entre les objets ou les êtres de la nature et nous une différence intime essentielle, ne suffirait-il pas pour nous attacher à eux des analogies frappantes que ne peut manquer de remarquer un esprit réfléchi? La lumière ne nous charme-t-elle pas comme le bien, et les ténèbres ne nous répugnent-elles pas comme le mal? Les vagues ne sont-elles pas agitées dans la mer comme les passions dans notre âme? Nos pensées vagabondes ne sont-elles pas comme les oiseaux du ciel? Quand ces pensées sont toujours occupées des nécessités corporelles, santé, nourriture, ne rampent-elles pas à la manière des reptiles? Assujettir notre colère, n'est-ce pas dompter des lions? et réprimer les haines et les jalousies, n'est-ce pas dominer des animaux venimeux? Ces assimilations sont empruntées à l'auteur des *Élévations sur les Mystères*; et quand un Bossuet use ainsi hardiment de l'analogie, comment un V. Hugo ne verrait-il pas dans la nature entière un système de symboles ou d'hiéroglyphes? Tout ce que l'homme trouve en lui-même, il le trouve aussi hors de lui, d'après le poète, à l'état d'être ou d'objet distinct. La grandeur d'âme c'est le lion, et voilà pourquoi le lion de *l'Art d'être grand-père*, portant un petit enfant dans sa gueule, rend à un autre petit enfant cette proie qu'il a défendue contre une armée. L'aigle c'est la sublimité, et voilà pourquoi l'aigle, aux pieds de Jupiter, est le seul habitant de l'Olympe qui ne rie pas à l'entrée du satyre. La bonté, c'est l'âne; la cruauté, c'est le tigre; l'inquiétude, c'est le vent.

Mais ce n'est pas uniquement en un sens symbolique

que V. Hugo voit dans la nature entière une vie semblable à la nôtre. « Tout est plein d'âmes », a-t-il dit ; et même dans le poème *Dieu*, reprenant les théories de la *Bouche d'ombre*, l'ange du rationalisme a déclaré nettement à l'homme qu'il n'avait aucun droit à se regarder comme un être à part dans la nature. Faire le bien et faire le mal, ce n'est pas seulement mériter et démériter au sens moral, c'est s'alléger et s'alourdir, c'est monter et choir aux sens propres de ces mots, et, par suite, c'est, par la métempsychose et pour l'expiation, subir des transformations successives en nombre indéfini. Tel tyran est vraiment, après sa mort, devenu un tigre et pourra devenir un écueil funeste aux vaisseaux. Que l'on s'étonne ensuite si l'écueil, comme le tigre, a une physionomie sinistre ! si les choses, aussi bien que les animaux, agissent à certains moments à la façon des hommes : l'aigle du casque, la statue de don Alonze, le cheval de Roland !

Victor Hugo croyait-il lui-même à son pythagorisme, à sa métempsychose ? Il le semble bien, à lire ses œuvres ; il le semblait aussi, à entendre parler le poète, — et nous avons sur ce point le témoignage de M. Stapfer. Mais il y croyait de cette foi de *songeur* que j'ai essayé de caractériser dans un chapitre précédent, foi profonde, mais intermittente et qui s'accommodait de toutes les contradictions. Et il semble bien qu'ici les contradictions soient flagrantes. Si l'âne incarne la bonté, l'âne est supérieur à l'homme, et ce devrait être une ascension dans l'échelle des êtres que de passer de l'état d'homme à l'état d'âne ; or, l'homme est grand par la liberté, et l'animal, d'après Hugo, n'est pas libre ; il faut donc bien que l'âne soit inférieur à l'homme. De plus, la métempsychose a pour raison d'être et pour but l'expiation : mais comment le tyran, devenu tigre, méritera-t-il de descendre jusqu'au rocher ou de remonter jusqu'à l'homme, s'il n'est plus libre? Et enfin, si l'animal est inférieur à l'homme, si l'animal expie, pourquoi est-ce à lui que Dieu se montrera de préférence, alors qu'il restera invisible au philosophe (voir le petit poème consacré à Balaam)?

Ici, il est vrai, Hugo a trouvé une explication singulièrement ingénieuse et profonde. Précisément parce que l'homme est libre, il doit ignorer certains secrets ; l'animal, au contraire, agissant en vertu d'un rigoureux déterminisme, ne pouvant *vouloir* aller vers le bien, ne pouvant *vouloir* aller vers Dieu, peut voir le bien et Dieu sans inconvénient, et le voir est pour l'âme punie le châtiment suprême : *Virtutem videant intabescantque relicta.*

Arrêtons-nous, car les objections surgiraient de nouveau, et l'on me dirait que le pourceau implorant la grâce du sultan Mourad, ou l'âne faisant un effort douloureux pour ne pas écraser le crapaud avaient bien l'air d'être libres. Si l'âne n'était pas libre, pourquoi Hugo entonnait-il un dithyrambe en son honneur et le mettait-il au-dessus de Socrate et de Platon?

Concluons tout simplement qu'en vrai poète, en poète qui a en lui le sens de la vie universelle comme on l'avait dans la jeunesse des peuples, en poète épique en un mot, Hugo n'a pas voulu admettre qu'il y eût comme un abîme entre la nature et nous ; il l'a rapprochée de nous par le sentiment et par l'identité de substance [1] ; puis, frappé par les diffé-

---

[1]. Il est même arrivé à Hugo (dans *les Misérables*, dans *l'Homme qui rit*, ailleurs encore) d'accorder nettement aux choses inanimées une dose plus ou moins grande de liberté et, par suite, de responsabilité.

rences que cette identité laissait subsister et faisait même paraître plus éclatantes, il a imaginé plusieurs hypothèses pour résoudre cet embarrassant problème. Or, ces hypothèses n'importent guère, et l'essentiel est que nous comprenions quel usage pourra faire le poète du merveilleux, des personnifications, du symbolisme qui sont impliqués dans ces abstruses et peu cohérentes conceptions. — Symbolisme, personnifications, merveilleux seront étudiés par nous plus tard, car leur étude se tient et l'étude du symbolisme ne peut elle-même être séparée de l'étude des images et des comparaisons de Hugo, par conséquent des moyens artistiques qu'il a employés à la réalisation de son œuvre épique. Il nous suffira maintenant de dire en quelques mots comment Hugo a compris la peinture de cette nature, que nous, pauvres esprits prosaïques, nous appelons la nature inanimée.

III

On sait quel a été le génie de Hugo comme peintre. Il en a abusé souvent, et certains poèmes, comme *Masferrer*, sont remplis de descriptions sans fin ; mais souvent aussi Hugo se contient et, s'il multiplie les descriptions, il ne leur donne qu'un développement raisonnable et proportionné à leur importance. Il se contente de parler des nuages en ces termes aussi sobres que justes :

> Selon le plus ou moins de paresse du vent,
> Les nuages tardifs s'en vont comme en rêvant,
> Ou prennent le galop ainsi que des cavales ;

et il réduit une description du milieu du jour en Orient à cette impression rapide et forte :

> A l'heure où les maisons, les arbres et les blés
> Jettent sur les chemins de soleil accablés
> Leur frange d'ombre au bord d'un tapis de lumière.

Les objets des descriptions sont des plus variés, et tous les spectacles de la nature sont reproduits dans *la Légende des siècles*. Hugo a toutes les couleurs et toutes les nuances à sa palette, et, s'il reproduit à merveille les paysages nets et précis, il excelle aussi dans les clairs obscurs : par exemple, il sait fort bien rendre la clarté indécise d'une aube de janvier dans les montagnes :

> Une blême blancheur baigne les Pyrénées ;
> Le louche point du jour de la morne saison,
> Par places, dans le large et confus horizon,
> Brille, aiguise un clocher, ébauche un monticule ;
> Et la plaine est obscure, et dans le crépuscule
> L'Egba, l'Arga, le Cil, tous ces cours d'eau rampants,
> Font des fourmillements d'éclairs et de serpents.

Ce que le poète peint le plus volontiers pourtant, ce sont les spectacles éclatants et grandioses ; ce sont ces trois majestés : le ciel infini, la montagne et l'océan. Voyez, par exemple, pour le ciel, l'éblouissement du Satyre devant l'azur, ou l'engloutissement de l'aéroscaphe de *Plein ciel* dans l'espace vertigineux, au delà de « l'essaim prodigieux des Pléiades », au delà de « la fourmilière des soleils », la voie lactée. Voyez, pour la montagne, les éblouissantes images du *Régiment du baron Madruce*, ou celle-ci que j'emprunte à une pièce de *Toute la lyre* :

> Un jour, à l'heure où, dans les ombres,
> L'aube n'a pas atteint le front des Alpes sombres,

> Il partit. Le mont Blanc, éclairé seul encor,
> Comme un roi diligent, lorsque son camp sommeille,
> Avant tous ses guerriers tout armé se réveille,
> Sur les monts obscurcis levait son casque d'or.

Et que dire de l'océan, sinon qu'il a été depuis l'exil l'un des grands inspirateurs de Hugo ? Quelle que soit la valeur du groupe destiné au Panthéon par le sculpteur M. Rodin, ç'a été une idée heureuse, pour représenter le poète, de le montrer écoutant les voix de l'Océan, la voix tendre et rêveuse aussi bien que la voix irritée, égarée. Quels merveilleux vers en cent endroits, notamment dans *les Pauvres gens* :

> Ciel ! être en proie aux flots, c'est être en proie aux bêtes !

Quelles peintures, — trop longues, trop encombrées d'érudition bizarre, — mais fortes, mais vivantes, mais puissantes, dans les romans, et notamment dans *l'Homme qui rit* : « Les navires sont des mouches dans la toile d'araignée de la mer... — Une lame de travers, colossale, vint, et s'abattit sur l'arrière. Il y a toujours dans les tempêtes une sorte de vague tigre, flot féroce et définitif, qui arrive à point nommé, rampe quelque temps comme à plat ventre sur la mer, puis bondit, rugit, grince, fond sur le navire en détresse, et le démembre » !

Mais tenons-nous-en à *la Légende* : comment Hugo fait-il intervenir la nature dans les drames humains qu'il nous expose ?

La nature est pour une bonne part dans la formation même des personnages de ces drames. Les lions qui épargnent Daniel ont des sentiments et un langage différents selon qu'ils ont vécu dans le désert, dans la forêt, dans la montagne ou sur les plages de la mer : le milieu où habitent les hommes influe aussi puissamment sur leur caractère, et Hugo a montré, chemin faisant, combien les paysans, surtout au bord des flots, sont accessibles aux terreurs des légendes, combien la montagne est chère à ses fils et leur inspire une humeur indépendante, combien les périls quotidiens rendent naturels aux pêcheurs les dévouements héroïques et leur font un besoin de ces joies du foyer qu'ils sont sans cesse exposés à perdre. Mais c'est surtout dans la suite de l'histoire que l'influence du sol et du climat sur les caractères des peuples et des civilisations est importante à noter. Sans se l'être proposé expressément, Hugo a, par endroits, donné des modèles de cette géographie historique qui avait inspiré à Michelet son beau *Tableau de la France*. L'Asie « monstrueuse et fauve » de Xerxès, avec les pays étranges et si divers qui la composent, s'oppose fortement à la lumineuse Grèce, « terre où l'idéal se confond dans le réel », et nous comprenons aisément la lutte des deux races qui les habitaient. A l'autre extrémité de l'histoire, on voit que « les halliers » et « les loups » de la Vendée ont causé la chouannerie, aussi bien que les prêtres ou la royauté. Mais ce que Hugo a le plus puissamment fait ressortir, c'est le rôle historique de la montagne. La montagne, « où chaque pan de roche est une sentinelle » ; la montagne, noir complice des hommes de nuit, a été un des grands facteurs de la féodalité, dans ce qu'elle a eu de plus oppressif et de plus odieux. La plaine était « ouvrière, et partant économe » ; quand elle avait assez amassé de richesses, la montagne «jetait sur la plaine ses rois », qui tuaient, brûlaient, pillaient surtout, puis « rentraient dans leurs monts comme une flotte au havre ». La montagne a fait aussi les mercenaires, en permettant aux Suisses de mettre au service des tyrans étrangers tout ce que leur avaient donné les monts sublimes :

> La fermeté du pied dans les cols périlleux,
> Le mystérieux sang des mères aux yeux bleus,
> L'audace dont l'autan vous emplit les narines,
> Le divin gonflement de l'air dans les poitrines.

Mais la montagne devait aussi compenser ses méfaits par des services rendus à la liberté, et elle n'y a pas manqué :

> Le mot Liberté semble une voix naturelle
> De ses pics sous l'azur, de ses lacs sous la grêle.

De tout temps, elle a abrité des hommes hardis, qui « ont fait leur devoir d'être libres » et ont su défendre les sommets et les bois contre tous les oppresseurs ; aux époques les plus critiques, elle a suscité des Stauffacher ou des Guillaume Tell, et c'est elle qui a fait de la Suisse contemporaine le modèle et l'exemple des peuples libres. N'est-ce pas elle aussi qui a produit et les vainqueurs de Roncevaux, et Pélage, et les soldats fidèles du Cid, « forte race d'hommes pleins de l'âpreté du lieu », qui, loin des villes corrompues, « vivaient avec les chênes de Dieu », leurs frères ? Même au pied des Pyrénées, la plaine est farouche encore, et les hommes y ont une mystérieuse ressemblance avec leur pays :

> Rien n'arrête le souffle immense dans les plaines :
> La liberté du vent leur passe dans le cœur...
> L'homme y féconde un sol plus âpre que la roche,
> Et de cette misère extrait de la fierté.

Là où, dans la poésie de Hugo, la nature se contente

de servir de décor aux drames épiques, il arrive qu'elle leur fournit un décor admirablement approprié :

> L'aube sur les grands monts se leva frémissante
> Le six janvier de l'an du Christ six cent soixante,
> Comme si dans les cieux cette clarté savait
> Pourquoi l'homme de fer et d'acier se revêt
> Et quelle ombre il prépare aux livides journées.

Ainsi débute le poème le Jour des rois ; et quand le carnage a fait son œuvre,

> Le couchant empourpra le mont Tibidabo ;
> Le soir vint ; tirant l'âne obstiné qui recule,
> Le soldat se remit en route au crépuscule,
> Heure trouble assortie au cri du chat-huant ;
> Lourds de butin, le long des chemins saluant
> Les images des saints que les passants vénèrent,
> Vainqueurs, sanglants, joyeux, les rois s'en retournèrent
> Chacun avec ses gens, chacun vers son état ;
> Et, reflet du couchant, ou bien de l'attentat,
> La chaîne des vieux monts, funeste et vaste bouge,
> Apparaissait, dans l'ombre horrible, toute rouge ;
> On eût dit que, tandis qu'en bas on triomphait,
> Quelque archange, vengeur de la plaine, avait fait
> Remonter tout ce sang au front de la montagne.

De même le supplice du crapaud nous paraîtra d'autant plus odieux que tout en lui et dans la nature sera plus porté à la douceur :

> Le couchant rayonnait dans les nuages roses ;
> C'était la fin d'un jour d'orage, et l'occident
> Changeait l'ondée en flamme en son brasier ardent ;
> Près d'une ornière, au bord d'une flaque de pluie,
> Un crapaud regardait le ciel, bête éblouie...
> Les feuilles s'empourpraient dans les arbres vermeils.
> L'eau miroitait, mêlée à l'herbe, dans l'ornière ;
> Le soir se déployait ainsi qu'une bannière ;
> L'oiseau baissait la voix dans le jour affaibli ;
> Tout s'apaisait, dans l'air, sur l'onde ; et, plein d'oubli,
> Le crapaud, sans effroi, sans honte, sans colère,
> Doux, regardait la grande auréole solaire.

Au lieu d'être en harmonie avec les sentiments et les actions des hommes, la nature peut aussi leur servir de repoussoir. Elle fait ressortir la cruauté humaine par son calme et sa douceur, et les rois Pyrénéens préparent les vols et les meurtres

> Tandis que les oiseaux, sous les feuilles naissantes,
> Joyeux, sentant venir les souffles infinis,
> Commencent à choisir les mousses pour leurs nids.

Hugo, comme Lamartine, avait autrefois senti dans la nature une amie *qui nous invite et nous aime.* Puis, le deuil et la contemplation de l'Océan furieux l'avaient amené à penser à peu près comme Leconte de Lisle, que *la nature se rit des souffrances humaines et contemple uniquement sa propre splendeur.* Or, cette conception était surtout de mise dans des épopées sombres, que remplissent la folie et les crimes des hommes :

> Qu'est-ce que tout cela fait à l'herbe des plaines,
> Aux oiseaux, à la fleur, au nuage, aux fontaines?
> Qu'est-ce que tout cela fait aux arbres des bois,
> Que le peuple ait des jougs et que l'homme ait des rois?
> L'eau coule, le vent passe, et murmure : Qu'importe?

Ainsi la nature est indifférente devant les crimes de Sigismond et de Ladislas, le soleil luit aux cieux pendant les crimes de Ratbert.

Une façon plus délicate et plus originale de faire intervenir la nature dans un récit épique consiste à mentionner un détail qui paraît inutile et qui cependant fait rêver. Regardez la fosse où les lions viennent de voir entrer Daniel :

> Et les lions, groupés dans l'immense décombre,
> Se mirent à parler entre eux, délibérant.
> On eût dit des vieillards réglant un différend,

> Au froncement pensif de leurs moustaches blanches.
> Un arbre mort pendait, tordant sur eux ses branches.

Il est naturel que nous regardions l'arbre mort, pendant que les lions hésitent et n'agissent point. — Dans *Aymerillot*, Charlemagne essaie en vain d'obtenir qu'un de ses capitaines se charge d'assiéger Narbonne :

> Le bon cheval du roi frappait du pied la terre
> Comme s'il comprenait ; sur le mont solitaire
> Les nuages passaient.

Et l'on sent que Charles les regarde avec impatience, et que le temps passe, aussi bien qu'eux. —

> Voilà comme parlaient tous ces fiers batailleurs
> Pendant que les torrents mugissaient sous les chênes.

Le roi écoute les torrents, et il doit avoir l'impression qu'eux aussi sont indignés. — Citerai-je encore *l'Aigle du casque* ? Angus arrive pour le combat :

> Il approche joyeux, fragile, triomphant,
> Plume au front ; et le peuple applaudit cet enfant.
> Et le vent profond souffle à travers les campagnes.

Rien de plus délicieux que ces indications discrètes et vagues, dont l'imagination du lecteur fait ce qu'elle veut ; rien de plus naturel aussi, car il nous arrive à tous, en maintes circonstances, de chercher autour de nous, dans la nature, des confidents et des appuis, d'y trouver une hostilité ou une défiance, et de projeter ainsi nos sentiments sur les objets qui nous entourent. Hugo l'a fait plus que personne, et souvent même les objets ont pris à ses yeux une forme et un aspect qui, sans s'écarter trop de leur forme et de leur aspect ordinaires, s'adaptaient à merveille à ses préoccupations, à ses rêveries. Il serait curieux, par exemple, de noter après M. Mabilleau tout ce que la lune est devenue dans les vers du poète. S'il songe, dans *les Châtiments*, aux guillotinés du deux Décembre :

> Tout à coup la nuit vint, et la lune apparut
> Sanglante, et dans les cieux, de deuil enveloppée,
> Je regardai rouler cette tête coupée ;

s'il a une impression religieuse dans la campagne, la lune qui monte au ciel est une hostie énorme : « Dieu lui-même officie, et voici l'élévation ». Des soldats cheminent pendant les guerres d'Espagne ; leur capitaine a été tué, et, comme le croissant brille sur leurs têtes, ils croient voir reparaître dans le ciel le hausse-col de leur capitaine. Ailleurs, le même croissant est un « fer d'or qu'a laissé tomber dans les nuées le sombre cheval de la nuit ». Enfin, est-il besoin de citer la célèbre fin de *Booz* :

> Les astres émaillaient le ciel profond et sombre ;
> Le croissant fin et clair parmi ces fleurs de l'ombre
> Brillait à l'occident, et Ruth se demandait,
> Immobile, ouvrant l'œil à demi sous ses voiles,
> Quel Dieu, quel moissonneur de l'éternel été
> Avait, en s'en allant, négligemment jeté
> Cette faucille d'or dans le champ des étoiles.

On sent parfois le procédé dans cette série de transformations ; mais des vers aussi beaux montrent qu'il y a aussi — et surtout — autre chose. Quand on voudra inventer un nouveau jeu de société, un jeu innocent, plus innocent que bien d'autres, on pourra chercher à combien de métaphores se prêtent le soleil et les étoiles, mais on atteindra difficilement à la vérité d'impression et à la magie de style de Hugo.

C'est que le poète ne fait nul effort pour trouver ces correspondances mystérieuses entre la nature et notre âme. Qu'on se rappelle les vers qui précèdent, dans *Booz endormi* :

> Ruth songeait et Booz dormait; l'herbe était noire;
> Les grelots des troupeaux palpitaient vaguement;
> Une immense bonté tombait du firmament;
> C'était l'heure tranquille où les lions vont boire.

« Une immense bonté tombait du firmament », alors que Dieu préparait dans le mystère l'hymen béni de Booz et de Ruth ; et c'est au contraire de la cruauté que l'on sent respirer partout dans le lieu sinistre où les infants d'Asturie préparent leur crime :

> Un précipice obscur, sans pitié, sans merci,
> Aveugle, ouvre son flanc, plein d'une pâle brume,
> Où l'Ybaïchalval, épouvantable, écume.

Tout à l'heure je montrais la nature matérielle involontairement, inconsciemment d'accord avec la nature morale. Maintenant c'est la nature matérielle qui prend une valeur et une vie morales. On a beau faire, quand on étudie Hugo, on ne peut regarder longtemps les objets inanimés sans les voir vivre, penser, agir. A la simple peinture se substitue sans cesse la création de la vie, le mythe. Encore une fois je m'arrête, avant de me laisser aller à cette étude du mythe, qui s'offre obstinément et que je dois réserver. Mais on n'aurait qu'une idée trop insuffisante de la nature, telle que la représente Hugo, si je ne citais au moins un exemple de la vie effrayante qu'il met en elle. Voici comment se nourrissent et se développent les arbres, d'après le *Satyre* :

Prends, sapin ! — La forêt surgit ; l'arbre superbe
Fouille le globe avec une hydre sous ses pieds ;
La racine effrayante aux longs cous repliés,
Aux mille becs béants dans la profondeur noire,
Descend, plonge, atteint l'ombre et tâche de la boire...
Les arbres sont autant de mâchoires qui rongent
Les éléments, épars dans l'air souple et vivant ;
Ils dévorent la pluie, ils dévorent le vent ;
Tout leur est bon, la nuit, la mort ; la pourriture
Voit la rose et lui va porter sa nourriture ;
L'herbe vorace broute au fond des bois touffus ;
A toute heure, on entend le craquement confus
Des choses sous la dent des plantes ; on voit paître
Au loin, de toutes parts, l'immensité champêtre ;
L'arbre transforme tout dans son puissant progrès ;
Il faut du sable, il faut de l'argile et du grès ;
Il en faut au lentisque, il en faut à l'yeuse,
Il en faut à la ronce, et la terre joyeuse
Regarde la forêt formidable manger.

IV

Une imagination qui pénètre aussi profondément dans les secrets de la nature visible, ne peut qu'être tentée de dépasser cette nature. Après avoir rendu avec force et après avoir animé d'une vie nouvelle tout le réel, elle voudra rendre aussi ce qui est simplement imaginaire, elle voudra voir l'invisible, elle voudra exprimer l'inexprimable. Comment ? par une hallucination, spontanée ou volontaire. Quand Hugo regarde « le mur des siècles », il ne voit d'abord que ténèbres informes ; mais il insiste, il s'hypnotise lui-même, et peu à peu une image apparaît.

Il n'est pas de brouillards, comme il n'est point d'algè-
Qui résistent, au fond des nombres ou des cieux, [bres,
A la fixité calme et profonde des yeux ;
Je regardais le mur d'abord confus et vague,

Où la forme semblait flotter comme une vague,
Où tout semblait vapeur, vertige, illusion ;
Et, sous mon œil pensif, l'étrange vision
Devenait moins brumeuse et plus claire, à mesure
Que ma prunelle était moins troublée et plus sûre.

« Plus claire », mais sans arriver jamais à une clarté parfaite. Quand Boileau voulait que l'on s'exprimât toujours clairement, il admettait que l'on n'essaierait de rendre que ce qui se conçoit bien ; et lorsque Hugo a suivi le conseil de Boileau pour le fond, il l'a aussi suivi pour la forme. Mais ce qui est obscur et confus de soi *doit* être rendu avec une certaine obscurité : sinon il n'est pas rendu tel qu'il est. Déjà Gœthe disait, en pensant seulement à la poésie du sentiment : « On a tort de croire que la poésie doive exprimer absolument des pensées précises ; il lui suffit d'une intonation qui éveille l'imagination et provoque l'âme à la rêverie ; si cette intonation se rencontre, la poésie est excellente. » Combien plus est-il nécessaire de ne pas exiger une absolue précision de la poésie du mystère et de la poésie de l'invisible ! Cette poésie, Hugo l'a cultivée avec prédilection depuis son exil. Son imagination l'y portait, et aussi sa solitude en face de l'océan [1]. Pourquoi ne pas lui appliquer ce qu'il dit lui-même d'un de ses personnages dans *les Travailleurs de la mer* ? « La solitude dégage une certaine quantité d'égarement sublime. C'est la fumée du buisson ardent. Il en résulte un mys-

---

1. Le 17 novembre 1859, au lendemain même de la première *Légende*, Hugo, en remerciant Villemain du plaisir que lui procurait la lecture du livre sur *Pindare*, ajoutait : « J'ai besoin quelquefois de ces repos dans cette solitude et devant cet Océan, au milieu de cette sombre nature qui m'attire souverainement et m'entraîne vers les ondes éblouissantes de l'Infini ». *Correspondance*, II, 221.

térieux tremblement d'idées qui dilate le docteur en voyant et le poète en prophète. » Voyant, prophète, à la façon d'un Job, d'un Ezéchiel et d'un auteur d'apocalypse, Hugo a trop voulu l'être et ç'a été un tort grave ; mais il l'a été vraiment, et Montégut a dit de lui avec justice : « Dans cette région où le fantastique se mêle au surhumain, il n'a pas d'égal ».

Malheureusement il est impossible de décrire le monde fantastique de Hugo et de commenter des vers apocalyptiques, comme ceux où sont décrits l'intérieur de la terre percée par le Titan Phtos, l'ombre terrible où est transporté Dante, la trompette du jugement, ou l'entrée de l'ange Liberté dans l'enfer. Je voudrais seulement montrer par un exemple quelle impression de terreur sait produire Hugo quand il propose, je ne puis dire à nos yeux, je n'ose dire à notre intelligence, disons à notre sens du mystère, ces obscures visions dont il a le secret.

Kanut a vu un jour son père endormi, il l'a tué ; personne n'en a rien su, il a régné, il a été un grand roi, les prêtres à sa mort ont déclaré qu'il était un saint. Cependant, la cérémonie des obsèques terminée et le soir venu, Kanut sort de son tombeau, se fait un linceul en coupant avec son épée un pan du manteau de neige qui recouvre le mont Savo, et cherche à trouver l'endroit où siège le rémunérateur suprême, Dieu.

> Kanut quitta le mont par les glaces saisi ;
> Et, le front haut, tout blanc dans son linceul de neige,
> Il entra, par delà l'Islande et la Norvège ;
> Seul, dans le grand silence et dans la grande nuit ;
> Derrière lui le monde obscur s'évanouit ;
> Il se trouva, lui, spectre, âme, roi sans royaume,
> Nu, face à face avec l'immensité fantôme ;
> Il vit l'infini, porche horrible et reculant

Où l'éclair quand il entre expire pâle et lent,
L'ombre, hydre dont les nuits sont les pâles vertèbres,
L'informe se mouvant dans le noir, les Ténèbres ;
Là pas d'astre ; et pourtant on ne sait quel regard
Tombe de ce chaos immobile et hagard ;
Pour tout bruit, le frisson lugubre que fait l'onde
De l'obscurité, sourde, effarée et profonde ;
Il avança disant : — C'est la tombe ; au delà
C'est Dieu. — Quand il eut fait trois pas, il appela ;
Mais la nuit est muette ainsi que l'ossuaire,
Et rien ne répondit ; pas un pli du suaire
Ne s'émut, et Kanut avança ; la blancheur
Du linceul rassurait le sépulcral marcheur ;
Il allait. Tout à coup, sur son livide voile
Il vit poindre et grandir comme une noire étoile ;
L'étoile s'élargit lentement, et Kanut,
La tâtant de sa main de spectre, reconnut
Qu'une goutte de sang était sur lui tombée.
Sa tête, que la peur n'avait jamais courbée,
Se redressa, terrible, il regarda la nuit,
Et ne vit rien, l'espace était noir, pas un bruit.
— En avant ! dit Kanut, levant sa tête fière.
Une seconde tache auprès de la première
Tomba, puis s'élargit ; et le chef cimbrien
Regarda l'ombre épaisse et vague, et ne vit rien.
Comme un limier à suivre une piste s'attache,
Morne, il reprit sa route, une troisième tache
Tomba sur le linceul. Il n'avait jamais fui ;
Kanut pourtant cessa de marcher devant lui,
Et tourna du côté du bras qui tient le glaive ;
Une goutte de sang, comme à travers un rêve,
Tomba sur le suaire et lui rougit la main ;
Pour la seconde fois il changea de chemin,
Comme en lisant on tourne un feuillet d'un registre,
Et se mit à marcher vers la gauche sinistre ;
Une goutte de sang tomba sur le linceul ;
Et Kanut recula, frissonnant d'être seul,
Et voulut regagner sa couche mortuaire ;
Une goutte de sang tomba sur le suaire.
Alors il s'arrêta, livide, et ce guerrier,
Blême, baissa la tête et tâcha de prier ;
Une goutte de sang tomba sur lui. Farouche,
La prière effrayée expirant dans sa bouche,
Il se remit en marche ; et, lugubre, hésitant,
Hideux, ce spectre blanc passait ; et, par instant,

Une goutte de sang se détachait de l'ombre,
Implacable, et tombait sur cette blancheur sombre.
Il voyait, plus tremblant qu'au vent le peuplier,
Ces taches s'élargir et se multiplier;
Une autre, une autre, une autre, une autre, ô cieux funè-
Leur passage rayait vaguement les ténèbres; [bres!
Ces gouttes, dans les plis du linceul, finissant
Par se mêler, faisaient des nuages de sang;
Il marchait, il marchait; de l'insondable voûte
Le sang continuait à pleuvoir goutte à goutte,
Toujours, sans fin, sans bruit, et comme s'il tombait
De ces pieds noirs qu'on voit la nuit pendre au gibet.
Hélas! qui donc pleurait ces larmes formidables?
L'infini. Vers les cieux, pour le juste abordables,
Dans l'océan de nuit sans flux et sans reflux,
Kanut s'avançait, pâle et ne regardant plus.
Enfin, marchant toujours comme en une fumée,
Il arriva devant une porte fermée
Sous laquelle passait un jour mystérieux;
Alors sur son linceul il abaissa les yeux;
C'était l'endroit sacré, c'était l'endroit terrible;
On ne sait quel rayon de Dieu semble visible;
De derrière la porte on entend l'hosanna.

Le linceul était rouge et Kanut frissonna.

Et c'est pourquoi Kanut, fuyant devant l'aurore
Et reculant, n'a pas osé paraître encore
Devant le juge au front duquel le soleil luit;
C'est pourquoi ce roi sombre est resté dans la nuit,
Et, sans pouvoir rentrer dans sa blancheur première,
Sentant, à chaque pas qu'il fait vers la lumière,
Une goutte de sang sur sa tête pleuvoir,
Rôde éternellement sous l'énorme ciel noir.

CHAPITRE VII

La versification.

Des moyens artistiques par lesquels Hugo poète épique a réalisé son œuvre, le premier à étudier est la versification, bien qu'il faille terminer seulement par là une étude sur un Racine ou sur un Boileau : rime et rythme sont en effet pour Racine une simple décoration ajoutée à un édifice, lequel serait solide et majestueux sans elle, mais rime et rythme sont chez Hugo générateurs d'images, d'idées et de développements, ils tiennent à l'architecture même de l'œuvre. Il y a donc intérêt à savoir bientôt quelle est la véritable constitution du vers de *la Légende* et quel parti le poète a tiré de cet instrument admirable. D'ailleurs, n'est-ce pas dans *la Légende des siècles* que le vers de Hugo est arrivé à sa perfection ? et Théodore de Banville n'a-t-il pas écrit : toute la science de la versification « se trouve réunie en un seul livre, *la Légende des siècles* de Victor Hugo, qui doit être la Bible et l'Évangile de tout versificateur français » ?

I

J'ai déjà eu plusieurs fois l'occasion de montrer que Hugo avait en main « l'outil universel » et que, si son génie avait ses tendances et ses habitudes bien marquées, rien cependant ne lui était vraiment impossible. Aussi pourrions-nous aisément citer de longues séries de vers qui sonneraient à notre oreille comme des vers de Racine, de Boileau, surtout de Corneille, et où nous trouverions appliquée la règle de l'*Art poétique* ordonnant de diviser nettement l'alexandrin en deux parties égales de six syllabes chacune :

> Que toujours dans vos vers le sens, coupant les mots,
> Suspende l'hémistiche, en marque le repos ;

par exemple, les beaux vers de l'ange Liberté à Satan :

> La croissance du mal augmente ton tourment,
> Le mal qu'on fait souffrir s'ajoute au mal qu'on souffre ;

par exemple, ces vers du *Détroit de l'Euripe* :

> Un gouffre est moins mouvant sous des pieds plus hardis...
> Consentir à mourir, c'est consentir à vaincre.

Mais on sent bien que ce n'est pas là le vers ordinaire de Hugo, et lui-même s'est vanté de n'avoir pas laissé à l'alexandrin cette rigidité de construction et cette symétrie :

> Nous faisons basculer la balance hémistiche...
> J'ai disloqué ce grand niais d'alexandrin.

Qu'est-ce à dire ? Que Hugo a assoupli le vers, lui a donné une liberté d'allure et une richesse d'effets inconnue jusqu'à lui, mais sans en changer le caractère essentiel ? C'est ce que je pense avec Guyau, avec M. Souriau et M. Stapfer ; — ou bien que Hugo a fait une révolution dans la métrique, et que son vers est chose toute nouvelle? C'est ce qu'admettent Becq de Fouquières, M. Legouvé et M. Renouvier. Mais je crains que ces auteurs, et même le dernier, le profond philosophe qui a écrit sur Hugo des pages si dignes d'attention, ne se soient laissé tromper par les innovations que se sont permises les successeurs de notre poète. Certes, le vers de Leconte de Lisle ou de M. Coppée par endroits, celui de nos décadents ou de nos symbolistes presque partout diffère essentiellement du vers classique; mais ne diffère-t-il pas aussi du vers de Hugo? Voilà la question, et qu'il ne faut pas trancher à la légère.

Prenons au hasard un court passage du *Cyrano de Bergerac* de M. Rostand :

> J'inscris les noms. Approchez-vous, jeunes héros!
> Chacun son tour! Je vais donner des numéros!
> Allons, quel est celui qui veut ouvrir la liste?
> Vous, Monsieur? Non! Vous? Non! Le premier duelliste,
> Je l'expédie avec les honneurs qu'on lui doit!
> Que tous ceux qui veulent mourir lèvent le doigt!

Sur ces six vers, deux ont évidemment une césure à l'hémistiche :

> Allons, quel est celui — qui veut ouvrir la liste?
> Vous, Monsieur? Non! Vous? Non! — Le premier duel-
> [liste...

Deux, évidemment, n'en ont pas, puisque la sixième syllabe ou ne termine pas un mot ou est une syllabe muette :

> J'inscris les noms. App*r*ochez-vous, jeunes héros!
> Que tous ceux qui veu*lent* mourir lèvent le doigt!

Dans les deux derniers enfin on parviendrait à trouver à l'hémistiche une césure imparfaite, s'il le fallait absolument :

> Chacun son tour ! Je vais — donner des numéros !
> Je l'expédie avec — les honneurs qu'on lui doit !

Mais, rapprochés des deux autres vers où cette césure n'existe pas, il est plus rationnel d'admettre qu'ils en manquent de même. Si bien que le morceau comprend deux vers coupés au milieu, — deux vers divisés en trois fois quatre syllabes :

> J'inscris les noms. — Approchez-vous, — jeunes héros !
> Chacun son tour ! — Je vais donner — des numéros !

— et deux vers où cinq syllabes se trouvent, tantôt entre quatre et trois, tantôt entre trois et quatre :

> Je l'expédie — avec les honneurs — qu'on lui doit !
> Que tous ceux — qui veulent mourir — lèvent le doigt !

Autrement dit, il n'y a pas de place fixe pour les césures dans les vers de M. Rostand. Le poète les coupe où bon lui semble, à ses risques et périls, et ceux-là seuls doivent être réputés mauvais qui ne paraissent pas harmonieux à une oreille suffisamment exercée. Ce qui est vrai des vers de M. Rostand est-il vrai des vers de V. Hugo ?

A priori, cette conception me paraît bien invraisemblable. C'est une grosse affaire, et qui demande du temps, que d'habituer son oreille et celle des autres à de nouveaux procédés musicaux. Il a fallu, même aux auditeurs de Meyerbeer, un apprentissage pour goûter Wagner ; Meyerbeer n'avait pu être goûté que grâce à ses prédécesseurs Rossini et Spontini, et *Guillaume Tell* ou *la Vestale* auraient échoué si le public n'avait été préparé à les comprendre par les ouvrages antérieurs. De même pour la musique du vers. Je ne sais ce qu'il faut augurer du vers sans règles de nos jeunes poètes ; mais si d'ores et déjà il peut être écrit et entendu, c'est qu'il a été préparé par des hardiesses comme celles de Leconte de Lisle, mettant à l'hémistiche, dans ses derniers poèmes, des syllabes atones ou des mots sans valeur propre :

> Serait-ce point quel*que* jugement sans merci?
> La soif de l'or et *du* meurtre les assembla.

Et si ces hardiesses sont exceptionnelles et tardives dans Leconte de Lisle, aussi bien que dans les Parnassiens, n'y a-t-il pas lieu de penser que le grand maître des vers avant eux, Victor Hugo, — Victor Hugo, dont la longue carrière s'étend entre les décadents et les Parnassiens d'une part, et de l'autre les ennuyeux, les monotones pseudo-classiques du commencement du siècle, — a peu à peu déshabitué l'oreille française des vers de ceux-ci et peu à peu l'a rendue capable d'accepter les vers de ceux-là, sans aller lui-même aussi loin que nos versificateurs nouveaux ?

* * *

Si nous laissons la théorie pour les faits, nous trouvons dans Hugo un type de vers, que le passage de M. Rostand nous a montré deux fois, et où il ne faut point chercher une césure à l'hémistiche : c'est le vers ternaire, divisé en trois fois quatre syllabes :

> Je suis le mal, — je suis la nuit, — je suis l'effroi.
> On s'adorait — d'un bout à l'au — tre de la vie.
> Ceux qui punis — sent, ceux qui ju — gent, ceux qui vont ;

vers où, exceptionnellement, un des deux premiers membres de quatre syllabes peut se terminer par une syllabe muette :

> L'onde est libre, — le vent est pur, — la foudre est juste.
> Croître le lis, — fleurir l'arbre, — rire le jour.

Ce vers, qui a été la grande innovation de Hugo et des romantiques (on l'appelle d'ailleurs le vers romantique), paraît donner raison à M. Renouvier. Mais il importe de faire plusieurs remarques. D'abord, Hugo, timide encore, a toujours fait terminer un mot avec la sixième syllabe dans ce vers comme dans le vers ordinaire, et jamais il n'a osé dire comme M. Rostand ou M. Richepin :

> Empanaché — d'indépendance — et de franchise.
> Quand devant lui — Jérusalem — se prosterna.

En second lieu, les vers ternaires sont innombrables et sans valeur propre dans les nouveaux poètes ; ils sont relativement rares et dénotent une intention particulière dans les poèmes de Hugo. Enfin, ces vers, n'ayant rien d'extraordinaire aux yeux des nouveaux poètes, sont mêlés à des vers d'une constitution quelconque ou se suivent au nombre de deux ou de plusieurs ; Hugo, les regardant comme exceptionnels, les emploie toujours isolément et les fait précéder ou suivre de vers coupés à l'hémistiche, afin que le contraste même prouve au lecteur qu'il y a eu de la part du poète une intention. Ainsi, dans *le Petit roi de Galice* :

> Guerroyer tout le jour, — la nuit garder le camp,
> Marcher à jeun, — marcher vaincu, — marcher malade,
> Sentir suinter le sang — par quelque estafilade ;

ou dans *Éviradnus* :

> La lune éclaire, — auprès du seuil, — dans la vapeur,
> Un des grands chevaliers — adossés aux murailles.

Certains effets sont plus compliqués et plus savants. Un vers ternaire de *la Paternité* est suivi d'un vers coupé toutes les trois syllabes, puis d'un vers coupé uniquement à l'hémistiche :

> Il est sans peur, — il est sans feinte, — il est sans tache,
> Croit en Dieu, — ne ment pas, — ne fuit pas, — ne
>   [hait pas ;
> Les défis qu'on lui jette — ont pour lui des appas.

Quand Roland donne son cheval au petit roi de Galice pour le faire échapper à ses assassins, la surprise et l'élan fougueux de l'enfant sauvé sont traduits par un vers ternaire ; puis sa fuite éperdue est caractérisée par un vers régulier où la césure est à peine sensible à l'hémistiche ; enfin un vers, régulier encore, mais où la coupe principale est immédiatement suivie d'une coupe secondaire extraordinaire, marque le trouble et l'inquiétude qui l'agitent :

> « Va ! » L'enfant-roi — bondit en selle — éperdument,
> Et le voilà qui fuit sous le clair firmament,
> A travers monts et vaux, — pâle, — à bride abattue.

Plus loin, deux vers ternaires se répondent à six lignes de distance dans la prière du petit roi au Crucifix :

> J'ai vu le jour, — j'ai vu la foi, — j'ai vu l'honneur...
> Doux au faible, — loyal au bon, — terrible au traître.

C'est parce que le dévouement de Roland lui a montré *le jour, la foi* et *l'honneur*, que le petit roi promet d'être *doux au faible, loyal au bon* et *terrible au traître*.

*
* *

Des précautions que prend Hugo pour amener ses vers ternaires et de l'habileté avec laquelle il les construit, nous sommes déjà tentés de conclure que l'immense majorité de ses vers doit témoigner à la fois et d'une souplesse très grande et d'une obéissance très réelle à la règle de l'hémistiche. Et telle est bien la vérité. Seulement, il faut entendre que la règle de l'hémistiche n'obligera pas le vers à être toujours coupé en deux parties égales par le sens, comme le veut la formule déjà citée de Boileau. Boileau lui-même n'obéit pas à la lettre à sa propre règle, et beaucoup de vers de lui deviennent ridicules, si on veut les couper d'une façon trop nette par leur milieu :

> Mais je ne trouve rien — de beau dans ce Voiture.
> Vous, mon Dieu, mêlez-vous — de boire, je vous prie.
> Et qu'Horace, jetant — le sel à pleines mains...

Et que dire de ce vers de Corneille :

> Cet hyménée à trois — également importe ?

En somme, la règle de l'hémistiche est observée, quand l'arrêt après la sixième syllabe, même sans être le principal arrêt du vers, est assez sensible pour permettre à l'oreille et à l'esprit du lecteur de s'assurer que le compte des syllabes est exact. Cette définition admise, il est facile de voir que Hugo, sauf dans de très rares cas où il s'agit de produire un effet puissant, observe la règle et tient essentiellement à l'observer.

Une preuve, c'est qu'il ne fait pas comme les Verlaine, les Richepin et les Rostand. Il ne met *jamais* à la sixième syllabe des *e* muets ou des mots sans consistance (relatifs, articles, courtes prépositions), sur lesquels il est impossible de s'arrêter.

Une autre preuve, c'est que Hugo oppose volontiers les deux hémistiches d'un même vers, ou qu'il se sert souvent du vers léonin, c'est-à-dire du vers où le milieu et la fin riment ensemble, pour insister sur la ressemblance de deux faits ou la persistance d'une idée :

> Et l'âne allait geign*ant* — et l'ânier blasphém*ant*.
> Je vois ce qu'ils ont v*u*, — je crois ce qu'ils ont cr*u*.
> Une foule avil*ie*, — une race flétr*ie*.
> Et Paul était *heureux*, — c'est charmant d'être *heureux*.

Une autre preuve encore, c'est que ceux qui analysent ses vers sans tenir compte de l'arrêt à l'hémistiche laissent perdre quantité d'effets et de beautés, évidemment cherchés par le poète. Voici des vers du *Mariage de Roland*, c'est-à-dire de la lutte entre Roland et Olivier, où il paraît d'abord naturel de ne voir aucun arrêt après la sixième syllabe :

> L'île à leurs noirs assauts
> Tressaille au loin ; — l'acier mord le fer ; — des mor-
> [ceaux...
> Durandal — sur son front brille ; — plus d'espérance.
> L'homme a fui. — Les héros achèvent — sans colère.
> Le duel reprend. — La mort plane, — le sang ruisselle ;

ou, lorsque Olivier offre à Roland désarmé le sabre du géant Sinnagog :

« Acceptez-le. » — Roland sourit : — « Il me suffit... »

Mais qu'on rétablisse l'arrêt classique, et aussitôt l'acier s'oppose vaillamment au fer ; Durandal se rapproche du front d'Olivier et brille d'une lueur sinistre; le batelier fuit, mais les héros ne lui ressemblent guère ; la mort attire nos regards quand elle plane sur les héros ; et Roland, à qui on offre le sabre, répond nonchalamment par un sourire :

> L'île à leurs noirs assauts
> Tressaille au loin; l'acier — mord le fer; des morceaux...
> Durandal sur son front — brille; plus d'espérance.
> L'homme a fui. Les héros — achèvent sans colère.
> Le duel reprend. La mort — plane, le sang ruisselle.
> « Acceptez-le ». Roland — sourit : « Il me suffit... »

De même dans *le Petit roi* :

> Le jeune roi captif a quinze ans; ses voleurs
> Sont ses oncles; de là —

Qu'attendez-vous ? de là sa confiance ? Oh ! non, il sait trop bien quels tigres il a pour oncles :

> Le jeune roi captif a quinze ans; ses voleurs
> Sont ses oncles; de là — son effroi; pas de pleurs...

Dans *le Satyre* et dans *Après la bataille*, je trouve deux vers où le sens exige un arrêt après la cinquième syllabe ; qu'on en ajoute un après la sixième, et l'on voit, d'une part Junon se tortiller en riant, de l'autre le cheval du général Hugo faire un saut brusque en arrière :

> Pour que la reine — pût — se tordre — en liberté...

> Le coup passa si près que le chapeau tomba
> Et que le cheval — fit — un écart en arrière.

*
* *

Un dernier motif d'admettre que Hugo tient à la césure médiane, c'est le nombre et l'importance des effets qu'il produit par la subordination de cette césure à une césure plus importante placée en avant ou en arrière. L'oreille, qui s'attend à un sérieux arrêt après six syllabes, est frappée par le fait que cet arrêt est réduit le plus possible, tandis qu'un arrêt assez long s'impose en un autre endroit. L'intelligence avertie cherche la raison de cette anomalie, la trouve, et, s'il y a lieu, admire. Quand notre oreille se sera habituée au vers nouveau, quand elle ne s'attendra plus à aucun arrêt régulier, que d'effets seront devenus impossibles ou du moins se seront fortement atténués ! Je ne sais si les jeunes poètes ont assez songé à cette conséquence fâcheuse de leur réforme. Pour Hugo, je suis certain qu'il la pressentait et qu'il n'avait garde de s'y exposer.

Les analyses de vers étant très longues, je ne puis multiplier ni les exemples ni les explications. Mais voyez comment une forte coupe placée plus loin que l'hémistiche, tantôt fait tomber le vers, tantôt l'allonge et aide puissamment à l'effet produit par la pensée et l'expression :

> Laissez tomber exprès des épis, — disait-il.
> Cette collection de monstres — se concerte.
> Faces se renversant en arrière, — livides.
> Les pierres sous leurs pas roulent,—les branches cassent.
> Les flots le long du bord glissent, — vertes couleuvres.

Un fort arrêt avant le milieu du vers oppose la petitesse du premier membre à la grandeur du second. Pacheco voulant que le petit roi de Galice vive, le montre tout abaissé, tout humilié devant lui, donc nullement dangereux :

> Nuño mort, c'est un spectre : il reviendrait. Mais, bah !
> Ayant plié — le jour où mon bras le courba,
> .... Que m'importe après qu'il reparaisse !

L'enfer lui-même se sent mesquin devant la scélératesse de Ladislas et de Sigismond :

> Du reste, en voilà deux de pris, deux âmes telles
> Que l'enfer même — rêve étonné devant elles.

Un arrêt avant, un arrêt après le milieu du vers, et nous sentons la stupéfaction des deux rois devant l'apparition soudaine d'Éviradnus :

> Tous deux — laissent tomber la marquise, — de sorte
> Qu'elle gît à leurs pieds et paraît une morte.

Que les fortes césures se multiplient : nous voyons les mouvements de Ladislas, les gestes inquiets de l'homme primitif qui tremble devant ses dieux et devant ses rois, les oiseaux haletants sous l'implacable soleil de l'Espagne :

> Ladislas — furtif — prend — un couteau sur la nappe.

> L'homme fuit dans les trous, au fond des bois, sous
> Et, soulevant le bloc qui ferme son rocher,   [terre
> Écoute — s'il entend — les rois — là-haut — marcher.

> L'air, — rare et brûlant, — manque — aux oiseaux
>   [éperdus.

Si les césures s'effacent, si l'on ne sait où les placer, le vers marque la rapidité et l'élan. Ainsi, dans *Plein ciel*, l'aérostat

> Se jette, plonge, enfonce et tombe et roule et fuit
> Dans le précipice des astres;

et, dans *le Mariage de Roland*,

> Le fleuve à grand bruit roule une eau rapide et jaune,

* * *

Une objection est à prévoir. Quel que soit le nombre des cas où la césure à l'hémistiche est forte; où, plus faible, elle dénote évidemment une intention; où, plus faible encore, elle sert le poète par son effacement même, il reste encore bien des cas où la césure est faible, où elle est en contradiction avec le sens, et où pourtant aucune intention du poète n'est visible. Dans ces cas-là du moins, ne faut-il pas admettre que la règle de l'hémistiche est décidément violée, et ne faut-il pas scander uniquement comme le demande le sens? Non, car l'analogie indique que ces cas-là ne peuvent être traités autrement que les précédents. Non, car le désir d'éviter la monotonie suffit à expliquer la faiblesse de la césure médiane. Non, car un contraste discret entre le sens et le rythme, loin d'être un défaut, a toujours passé pour une beauté chez les Grecs et chez les Latins[1]. Non, car ce contraste est souvent le seul moyen de sauver les vers du prosaïsme. Non, enfin, car, si la césure n'avait pas le droit d'attirer un peu l'attention concurremment avec le sens, autant en faudrait-il dire de la rime. Or, rime et césure une fois effacées, comment les vers lus à haute voix se distingueraient-ils encore de la prose?

---

1. Voir, par exemple, Plessis, *Traité de métrique grecque et latine*, § 51, et *Excursus* I.

Du temps que j'étais écolier, je ne sais qui avait persuadé à l'un de mes meilleurs camarades qu'il fallait lire les vers comme de la prose. Une troupe d'acteurs en tournée vient au théâtre municipal jouer *Angelo;* nous nous y rendons, et après le premier acte, oubliant qu'*Angelo* était en prose, mon ami s'écrie avec enthousiasme : « Comme voilà des vers bien dits ! je n'en ai pas reconnu un seul ! » Tous ceux qui désirent reconnaître les vers, — au moins dans les œuvres qui ne sont pas écrites en prose, — admirent le poète qui a si bien su donner à l'alexandrin une variété, une souplesse, une plasticité qu'on ne lui avait jamais connues, sans en altérer pourtant le caractère essentiel.

*
* *

Il a su aussi lui donner une beauté particulière par l'emploi de sons merveilleusement appropriés à l'idée qu'il s'agit de rendre. On l'a déjà remarqué sans doute pour un certain nombre des vers que j'ai cités. Le fracas d'un fleuve, par exemple, pourrait-il être mieux marqué que par ces *r* multipliées et par ces mots courts qui se précipitent l'un sur l'autre :

Le fleuve à grand bruit roule une eau rapide et jaune?

De même toute la sauvagerie pittoresque du vallon d'Ernula est dans ce vers :

Tant la ravine est fauve et tant la roche est âpre.

Dans les vers que voici, on entend s'écrouler le géant Rostabat vaincu par Roland :

> Comme sur ses deux pieds de devant l'ours s'abat,
> Après s'être dressé pour étreindre le pâtre,
> Ainsi Rostabat tombe...

Voici au contraire des sons aigus, l'*i* et l'*u*, comme amortis par le murmure des *f* et des *s*, de façon à nous faire entendre des armes qui se heurtent, mais dans le lointain :

> Le cliquetis confus des lances sarrasines.

Voici des *f* multipliées et mêlées à des *l* : ce sont des souffles parfumés qui sans cesse s'élèvent et qui flottent dans l'air limpide :

> Un frais parfum sortait des touffes d'asphodèle,
> Les souffles de la nuit flottaient sur Galgala.

Et ne parlons pas ici de hasard : le dernier de ces adorables vers n'a pas été trouvé du premier coup ; on voit dans le manuscrit de *Booz* qu'il a été substitué à un vers, beau déjà, mais moins beau :

> Un souffle tiède était épars sur Galgala.

Quelle musique dans les vers qui entourent la chanson de Joss dans *Éviradnus* !

> Écoutez ! — Comme un nid qui murmure invisible,
> Un bruit confus s'approche, et des rires, des voix,
> Des pas, sortent du fond vertigineux des bois.
> Et voici qu'à travers la grande forêt brune
> Qu'emplit la rêverie immense de la lune,
> On entend frissonner et vibrer mollement,
> Communiquant au bois son doux frémissement,
> La guitare des monts d'Inspruck, reconnaissable
> Au grelot de son manche où sonne un grain de sable ;
> Il s'y mêle la voix d'un homme, et ce frisson

> Prend un sens et devient une vague chanson.
> . . . .
> La mélodie encor quelques instants se traîne
> Sous les arbres bleuis par la lune sereine,
> Puis tremble, puis expire, et la voix qui chantait
> S'éteint comme un oiseau se pose; tout se tait.

Et l'art de Hugo ne se borne pas à donner à chaque vers sa valeur musicale et expressive : dans un seul et même vers deux hémistiches peuvent s'opposer d'une façon saisissante. Quand la statue de don Alonze caresse de la main le vieux don Jayme brisé par l'angoisse, ou quand un rouge-gorge chante dans la gueule du lion de Waterloo, le poète oppose une bonté ou une grâce infinies à une grandeur effrayante : le premier hémistiche est coupé en deux parties égales et ne comprend que des sons doux à l'oreille ; le second comprend deux membres inégaux qui se heurtent, et des mots sonores, d'une sonorité — au moins dans le premier exemple — presque brutale :

> Que dans l'ombre, d'un geste auguste et souverain,
> Caressait — doucement — la grande main — d'airain.

> Et l'oiseau — gazouillait — dans le lion — pensif.

*
* *

L'enjambement, ou rejet, est aussi employé par Hugo avec une habileté souveraine. Le poète lui fait rendre toutes sortes d'intentions diverses : le mépris :

> On entend quelquefois
> Les pages d'une voix féminine et hautaine
> Dire : Ah! oui-da, le Cid ! c'était un capitaine
> D'alors. || Vit-il encor, ce Campéador-là ?

l'étonnement :

Çà, le premier qui monte à cheval, je le tue,
Dit Roland. — Les infants se regardaient entre eux,
Stupéfaits. ||

le contraste avec une idée exprimée au vers précédent :

Soudain, au seuil *lugubre* apparaissent trois têtes
Joyeuses. ||

Il fit scier son oncle Achmet entre deux planches
De *cèdre*, || afin de faire honneur à ce vieillard.

un mouvement brusque :

J'ai cru que le bateau se couchait et l'amarre
A cassé. || .

la lassitude, le laisser-aller du sommeil ou de la mort :

Cependant, par degrés,
Le narcotique éteint ses yeux d'ombre enivrés ;
Zéno l'observe, un doigt sur la bouche, elle penche
La tête, || et, souriant, s'endort, sereine et blanche.

la rapidité surtout :

Tiens, roi, pars au galop, hâte-toi, cours, regagne
Ta ville, || et saute au fleuve et passe la montagne.

Si, à la fin du rejet, se trouve un *e* muet qu'il soit difficile de prononcer, on a l'impression de quelque chose de fuyant et d'illimité ; ainsi l'aérostat de *Plein ciel* paraît une montagne envolée :

Le haut d'une montagne a, sous l'orbe étoilé,
Pris des ailes, || et s'est tout à coup envolé.

II

Quand des vers sont construits d'une façon très souple et hardie, quand ils se permettent de nombreux enjambements, il est toujours à craindre que l'oreille ne perçoive plus très bien le compte de leurs syllabes et ne les distingue plus très bien les uns des autres. Force est donc de renforcer la rime, la rime étant comme une sonnerie automatique qui nous avertit du passage de chaque vers. Ce n'est donc pas uniquement par l'effet d'un caprice, c'est pour un motif très sérieux que les romantiques et Hugo se sont attachés à employer des rimes riches. Par une anomalie singulière, Hugo a employé beaucoup de rimes dites normandes (*mer : aimer*) ou de rimes analogues ; la pièce des *Trois cents* où les noms propres abondent en contient des quantités (*Béhémos : mots ; Hystaspès : épais ; Thryos : chariots ; Éleusis : assis*) ; mais, ce cas excepté et quelques négligences mises à part, Hugo est très soigneux de ses rimes. L'est-il autant que le veut Théodore de Banville, quand il affirme que, sans consonne d'appui (c'est-à-dire, par exemple, sans l'*r* qui précède l'*i* dans *rive* et dans *arrive*), il n'y a « pas de rime, et, par conséquent, pas de poésie » ? Quand Hugo a des idées importantes ou des sentiments touchants à exprimer, il sait généralement se garder de la superstition de la consonne d'appui et de la rime trop riche ; quand il s'attarde et s'amuse, alors en effet se multiplient des rimes à faire tressaillir d'aise Banville ou Théophile Gautier. *La Chanson des aventuriers de la mer*, notamment, est amusante à cet égard :

> Puis, trois de nous, que rien ne gêne,
> Ni loi, ni Dieu, ni souverain,

> Allèrent, pour le prince Eugène
> Aussi bien que pour Mazarin,
> Aider Fuentes à prendre Gêne
> Et d'Harcourt à prendre Turin.

> A Notre-Dame de la Garde,
> Nous eûmes un charmant tableau;
> Lucca Diavolo par mégarde
> Prit sa femme à Pier'Angelo;
> Sur ce, l'ange se mit en garde
> Et jeta le diable dans l'eau.

Le début du *Régiment du baron Madruce* est de même rendu très pittoresque par ses rimes, comme aussi par l'emploi spirituel des sons et des césures. Mais on comprend aisément que, plus les rimes sont riches, plus elles sont rares; il en est donc qui reviennent fort souvent : *point* et *poing*, *faire* et *sphère*, *cœur* et *vainqueur*, *toiles* et *étoiles*, *sur elle* et *surnaturelle*, *nuées* et *diminuées* (ou *continuées*). Dès que l'on est un peu familier avec les vers de Hugo, on sait que certaines rimes s'appellent et on les attend. La chose est souvent fâcheuse; non pas toujours : l'étonnant artiste trouve le moyen de tirer parti de ses défauts mêmes. Quand nous lisons dans *le Jour des rois* :

> Ils ont vers Gésufal envoyé leurs anciens,
> Pieds nus, la corde au cou, criant *miséricorde*,

nous sommes presque fiers de deviner, grâce à la rime, ce qu'a fait le tyran :

> Fidèle à sa promesse, il a serré la *corde*.

Nous lisons dans *le Petit roi de Galice*, au milieu de la description de l'aride vallon d'Ernula :

> L'âne a soif; le cheval souffle et baisse un œil *terne*;

la pitié que nous éprouvons pour ces pauvres bêtes fait que nous désirons autant qu'elles la *citerne* qui évidemment va venir :

> Et la troupe a fait halte auprès d'une *citerne*.

Le nom de *Gaïffer*, duc d'Aquitaine, dont Hugo aime à nous entretenir, rime si bien et si souvent à *fer* ou à *enfer*, qu'il finit par être aux yeux du poète et aux nôtres un symbole de barbarie et de cruauté.

Nous touchons à une différence capitale entre la versification de Hugo et la versification de nos classiques. Ceux-ci subissaient la rime comme une nécessité ; Hugo, plus vraiment poète en cela, y voit une source de beautés précieuse. Les classiques n'ajoutaient la rime qu'à des vers déjà conçus par la raison ; Hugo fait de la rime une créatrice d'images, d'idées, de développements. Boileau appelle la rime une esclave, dont le seul rôle est d'obéir ; Hugo l'appelle une esclave reine *Esclave reine*, expression admirablement juste, car Hugo, quand il le veut, commande à la rime avec beaucoup plus d'autorité que Boileau ou que n'importe quel autre poète classique, mais il lui plaît aussi de la laisser souvent commander. Dans tous les cas, la rime de Hugo n'a presque jamais la physionomie terne, banale qu'elle a quelquefois chez Racine, plus souvent chez Boileau, presque toujours chez Voltaire, dont les rimes sont faites avec des épithètes et des mots sans valeur (*incroyable : effroyable ; horrible : terrible*). *Horrible* et *terrible* seuls sont fréquents chez Hugo, mais ils rendent une impression qui lui est si naturelle !

Souvent la rime de Hugo lui obéit en *esclave*, et il est un versificateur si sûr, qu'il la trouve tout naturellement, expressive, pour lui donner sa place dans un ensemble qui paraît ne pouvoir pas être conçu autrement, même en prose :

> L'homme est en mer. Depuis l'enfance matelot,
> Il livre au hasard sombre une rude bataille.
> Pluie ou bourrasque, il faut qu'il sorte, il faut qu'il aille,
> Car les petits enfants ont faim. Il part le soir,
> Quand l'eau profonde monte aux marches du musoir.
> Il gouverne à lui seul sa barque à quatre voiles.
> Sa femme est au logis, cousant les vieilles toiles,
> Remmaillant les filets, préparant l'hameçon,
> Surveillant l'âtre où bout la soupe de poisson.

Rien que des substantifs ! rien que des verbes ! rien que des mots importants ! et rien qui ne paraisse essentiel !

Quelle que soit la sûreté de versification de Hugo, il ne se peut pas cependant que la rime vienne toujours naturellement, qu'elle soit toujours une *esclave* obéissante. Mais elle ne devient pas banale pour cela, car le poète en fait la génératrice même du vers, la rime *reine*. Un mot placé à la rime en appelle un second, qui devra être un mot important. *Vieillard* appelle *brouillard*, l'adjectif *vagues* appelle le substantif *vagues*, le verbe *fausse* appelle le substantif *fosse*, *favori* appelle *mari*. Comment Hugo emploiera-t-il *brouillard*, *vagues*, *fosse*, *mari*, il n'en sait rien ; ce qu'il sait, c'est que les vers seront faits pour les mots, et qu'ainsi les vers pourront être des chevilles, les mots n'en seront pas. Faut-il citer quelques-uns de ces vers chevilles, qui sont détestables ? Lord Tiphaine tue Angus avec joie ; alors l'aigle d'airain qu'il a sur son *casque* est indigné, et comme il faut une rime piquante à *casque*, nous lisons ce vers baroque sur le meurtrier : « Ainsi rit dans son antre infâme la *tarasque* ». Jésus rendait la vie aux nerfs d'une main *desséchée* : Hugo, qui a des renseignements vagues sur l'oncle d'Esther, ajoute ce vers stupéfiant : « Et cet homme égalait David et *Mardochée* ». Passons bien vite, et voyons plutôt quels dons magnifiques la rime reine fait à la poésie de Hugo :

> Quelques-uns sont bergers dans les grands terrains *va-*
> [*gues...*
> Mer de plaines ayant les collines pour *vagues.*

Fabrice, autrefois illustre, est maintenant oublié à Final :

> Et ce *vieillard*
> Qui fut astre, s'éteint dans un morne *brouillard.*

> — La parole qu'un roi *fausse*
> Derrière les gens trahis
> N'est plus que la sombre *fosse*
> De la pudeur d'un pays.

> — Je remarque en mes tristesses
> Que la gloire aux durs sentiers
> Ne connaît pas les altesses
> Et s'en passe volontiers.

> Un soldat vêtu de *serge*
> Est parfois son *favori* ;
> Et l'épée est une *vierge*
> Qui veut choisir son *mari* [1].

---

1. Autant il est légitime d'affirmer que, d'une façon générale, la rime est pour Hugo une « source d'images », autant il est difficile d'en donner en toute sécurité des preuves précises. M. Dupuy, dans son excellent livre sur Victor Hugo, cite un exemple qui paraît d'abord tout à fait topique :

> Cela se dit pendant que les gueux, pêle-mêle,
> Boivent l'ombre et le rêve à l'obscure mamelle
> Du sommeil ténébreux et muet, et pendant
> Que l'enfant songe, assis sous le soleil ardent.

« Assurément, dit M. Dupuy, le terme *pêle-mêle* a provoqué

Si la rime crée des idées et des images, on comprend qu'elle doit influer sur la composition d'un poème. Pour employer la rime qui séduit son oreille, le poète allonge, complique, dérange parfois son développement. Dans *les Sept merveilles du monde*, Hugo fait dire au colosse de Rhodes qu'il est plus puissant que la mer, puisque sa lueur protège contre elle les marins, leur montre le port et les sauve :

> Je suis le Dieu cherché par tout ce qui chancelle
> Sur le frémissement de l'onde universelle ;
> Le naufragé m'invoque en embrassant l'écueil...
> La ville semble un rêve aux lueurs de ma torche ;
> Pour les marins perdus c'est l'aurore qui point.

Dans le passage que je viens de citer les idées se suivent ; mais c'est parce que j'ai supprimé deux vers. Le poète a voulu faire rimer *torche* avec *écorche*, *écueil* avec *œil* ; il a donc écrit :

> Le naufragé m'invoque en embrassant l'écueil ;
> La nuit, je suis Cyclope, et le phare est mon œil ;
> Rouge comme la peau d'un taureau qu'on écorche,
> La ville semble un rêve aux lueurs de ma torche.

l'arrivée de la rime *mamelle*. » La chose serait assurée, en effet, si le mot *pêle-mêle* s'était imposé au poète dans ce passage et si l'image de la *mamelle* n'avait pas pu lui venir spontanément. Mais il semble, au contraire, qu'il était peu utile ici (dans *le Petit roi*, v. 165) de dire si les soldats dormaient *pêle-mêle* ou non, et il est certain que la *mamelle* a fourni à Hugo quantité d'images dont la rime ne peut avoir été la génératrice (*Sacre de la femme*, v. 92 ; *Détroit de l'Euripe*, v. 78 ; *Zim-Zizimi*, v. 15 ; *Confiance du marquis Fabrice*, v. 666 ; *Baron Madruce*, v. 117 ; *le Lapidé*, v. 58 ; *Paroles dans l'épreuve*, v. 11, etc., etc.). Dès lors, je crois que Hugo s'est proposé simplement de dire : « les gueux dorment » ; que le verbe trop inexpressif *dormir* a été de prime abord remplacé par une image, et que l'image, comportant le mot *mamelle*, *mamelle* à son tour a amené *pêle-mêle* à la rime.

La comparaison : « Rouge comme la peau d'un taureau », n'a que le tort de n'être guère en situation ; mais le vers : « La nuit, je suis cyclope, et le phare est mon œil », jette au milieu du développement une idée qui lui est tout à fait étrangère : celle des aspects fantastiques du colosse. — Que cette idée étrangère ait besoin de plusieurs vers pour s'exprimer; que, chemin faisant, le poète rencontre encore, par l'effet de la rime, une autre idée inattendue, on voit combien le développement ébauché aura de la peine à reprendre, et combien la composition générale du poème sera cahotée et irrégulière. En pareil cas, le poète ne marche plus droit, mais en zigzags ; il paraît se griser de mots et de rimes ; Louis Veuillot dit méchamment — et spirituellement — que la rime lui monte au cerveau.

Et, comme toujours, au sein des défauts les beautés abondent. S'il est, dans les poèmes de Hugo, une partie où la tyrannie de la rime se fasse sentir, ce sont ces énumérations que le poète prodigue, dans *les Trois cents*, dans *Zim-Zizimi*, dans *Ratbert*, en maints endroits. Or, ces énumérations, interminables, sont parfois très belles. Théophile Gautier a fait de celle qui ouvre *Ratbert* un éloge enthousiaste, et Montégut, juge plus prudent, en a dit aussi : « Il me semble voir un bas-relief de bronze coulé d'un seul jet. — Procédé puéril ! répondez-vous. — Eh bien ! essayez. » Nous n'essaierons pas de refaire l'énumération de *Ratbert*, mais nous pouvons essayer de deviner comment elle a été faite. Prenez un certain nombre de noms italiens authentiques, et des noms forgés à la physionomie suffisamment vraisemblable ; quelques faits exacts, d'autres faits... qui auraient pu l'être ; des souvenirs plus ou moins précis des arts et des mœurs de la première Renaissance italienne. Reliez le tout par des rimes riches, des rimes imprévues, des rimes pittoresques ; et, en vérité, vous aurez une énumération qui vaudra celle de Hugo, si seulement vous avez son génie. Les noms propres *Ancône, Malaspina, Viçence, Savoie, Montferrat...* font surgir *trône, ruina, naissance, envoie, ingrat...*, que le poète encadre de son mieux ; Ranuce étant caporal de la ville d'*Anduze*, Foulque, qui le suit, a pour cimier la tête de *Méduse ;* Afranus étant évêque de *Fréjus*, Marc, son voisin, a pour devise *Imperium fit jus* (c'est de la force que naît le droit), à moins que ce ne soit cette sinistre devise qui ait déterminé le choix de l'évêché ; Albert *Cibo* étant nommé à la rime, *tombeau* devient nécessaire au vers suivant ; le mot de *tombeau* évoque devant l'esprit du poète la vision d'un chevalier en marbre blanc couché dans l'attitude du repos ou de la prière, la blancheur du marbre fait songer à la noirceur probable de l'âme, et voilà une très poétique antithèse :

> Le sombre Albert Cibo,
> Que le marbre aujourd'hui fait blanc sur son tombeau.

Au total, une longue série de bouts-rimés ; et, au total aussi, une page splendide, vraiment épique d'allure et de couleur :

> Ratbert, fils de Rodolphe et petit-fils de Charles,
> Qui se dit empereur et qui n'est que roi d'Arles,
> Vêtu de son habit de patrice romain,
> Et la lance du grand saint Maurice à la main,
> Est assis au milieu de la place d'Ancône.
> Sa couronne est l'armet de Didier, et son trône
> Est le fauteuil de fer de Henri l'Oiseleur.
> Sont présents cent barons et chevaliers, la fleur
> Du grand arbre héraldique et généalogique
> Que ce sol noir nourrit de sa sève tragique.

Spinola, qui prit Suze et qui la ruina,
Jean de Carrara, Pons, Sixte Malaspina
Au lieu de pique ayant la longue épine noire,
Ugo, qui fit noyer ses sœurs dans leur baignoire,
Regardent dans leurs rangs entrer avec dédain
Guy, sieur de Pardiac et de l'Ile-en-Jourdain ;
Guy, parmi tous ces gens de lustre et de naissance,
N'ayant encor pour lui que le sac de Vicence,
Et du reste n'étant qu'un batteur de pavé
D'origine quelconque et de sang peu prouvé.
L'exargue Sapaudus que le saint-siège envoie,
Sénèque, marquis d'Ast, Bos, comte de Savoie,
Le tyran de Massa, le sombre Albert Cibo
Que le marbre aujourd'hui fait blanc sur son tombeau,
Ranuce, caporal de la ville d'Anduze,
Foulque, ayant pour cimier la tête de Méduse,
Marc, ayant pour devise : Imperium fit jus,
Entourent Afranus, évêque de Fréjus.
Là sont Farnèse, Ursin, Cosme à l'âme avilie ;
Puis les quatre marquis souverains d'Italie ;
L'archevêque d'Urbin, Jean, bâtard de Rodez,
Alonze de Silva, ce duc dont les cadets
Sont rois, ayant conquis l'Algarve portugaise,
Et Visconti, seigneur de Milan, et Borghèse,
Et l'homme, entre tous faux, glissant, habile, ingrat,
Avellan, duc de Tyr et sieur de Montferrat ;
Près d'eux Prendiparte, capitaine de Sienne,
Pic, fils d'un astrologue et d'une égyptienne,
Alde Aldobrandini, Guiscard, sieur de Beaujeu,
Et le gonfalonier du saint-siège et de Dieu,
Gandolfe, à qui, plus tard, le pape Urbain fit faire
Une statue équestre en l'église Saint-Pierre,
Complimentent Martin de la Scala, le roi
De Vérone, et le roi de Tarente, Geoffroy ;
A quelques pas se tient Galco, comte d'Athène,
Fils du vieux Muzzufer, ce rude capitaine
Dont les clairons semblaient des bouches d'aquilon ;
De plus, deux petits rois, Agrippin et Gilon.

III

Si, après avoir montré brièvement comment naissent et comment sont construits les vers de Hugo, je voulais montrer comment ils se groupent, j'aurais un chapitre à ajouter à un chapitre : car là aussi la maîtrise de l'artiste est incomparable. Tantôt il fait se suivre des séries de vers bien liés et baignés tous d'une égale lumière, comme dans *le Roi de Perse, Jean Chouan, Après la bataille, Guerre civile* et maintes parties du *Gibet*. Tantôt il mêle des vers d'une allure prosaïque et des vers éclatants, comme dans *l'An neuf de l'hégire*, où les derniers jours de Mahomet sont contés avec une simplicité pénétrante que relèvent des traits comme ceux-ci :

> Et l'étendard sacré se déployait au vent...
> Et son œil, voilé d'ombre, avait ce morne ennui
> D'un vieux aigle forcé d'abandonner son aire.

Ici un vers, un hémistiche isolé éclatent et forcent l'attention. Là une transition est faite par un distique. Là un groupe de trois vers, laissant un vers en suspens et donnant l'impression de l'inachevé, détache, *campe* un personnage, comme dirait un peintre, ou, comme dit M. Dupuy, « ébauche vivement un tableau » :

> Elle entra. Sa lanterne éclaira le dedans
> Du noir logis muet au bord des flots grondants.
> L'eau tombait du plafond comme des trous d'un crible.

Ailleurs, un groupe de quatre vers sert à produire une impression plus pleine et plus calme :

> Jésus leva les yeux au ciel et marcha seul
> Vers cette ombre où le mort gisait dans son linceul,
> Pareil au sac d'argent qu'enfouit un avare.
> Et, se penchant, il dit à haute voix : Lazare !

Et maintenant, que ne faudrait-il pas dire de la puissante période poétique de Hugo, qui se déroule si savamment pour aboutir à une fin si saisissante ? Les exemples en sont innombrables, et la variété de leur construction est extrême. Dans la description de la salle à manger d'*Éviradnus*, les monstres qui forment les cimiers des casques s'animent à demi et semblent se rappeler leurs jours de guerre et de carnage ; la période s'enfle et se précipite jusqu'à ce qu'elle tombe, comme surprise par le fantastique sommeil des monstres eux-mêmes, sur ce trait : « On dirait que l'Épouvante bâille ». — Plus loin, Éviradnus, à la façon de Ruy Blas dans le conseil de Castille, évoque toutes les grandeurs et toutes les noblesses de la royauté dans des vers majestueux, qui aboutissent à celui-ci, frappant par sa brusque trivialité : « Sigismond est un monstre et Ladislas un gueux ». — Dans *l'Année terrible*, Napoléon III ne capitule pas seul à Sedan : une période enflammée rend la vie à nos vieux généraux vainqueurs, la donne même à nos victoires ; puis, victoires et héros, comme s'abandonnant tout à coup,

> Par la main d'un bandit rendirent leur épée.

— Une période du poème *la Comète*, où Hugo insiste sur l'incrédulité qui, d'après lui, accueillit la prédiction d'Halley, montre brusquement, dans un formidable crescendo, le météore qui s'annonce par une clarté blême, qui paraît, qui grandit, qui remplit le ciel :

> Et l'astre effrayant dit aux hommes : me voici.

— Il y aurait lieu de citer, si elle n'était bien longue, et de commenter, si je ne l'avais fait ailleurs, la période ou plutôt la série de périodes de Charlemagne dans *Aymerillot :* c'est une des merveilles de *la Légende.* Contentons-nous d'une période très courte, mais dont la fin est sublime, dans *le Détroit de l'Euripe.* Thémistocle répond à ceux qui n'osent pas combattre Xerxès à Salamine :

> Combattre, c'est démence? Ah! soyons insensés!
> Je sais bien que ce prince est effrayant, je sais
> Que du vaisseau qu'il monte un démon tient la barre ;
> Ces Mèdes sont hideux, et leur flotte barbare
> Fait fuir éperdument la flottante Délos;
> Ils ont bouleversé la mer, troublé ses flots,
> Et dispersé si loin devant eux les écumes
> Que l'eau de l'Hellespont va se briser à Cumes,
> Je sais cela. Je sais aussi qu'on peut mourir.

IV

Il me resterait à parler des morceaux lyriques que Hugo a introduits dans son épopée : du *Romancero,* si piquant par endroits ; des charmantes chansons de Sophocle, de Joss, des aventuriers de la mer ; du pittoresque chant des reîtres ; de la paraphrase du *Cantique des cantiques* ou du gracieux *Chant des oiseaux* dans *la Fin de Satan* ; des sublimes strophes de *Plein ciel.* Mais la poésie lyrique de Hugo a été fréquemment étudiée, et ce n'est pas d'elle que je m'occupe. Je ne citerai donc que quelques vers, pour montrer, là encore, la variété de ton du poète. Voici, dans *la Chanson des oiseaux,* du Remi Belleau le meilleur :

> Avril ouvre à deux battants
> Le printemps ;
> L'été le suit, et déploie
> Sur la terre un beau tapis
> Fait d'épis,
> D'herbe, de fleurs, et de joie.

> Buvons, mangeons, becquetons
> Les festons
> De la ronce et de la vigne ;
> Le banquet dans la forêt
> Est tout prêt,
> Chaque branche nous fait signe.

Quelle différence avec la musique farouche du chant des reîtres !

> Sonnez, clairons,
> Sonnez, cymbales !
> On entendra siffler les balles ;
> L'ennemi vient, nous le battrons ;
> Les déroutes sont des cavales
> Qui s'envolent quand nous soufflons ;
> Nous jouerons aux dés sur les dalles ;
> Sonnez, rixdales,
> Sonnez, doublons !

Et enfin quelle envolée dans les strophes de *Plein ciel* où est célébrée l'ascension du symbolique aérostat !

> Vers l'apparition terrible des soleils,
> Il monte ; dans l'horreur des espaces vermeils,
> Il s'oriente, ouvrant ses voiles ;
> On croirait, dans l'éther où de loin on entend,
> Que ce vaisseau puissant et superbe, en chantant,
> Part pour une de ces étoiles ;
>
> Tant cette nef, rompant tous les terrestres nœuds,
> Volante, et franchissant le ciel vertigineux,
> Rêve des blêmes Zoroastres,
> Comme effrénée au souffle insensé de la nuit,
> Se jette, plonge, enfonce et tombe et roule et fuit
> Dans le précipice des astres !

CHAPITRE VIII

La composition.

I

Nous avons vu quelle importance a la rime dans la versification de Hugo et comment il lui arrive de troubler l'ordonnance des poèmes. A côté de cette influence perturbatrice de la rime, il convient de signaler celle des images, bien que les deux influences se réduisent souvent à une seule, les images étant souvent suscitées par la rime même. Or, aller de rime en rime et d'image en image, c'est proprement imiter l'enfant qui va de fleur en fleur tout en se dirigeant vers l'école : ni l'enfant ni le poète n'arrivent très vite à leur but. Beaucoup de poèmes de Hugo deviennent ainsi interminables, même quand le sujet en est très simple, même quand il ne comporte qu'une seule idée. Le poème sur Bazaine, *le Prisonnier*, commence par : « Cet homme a pour prison l'ignominie immense », et se termine par: « Et qui donc maintenant dit qu'il s'est évadé? » On pourrait faire suivre les deux phrases sans qu'on sentît entre elles de lacune, et cependant elles sont séparées par cent deux vers. Ce n'est rien. Le poème de *Masferrer* compte 590 vers et se résume exactement en ceci : Masferrer, bien que bandit, ne veut pas s'abaisser jusqu'à devenir un des rois des Pyrénées. Le ver de terre emploie six cents vers à faire son éloge, et le colosse de Rhodes emploie quatre grandes pages à dire : « je suis énorme, je sauve les marins, je ne saurais périr. »

Soyons justes, d'ailleurs ; la rime et les images ne sont pas seules coupables de cette prolixité. La principale cause en est la rhétorique même de Hugo, c'est-à-dire la façon dont Hugo conçoit le développement des idées. Cette rhétorique est toute différente de celle des classiques.

Les classiques analysent les idées, c'est-à-dire qu'ils en distinguent soigneusement les différentes nuances, et qu'à ces différentes nuances ils consacrent des paragraphes successifs qui ne se mêlent point entre eux. Racine veut-il mettre dans la bouche d'Agrippine des plaintes contre Néron, elle énumère d'abord ce qu'elle a fait pour son fils, puis ce que son fils a fait pour elle, et elle conclut avec indignation :

> Et lorsque, convaincu de tant de perfidies,
> Vous deviez ne me voir que pour les expier,
> C'est vous qui m'ordonnez de me justifier!

Corneille fait-il défendre le meurtrier de Camille par le vieil Horace, celui-ci soutient : d'abord qu'Horace n'a point commis de crime, puis que Rome n'a rien à craindre du meurtrier, puis que le supplice du vainqueur d'Albe est impossible. Chacun de ces paragraphes est lui-même subdivisé d'une façon très méthodique, et l'orateur conclut par une double péroraison, où il s'adresse d'abord au roi, puis à Horace. Et maintenant prenons les plaintes du marquis Fabrice après la mort d'Isora. Ici l'idée n'est point analysée ; Fabrice n'insiste point : d'abord sur la douleur qu'il éprouve à perdre le seul être qui lui fît aimer la vie, — puis sur ce qu'a d'odieux la mort d'un enfant, — puis sur la lâcheté de Ratbert qui a employé la ruse comme auxiliaire de sa cruauté, — enfin sur la terrible imprévoyance qui l'a empêché, lui, Fabrice, de se méfier d'un monstre tel que Ratbert. Non, tout ce que Fabrice pourrait dire successivement, il le dit dès le début, et, par la suite, il le répète :

> Tuée ! ils l'ont tuée ! et la place était forte ! (*Vers 1*)
> Ils sont venus, j'ai dit : Entrez ; c'étaient des loups ! (*V. 34*)
> Vraiment ! est-ce donc trop espérer que de croire
> Qu'on ne va point, par ruse et par trahison noire,
> Massacrer des enfants, broyer des orphelins ? (*V. 56-58*)
> O grand vainqueur d'enfants de cinq ans !... (*V. 88*)

Objectera-t-on que ces répétitions sont ici un trait de vérité, et qu'une douleur comme celle de Fabrice ne saurait ordonner savamment ses plaintes ? Revenons alors à ce poème du *Prisonnier*, où le poète parle lui-même. Ce que disait le premier vers : « Cet homme a pour prison l'ignonimie immense », est répété par les vers 31 et 32 :

> Ce misérable est seul dans son ombre ; son front
> Est plié, car la honte est basse de plafond ;

par les vers 59 et 60 :

> Donc cet homme est muré
> Au fond d'on ne sait quel mépris démesuré ;

par le vers 89 :

> ... Aucun mur n'égale en épaisseur la honte ;

et par le vers 100 :

> Il habite la honte, éternel cabanon.

Et que serait-ce, si je voulais parler des romans, où reviennent sans cesse ces mots qui sont des aveux d'une composition lâche : « nous l'avons dit, insistons-y, revenons-y » ? Là, la diffusion ne se contient pas dans l'intérieur d'un chapitre, elle noie sous son flot monotone plusieurs chapitres à la fois. Dans *l'Homme qui rit*, le livre deux de la deuxième partie est consacré à montrer l'amour qui naît et qui devient de jour en jour plus profond entre Gwynplaine, le défiguré, et Dea, l'aveugle. Il y a d'admirables traits dans les longues pages de Hugo, mais elles ne sont certes pas conçues d'après la méthode analytique des classiques. Le chapitre II s'étant terminé de cette façon piquante : « Gwynplaine adorait Dea, Dea adorait Gwynplaine. — Tu es si beau ! lui disait-elle », le troisième chapitre est chargé d'expliquer ce dernier mot. Il porte pour titre : *Oculos non habet et videt*, « Elle n'a pas d'yeux, et cependant elle y voit bien ». Conçu comme le poème *le Prisonnier*, ce chapitre sépare par un développement de deux pages deux phrases qui pourraient se suivre ; nous lisons tout au début : « Une seule femme sur la terre voyait Gwynplaine. C'était cette aveugle » ; et tout à la fin : « C'est que Dea, aveugle, voyait l'âme ». L'effet est curieux, le mot a sa profondeur, et cette fois il semble bien que le sujet est épuisé ! Non pas ; voici un quatrième chapitre : *les Amoureux assortis*, et un cinquième : *le Bleu dans le noir*, qui emploient sept pages encore à nous présenter les mêmes idées.

Le défaut est rarement poussé aussi loin dans les poésies épiques ; mais elles sont parfois composées de la même manière. De distance en distance s'échelonnent des vers qui répètent l'idée essentielle ou qui énoncent les idées successives : ce sont les vers jalons, les vers conducteurs ; et il arrivait à Hugo d'écrire ces vers d'avance, comme on peut le voir dans le manuscrit de *la Légende* pour la pièce biblique des *Lions*. Dans les intervalles, les métaphores éclatent sans interruption comme les fusées d'un feu d'artifice, les énumérations s'allongent, les digressions se multiplient et, avec elles, des procédés que l'ancienne rhétorique n'ignorait pas, mais dont nul n'a usé avec plus d'intempérance que Hugo. Déjà le Tityre de Virgile exprimait sa reconnaissance pour son bienfaiteur de cette façon quelque peu conventionnelle :

> Aussi l'on me dira que les cerfs ont des ailes,
> Que la mer sur ses bords laisse les poissons nus,
> Que, bannis l'un chez l'autre en des champs inconnus,
> L'Ibère boit le Tigre et le Parthe le Tage,
> Avant que de mon cœur s'échappe son image [1].

Mais, après tout, Tityre se contentait de cinq vers. Elciis est moins discret :

> Combattre des soldats,
> Oh ! tant que vous voudrez ! mais des prêtres, non pas !
> La cave du lion est effrayante, et l'aire
> De l'aigle a je ne sais quel aspect de colère ;...

« on sent que l'aquilon.... ; on sent que l'ouragan...; mais... » : en voilà pour 23 vers. — Tout cède à l'homme, dit l'Océan dans le poème qui porte ce titre ; tout cède à l'homme, mais moi, je ne lui cède pas : cette

---

[1]. Traduction de M. André Lefèvre.

idée accessoire que tout cède à l'homme fournit à une énumération de 70 vers.

Ainsi le voulaient les goûts du poète, et ses procédés de travail aggravaient encore ce que son goût avait commencé. Quand ses poèmes étaient écrits, Hugo en effet les reprenait, changeant une expression, rendant plus harmonieux un vers ou plus lumineuse une image, introduisant dans son texte les plus heureuses variantes, mais effaçant bien rarement et couvrant les vastes marges de ses manuscrits de nombreuses additions. On en compte huit dans la courte pièce d'*Aymerillot*; vingt dans *Éviradnus*, dont le manuscrit paraît pourtant à MM. Glachant être déjà une mise au net ; vingt aussi dans *la Confiance du marquis Fabrice*, où 163 vers sur 748 ont été ainsi ajoutés après coup. Parfois entachées de bizarrerie ou de trivialité, les additions d'*Aymerillot* sont du moins conçues de façon à rendre plus forte et plus saisissante la marche de ce beau poème, où d'abord la lâcheté de plus en plus longuement étalée de ceux qui autrefois furent des preux excite l'irritation sourde de Charlemagne, où ensuite leurs réponses de plus en plus sèches forcent cette irritation à éclater. Mais, dans *Éviradnus*, dans *la Confiance*, dans *le Petit roi de Galice*, presque partout, ces additions sont plus fâcheuses : elles augmentent les répétitions, allongent les énumérations, rendent interminables les discours. On comprend que l'homme qui abusait ainsi de sa fécondité verbale ait écrit la page amusante de *William Shakespeare* :

« Il est réservé et discret. Vous êtes tranquille avec lui ; il n'abuse de rien. Il a par-dessus tout une qualité bien rare, il est sobre. » — Qu'est ceci ? Une recommandation pour un domestique ? Non, c'est un éloge pour un écrivain. Une certaine école, dite « sérieuse », a arboré de nos jours ce programme de poésie : sobriété. Il semble que toute la question soit de préserver la littérature des indigestions... Voulez-vous faire *l'Iliade*, mettez-vous à la diète... Nous aimons mieux pas assez que trop. Point d'exagération. Désormais le rosier sera tenu de compter ses roses. La prairie sera invitée à moins de pâquerettes. Ordre au printemps de se modérer. Les nids tombent dans l'excès. Dites donc, bocages, pas tant de fauvettes, s'il vous plaît. La voie lactée voudra bien numéroter ses étoiles ; il y en a beaucoup.

II

Dussions-nous contrister les mânes de Victor Hugo, force nous est bien cependant de reconnaître que ce grand artiste a souvent consenti à être sobre, c'est-à-dire à exprimer tout ce qui était nécessaire pour bien traiter son sujet et à ne rien exprimer de plus. Ainsi a-t-il fait dans les récits que j'ai signalés au chapitre précédent pour en vanter les vers simples et forts ; ainsi a-t-il fait dans beaucoup d'autres, dans *le Cimetière d'Eylau*, par exemple, récit familier, nerveux, vivant, dont la sobriété est d'autant plus méritoire, que le sujet même, un combat long et monotone, sans épisode saillant qui en pût former le centre, offrait au poète une tentation continuelle de longueurs et de digressions. Hugo a su faire sentir la monotonie du combat sans devenir monotone, et il nous a fait voir, si je puis dire, en restant clair lui-même, l'obscurité profonde où tuaient et mouraient les soldats.

Malgré tout, le goût classique dans la composition du détail est exceptionnel chez Hugo. Ce qui ne l'est pas, ce qui est la règle, au contraire, c'est le goût classique dans la composition des ensembles. Les poèmes qui vont tout entiers comme à l'aventure sont rares et courts. Très nombreux sont ceux qui, prolixes et décousus par endroits, n'en sont pas moins de fortes œuvres d'art, à la charpente solide, aux corps de bâtiment symétriques, à la façade imposante. Souvent la charpente est trop visiblement solide, la symétrie est trop accusée, la façade attire trop notre attention, et voilà ce qu'on est tenté de reprocher au poète. Plus latin que grec, il néglige de cacher la force sous la grâce, et il affiche son goût classique avec quelque indiscrétion. Mais cette façon de procéder a une raison profonde. Moins il y a d'intime cohésion entre les parties d'un édifice, plus il est naturel que le plan général s'étale, pour compenser et faire illusion; plus le poète, habitué aux additions et aux raccords, avait de tendance à écrire et à rapprocher des morceaux distincts, plus il faisait effort pour effacer les soudures et pour faire éclater aux yeux une unité qui courait risque de ne pas être sentie par l'esprit.

Que l'effort ne soit pas partout également heureux, la chose était inévitable; et parfois on croit sentir que des parties de poèmes n'ont pas été composées pour être là où elles sont. Dans l'épopée du *Glaive*, par exemple, le chant deuxième : *Ceux qui parlaient dans le bois*, oppose d'une façon poétique et philosophique la douceur du lépreux, victime de la nature, à la haine farouche de l'eunuque, victime des hommes; mais en quoi cet épisode fait-il corps avec l'histoire de Nemrod ? et n'y a-t-il même pas quelque contradiction, alors que le poète nous donne Nemrod comme la personnification de la violence, à faire dire par l'eunuque qu'il a lui seul suscité et fait répandre par Nemrod la guerre pour se venger du genre humain ? Ici, et ailleurs encore, il y a peut-être eu soudure insuffisante de pièces originairement étrangères l'une à l'autre.

En revanche, il arrive que l'hétérogénéité des parties, insensible pour le critique, ne lui est révélée que par les manuscrits du poète. Nul n'avait jamais soupçonné que la majeure partie de *l'Expiation*, où l'idée de l'expiation paraît bien l'idée fondamentale et où elle est périodiquement et si fortement rappelée pour préparer le dénouement, avait été écrite sans que le poète songeât le moins du monde à une expiation de Napoléon et du crime de brumaire. *Le Régiment du baron Madruce* se compose de trois parties qui s'opposent tout naturellement : honneur aux mercenaires suisses ! dit l'aigle héraldique d'Autriche ; — honte aux mercenaires qui déshonorent la Suisse ! dit l'aigle des Alpes, « l'aigle orageux de l'espace » ; — honte aux mercenaires, mais gloire à la Suisse, mère de la liberté ! corrige le poète. Or, cette troisième partie a été écrite après les autres et portait d'abord ce titre spécial : *Sur un aigle*. Inversement, *Ratbert* forme un triptyque si net avec ses trois poèmes : *le Conseil, la Défiance d'Onfroy, la Confiance du marquis Fabrice*, qu'on ne le conçoit pas avec une partie de plus. Les courtisans s'aplatissent ; — les honnêtes gens qui se défient meurent par le poison ; — ceux qui ont confiance meurent par le fer : ironique d'abord, terrible ensuite, cette peinture paraît complète, avec sa remarquable gradation. *Ratbert* comptait pourtant d'abord quatre parties et s'intitulait : *les Quatre romances de Ratbert*. Ne retrouve-t-on pas dans ces arrangements habiles le poète lyrique dont les pièces avaient, elles aussi, un plan très accusé comme les pièces d'un Malherbe et ne ressemblaient en rien à celles d'un Lamartine, où les idées et les sentiments se succèdent sans interruption, sans opposition, sans effet savant, dans l'ordre même où les a produits l'âme du poète ? N'y retrouve-t-on pas le dramaturge qui voulait pour ses drames un plan capable de frapper l'esprit et les yeux, une symétrie ou des oppositions pouvant se traduire en titres piquants : *le Roi, le Bandit, le Vieillard, le Tombeau, la Noce* (dans *Hernani*)? Et ces plans si accusés, en fournissant des points de repère à la lecture à haute voix, ne rappellent-ils pas les procédés par lesquels les aèdes rendaient leurs récits aisés à suivre pour leur auditoire? n'ont-ils pas une valeur épique ?

Dans les pièces épiques, donc [1], le procédé le plus simple et le plus fréquent dont use le poète est la division en deux parties qui s'opposent. Un archange

---

1. C'est surtout pour pouvoir exactement juger la composition des poèmes de Hugo qu'il importerait de connaître toutes les sources où il a puisé. En attendant qu'une enquête suffisante ait été faite, contentons-nous de renvoyer à ce que nous avons dit p. 80-81, et d'ajouter quelques rapides indications. Le poète, qui connaissait bien Rabelais, paraît s'être souvenu de son livre en maints endroits, notamment dans *le Satyre*, où les dieux de l'Olympe se tordant de rire rappellent le *Prologue* du livre IV; où le corps du satyre finit par devenir un monde comme la bouche de Pantagruel (II, 32), où les dieux tremblent devant lui comme devant l'invention du Pantagruélion (III, 51). Il se pourrait que le dénouement du *Satyre* dût aussi quelque chose à la ballade populaire grecque où le clephte Lobros, prisonnier des Turcs, demande à jouer un dernier air de sa flûte avant de mourir. Les sons, d'abord grêles, grandissent peu à peu, emplissent la montagne, deviennent effrayants ; les Grecs, qui les ont entendus, accourent et s'emparent du camp Turc. L'ensemble de l'œuvre n'en reste pas moins essentiellement original. — Il en est de même pour le plan et le mouvement de *la Conscience*, bien qu'elle doive peut-être à d'Aubigné (nous le verrons) l'idée même du symbole par lequel la conscience est représentée — L'épopée du *Glaive* paraît avoir été écrite pour ses chants quatre et cinq. Nemrod y construit une vaste cage dans laquelle est placé son trône et aux quatre angles de laquelle sont attachés des aigles affamés ayant au-dessus d'eux des quartiers de viande accro-

expose une des faces de l'optimisme, le poète lui répond et en expose une autre : c'est *Tout le passé et tout l'avenir*. Le ver chante sa toute-puissance, le poète lui répond qu'il n'atteint pas l'âme : c'est *l'Épopée du ver* et *le Poète au ver de terre*. — Il y a aussi deux discours qui se répondent dans le poème intitulé *l'Océan* : l'Océan veut être une barrière entre les nations ; mais l'homme le forcera bien à collaborer à l'union et à l'harmonie de l'humanité. — *Les sept merveilles du monde* sont conçues d'une façon analogue, mais un peu plus compliquée ; chacune des sept merveilles fait l'éloge de sa propre grandeur et se déclare éternelle ; le

chés à des piques. Les aigles, montant obstinément vers la nourriture qui fuit, enlèvent Nemrod qui veut faire la conquête du ciel, jusqu'à ce que celui-ci lance une flèche dans le ciel, à Jéhovah, et tombe, frappé sans doute par la foudre. Kaous, dans le *Shah-Nameh*, se fait aussi enlever sur son trône par quatre aigles ayant au-dessus d'eux des lances et des quartiers de viande ; les aigles épuisés le ramènent sur la terre et il s'incline devant le Créateur ; mais on n'en avait pas moins dit « qu'il avait volé vers le ciel pour le combattre avec l'arc et les flèches. » (V. *le Livre des rois* par Aboulkasim Firdousi, traduit et commenté par Jules Mohl, 7 vol. 8°, 1876-1878 ; t. I, p. 33. — Un épisode analogue se trouve dans les poèmes français du moyen âge sur Alexandre ; V. *Alexandre le Grand dans la littérature française du moyen âge*, par Paul Meyer, 2 vol. in-12, 1886 ; t. I, p. 109 et 130-133 ; II, p. 189 et 192 ; mais les rapports sont moindres avec le poème de Hugo.) Si Hugo n'a pas lu Firdousi, il a dû trouver quelque part une mention de l'épisode, d'ailleurs très court, du *Shah-Nameh*. — *Les Pauvres gens* sont peut-être directement imités d'un poème de Charles Lafont : *les Enfants de la morte*, composé et publié en 1851 ; peut-être aussi n'en dérivent-ils que par l'intermédiaire d'analyses données par les journaux sous la forme d'un *fait divers* (V. Vapereau, *l'Année littéraire*, 1860, p. 24). Directe ou indirecte, l'imitation est, dans le détail, singulièrement originale. — *Le Mariage de Roland* et *Aymerillot* témoignent de moins d'invention. Ils reproduisent avec quelques changements un article d'Achille Jubinal qu'avait publié le *Journal du dimanche* en 1846.

ver de terre leur répond à toutes et prophétise leur ruine.

Au lieu d'opposer deux parties de pièce, le poète peut opposer deux pièces entières. *Pleine mer* représente le passé, *Plein ciel* représente l'avenir ; au vaisseau symbolique s'oppose le symbolique aérostat : c'est un diptyque. — Un autre diptyque est formé par les poèmes *la Comète* et *la Vérité* ; seulement Hugo s'est avisé, pour plus d'artifice, d'en séparer les deux panneaux. Halley prédit pour l'année 1758 le retour de la comète de 1682; on en rit. Vivant, le savant est bafoué; mort, il est oublié. Tout à coup, fidèle au rendez-vous qui lui a été assigné, la comète paraît et dit : me voici. C'est la face historique du diptyque. Et en voici, trente pages plus loin, la face symbolique. Un homme prédit une vérité, un progrès; on le conspue, il meurt; et tout à coup la vérité annoncée éclate, radieuse : « Terre, c'est moi. »

Enfin, au lieu d'opposer deux parties de pièce ou deux pièces séparées, le poète peut opposer les deux termes d'une antithèse ou d'une comparaison. La pièce *au Lion d'Androclès* est fondée sur une antithèse, d'ailleurs peu naturelle. Au milieu de la décadence latine, le lion d'Androclès a eu des sentiments humains alors que les hommes n'en avaient plus; donc « les hommes rugissaient quand ils croyaient parler », « et, l'homme étant le monstre, ô lion, tu fus l'homme ». — La comparaison qui fait le fond du poème sur *Montfaucon* est beaucoup plus heureuse et poétique. Le roi Philippe et l'archevêque Bertrand marchent dans la campagne en parlant des idées nouvelles qui menacent de troubler la tranquillité de la royauté et de l'Église :

— Chassez les nouveautés, roi Philippe.

> En marchant,
> Tous deux rêveurs, ils sont arrivés près d'un champ
> Qu'emplit de son frisson toute une moisson mûre ;
> Au-dessus des épis jetant un long murmure,
> Sous de hauts échalas plantés parmi les blés,
> Flottent, mouillés de pluie et de soleil brûlés,
> A des cordes que l'air pousse, éloigne et ramène,
> De hideux sacs de paille ayant la forme humaine ;
> Nœuds de débris sans nom, lambeaux fous, balançant
> On ne sait quel aspect farouche et menaçant ;
> Les oiseaux, les moineaux que le blé d'or invite,
> L'alouette criant aux autres : vite ! vite !
> Accourent vers le champ plein d'épis ; mais, au vent,
> Chaque haillon devient lugubrement vivant,
> Et tout l'essaim chantant s'effraie et se dissipe.

— Quel est donc le moyen de régner ? dit Philippe.

> Comme le roi parlait, l'archevêque pieux
> Vit ce champ hérissé de poteaux et de pieux,
> Où pendaient, à des fils tremblant quand l'air s'agite,
> Des larves qui mettaient tous les oiseaux en fuite.
> Et, le montrant au roi, Bertrand dit : — Le voici.

« Pour les oiseaux », disait ce premier paragraphe ; « pour les idées », dit le second. Le roi fait dresser à Montfaucon des gibets ; constamment des pendus s'y balancent,

> Et toujours, au-dessus des clochers et des dômes,
> Le vent lugubre joue avec tous ces fantômes,
> Hier, demain, le jour, la nuit, l'été, l'hiver ;
> Et ces morts sans repos, où fourmille le ver
> Plus que l'abeille d'or dans le creux des yeuses,
> Cette agitation d'ombres mystérieuses,
> L'affreux balancement de ces spectres hagards,
> Ces crânes sans cheveux, ces sourcils sans regards,
> Ce grelottement sourd de ferrailles funèbres,
> Chassent dans la nuée, à travers les ténèbres,
> Les purs esprits de l'aube et de l'azur, venus
> Pour s'abattre au milieu des vivants inconnus,
> Pour faire leur moisson sublime dans la foule,
> Dire aux peuples le mot du siècle qui s'écoule,

> Et leur jeter une âme et leur apporter Dieu ;
> Et l'on voit, reprenant leur vol vers le ciel bleu,
> La sainte vérité, la pensée immortelle,
> L'amour, la liberté, le droit, heurtant de l'aile
> Le Louvre et son beffroi, l'église et son portail,
> Fuir, blancs oiseaux, devant le sombre épouvantail.

Après les ensembles formés par l'opposition de deux parties, nous pourrions étudier les ensembles formés par l'opposition de trois. Mais, puisque nous avons déjà parlé de *Ratbert* et du *Baron Madruce*, mieux vaut insister sur le poème *la Révolution*, dont la disposition est plus complexe : il comprend trois parties, dramatiquement disposées, et un épilogue. Première partie : *les Statues*. La statue d'Henri IV entend une voix mystérieuse qui lui dit : « Va voir si ton fils est encore à sa place. » Elle se lève, va chercher celle de Louis XIII, puis celle de Louis XIV, et toutes trois se dirigent vers les Champs-Élysées. — Après les rois, le peuple ; après *les Statues*, *les Cariatides*. Les cariatides du Pont-Neuf, par lesquelles Germain Pilon a représenté les souffrances du peuple, regardent marcher les trois rois, et l'une, avec une terrible ironie, célèbre leur gloire, ainsi que la gloire, digne d'une Sodome, de leur successeur Louis XV ; une autre demande quand viendra le jour de la justice. — Troisième partie : *l'Arrivée*. Les statues arrivent sur la place de la Révolution. La guillotine se dresse ; une tête vient de rouler dans le panier ensanglanté. « Qui donc a construit cette sinistre machine » ? demande l'aïeul de bronze. — « O mes pères, c'est vous », répond la tête coupée. — Mais cette satisfaction terrible donnée aux cariatides et au peuple n'est pas une satisfaction pour le poète. Il demande la fin de la haine ; il prophétise la venue de la paix, de l'harmonie et de l'amour. C'est l'épilogue.

Une composition tout aussi artificieuse, mais très différente, se remarque dans *le Jour des rois*. Le tableau des rois Pyrénéens pillant et incendiant le même jour quatre villes est entouré d'un double cadre : et l'un de ces cadres est la nature, le ciel ; l'autre est la misère du mendiant qui psalmodie sa prière au bout du pont de Crassus. Le ciel est tout frémissant au point du jour, et paraît tout éclaboussé de sang à la fin de cette journée sinistre. Le mendiant est d'abord l'être stupide et morne en qui les passants ne songent même pas à voir une âme ; mais, quand les rois ont repassé le pont avec leur butin, quand ils sont rentrés dans leur repaire, lui, « tragique et se dressant, tendant ses deux mains décharnées, montrant aux Pyrénées sa souquenille immonde », il s'écrie : O monts sublimes, vous êtes aussi hideux que mes loques, car, si elles cahent dans leurs trous la vermine, vous cachez dans vos antres les rois.

Si Hugo aime la symétrie dans la composition, il est trop artiste pour ignorer que cette symétrie ne doit pas toujours être rigoureuse, que les parties qui s'opposent peuvent être d'une étendue très différente, que l'imagination du lecteur est, en pareil cas, charmée de suppléer à ce que le poète a omis. De l'antithèse qui forme la pièce *au Lion d'Androclès* le second terme est volontairement très écourté. — C'est en près de six cents vers qu'est préparée et exposée l'offre d'une couronne faite par les rois Pyrénéens à Masferrer : c'est en un vers que Masferrer, dédaigneusement, la repousse. — Dans une pièce qui s'intitule *le Mariage de Roland*, on s'attend à ce que le combat de Roland et d'Olivier forme à peine une moitié de l'œuvre ; mais, quand les deux preux ont lutté pendant 140 vers : — « épouse la belle

Aude, ma sœur », dit Olivier ; — « Pardieu! je veux bien », dit Roland [1]. — Et lorsque le ver de terre répond aux sept merveilles du monde, voici quelle est la disposition de son chant : « Je suis le ver, je suis fange et cendre (quelques vers à peine). — Vous, vous êtes des monuments sublimes (long développement). — Eh bien ! montez, édifices ! montez encore ! moi, je rampe et j'attends (chute brusque et rapide). »

L'artiste peut aller plus loin encore, et, parmi toutes les combinaisons trouvées par Hugo pour l'arrangement de ses petits poèmes, il n'en est sans doute point de plus belle et de plus poétique que celle de *la Rose de l'Infante*. Ici, le dessinateur aux traits fortement accusés a su se résigner à un certain vague, l'architecte aux savantes symétries a su laisser dans son plan une lacune, et cette lacune et ce vague mettent délicieusement en branle notre imagination. Normalement, la pièce devrait se diviser en deux parties, dans chacune desquelles s'opposeraient les figures du monarque naissant, l'infante, et du monarque vieilli, Philippe II. L'infante est dans son parc, charmante, contemplant une rose et, déjà hautaine, jetant sur la fleur un regard qui dit : « ceci est à moi ». Le roi est dans son palais, sinistre, contemplant, dans une vision intérieure, la flotte invincible, l'Armada qui va lui subjuguer l'Angleterre, et se disant avec orgueil : « le ciel est à Dieu ; mais j'ai la terre ». Ces deux portraits, qui se font pen-

---

[1]. Même procédé dans le détail : onze vers décrivent l'armure d'Olivier : après quoi, un vers, typographiquement isolé, et dont on remarque d'autant plus l'isolement qu'il rime avec le dernier de ces onze vers, ajoute : « Roland a son habit de fer et Durandal ». Ainsi, Durandal et l'habit de fer font, à eux seuls, un contrepoids suffisant à tout ce qui a été dit des armes d'Olivier.

dant, constituent tout un poème de l'orgueil, auquel on donnerait volontiers ce titre : « Le roi est tout-puissant ». — La suite serait intitulée, comme un autre poème de *la Légende* : « Quelqu'un met le holà ». Premier portrait : l'infante. La brise du soir s'élève, effeuille brusquement la rose ; l'infante, ne tenant plus à la main qu'une tige dépouillée, ne comprend pas, et « cherche au ciel avec stupeur cette brise qui n'a pas craint de lui déplaire ». — Second portrait : le roi... Ah ! l'effrayant tableau que ce serait : Philippe II apprenant que le vent n'a pas craint de lui déplaire, à lui aussi, que l'Armada est effeuillée comme la rose, que quelqu'un existe dont la puissance se joue de celle des rois ! Eh bien, ç'a été une exquise trouvaille du poète que de ne pas faire lui-même ce tableau, d'en laisser le soin à notre imagination, et d'en suggérer simplement l'idée par quelques traits du tableau précédent. — Les feuilles de la rose sont tombées dans le bassin du parc :

> Que faire ? le bassin semble plein de colère ;
> Lui, si clair tout à l'heure, il est noir maintenant ;
> Il a des vagues ; c'est une *mer* bouillonnant ;
> Toute la pauvre rose est éparse sur l'onde ;
> Ses cent feuilles que noie et roule l'eau profonde,
> Tournoyant, *naufrageant*, s'en vont de tous côtés
> Sur mille petits *flots* par la brise irrités ;
> *On croit voir dans un gouffre une flotte qui sombre.*
> Madame, dit la duègne avec sa face d'ombre
> A la petite fille étonnée et rêvant,
> Tout sur terre appartient *aux princes*, hors le vent.

Ici l'artifice de la composition est tellement heureux, qu'il se sent à peine et n'en produit pas moins une impression profonde ; dans la plupart des autres cas que j'ai signalés, on peut, tout en admirant la disposition des poèmes, trouver qu'elle a quelque chose de trop net et de trop accusé. Aussi est-il juste de préférer quelques chefs-d'œuvre dont l'unité, plus forte encore, a quelque chose de mystérieux et tient à l'unité du sentiment exprimé : ce merveilleux *Booz endormi*, dont une analyse rendrait si peu compte et où tous les vers font délicatement pressentir l'union de Ruth et de Booz ; cette jolie chanson d'*Éviradnus*, si une et si vague à la fois, que le poète a fort justement intitulée : *Un peu de musique*. Et il est légitime aussi de préférer quelques autres morceaux dont la composition est forte et régulière, mais simple, discrète, admirablement appropriée aux sujets traités.

L'œil symbolique de la conscience regarde fixement Caïn : comment échapper à ce regard ? Par une fuite ardente et par des précautions multipliées ; de là un rythme ascendant du poème, qui se décompose en six mesures : l'œil apparaît, — fuite de Caïn, — Caïn sous la tente, — Caïn derrière le mur de bronze, — Caïn dans la tour d'une ville terrible, — Caïn dans le tombeau. Mais la conscience ne se laisse ni fuir ni éclipser ; de là la décomposition de chaque mesure, à partir de la seconde, en trois temps : terreur de Caïn, — effort des enfants pour y mettre un terme, — nouvelle apparition et terreur nouvelle. La suprême beauté de la pièce a pour cause la combinaison si naturelle de ces deux rythmes : le rythme régulier et monotone qui marque l'inanité de chaque effort, le rythme désespérément accéléré qui marque la multiplicité de ces efforts.

C'est le *crescendo* qui se remarque surtout dans *le Titan* et dans *le Satyre*. L'un et l'autre de ces morceaux commencent par une sorte d'introduction :

lugubre dans *le Titan*, où Phtos nous est représenté vaincu par les dieux, écrasé par une montagne ; — bouffonne dans *le Satyre*, où le chèvre-pieds scandalise les bois et fait éclater de rire tous les dieux. Mais, à partir du moment où le Titan se met à creuser la terre pour échapper aux Immortels, où le Satyre se met à chanter pour célébrer la révolte sainte de la nature et de l'homme, un mouvement progressif, un souffle de plus en plus puissant emporte la poésie, jusqu'à ce que le Titan ait en face de lui l'abîme lumineux et vienne crier aux Olympiens stupéfaits : « O dieux, il est un Dieu » ; — jusqu'à ce que le Satyre transfiguré, identifié avec le grand Tout, avec Pan, fasse retentir cette parole : « Place à Tout ! je suis Pan ! Jupiter, à genoux ! »

Aux fêtes d'un sacre royal, l'assistance est d'autant plus choisie qu'elle est plus près du souverain, et la cérémonie d'autant plus imposante qu'on approche davantage du moment où le souverain est sacré ; *le Sacre de la femme* produit une impression de plus en plus profonde et religieuse à mesure que le poète décrit : le paradis terrestre au début du monde, — l'aurore d'une journée bénie entre toutes, — la vénération des êtres et des choses pour le premier homme et la première femme, — cette vénération plus tendre et plus douce vis-à-vis d'Ève, — le tressaillement et l'élan d'amour de la nature au moment où Ève, pâle, sent se révéler en elle le mystère auguste de la maternité.

Le poème des *Trois cents* a une marche régulière, lente, imposante, comme celle de l'armée de Xerxès : il se répartit en étapes, dont un vers saisissant marque chaque fois le terme. 1° *L'Asie*. L'Asie est monstrueuse et fauve, et la Grèce, ce point lumineux, l'ennuie :

> Et l'énorme noirceur cherche à tuer l'étoile.

2° *Le dénombrement*. Le dénombrement de l'armée nous fait connaître le nuage humain poussé par Xerxès sur la Grèce,

> Et ce nuage était de deux millions d'hommes.

3° Voici *la Garde*, véritable armée, mais armée splendide, qui marche avec un ordre et une solennité religieuse autour du roi dormant,

> Car le roi sommeillait sur son char formidable.

Et enfin 4° voici *le Roi* lui-même avec son orgueil grandiose et puéril. La mer s'étant permis de détruire un pont qu'il avait fait construire, il la fait battre de trois cents coups de fouet, et Neptune irrité transforme ces trois cents coups en trois cents soldats :

> Et Xerxès les trouva debout aux Thermopyles.

D'autres poèmes encore, dans *la Légende*, mériteraient d'être étudiés. Mais, comme je n'ai rien dit nulle part de ce poème en prose de Waterloo, « foudroyant de beauté épique », selon l'expression de Leconte de Lisle, que V. Hugo a inséré dans son roman des *Misérables*, et comme je m'en voudrais de le laisser oublier, j'aime mieux citer le chapitre sur *la Garde*, si simplement et si dramatiquement composé : d'abord, rendu dans un style tumultueux et précipité, le sauve-qui-peut de l'armée française qui commence ; puis, vision grandiose, la garde impériale inébranlable au milieu de ce désastre ; puis (pour concentrer l'attention sur un seul personnage pris pour type) Ney à la tête des braves, cherchant la mort ; à la fin, un trait poignant et sublime.

« On sait le reste ; l'irruption d'une troisième armée, la bataille disloquée, quatre-vingt-six bouches à feu tonnant tout à coup, Pirch Ier survenant avec Bülow, la cavalerie de Zieten menée par Blücher en personne, les Français refoulés, Marcognet balayé du plateau d'Ohain, Durutte délogé de Papelotte, Douzelot et Quiot reculant, Lobau pris en écharpe, une nouvelle bataille se précipitant à la nuit tombante sur nos régiments démantelés, toute la ligne anglaise reprenant l'offensive et poussée en avant, la gigantesque trouée faite dans l'armée française, la mitraille anglaise et la mitraille prussienne s'entr'aidant, l'extermination, le désastre de front, le désastre en flanc, la garde entrant en ligne sous cet épouvantable écroulement.

« Comme elle sentait qu'elle allait mourir, elle cria: Vive l'Empereur ! L'histoire n'a rien de plus émouvant que cette agonie éclatant en acclamations.

« Le ciel avait été couvert toute la journée. Tout à coup, en ce moment-là même, il était huit heures du soir, les nuages de l'horizon s'écartèrent et laissèrent passer, à travers les ormes de la route de Nivelles, la grande rougeur sinistre du soleil qui se couchait. On l'avait vu se lever à Austerlitz.

« Chaque bataillon de la garde, pour ce dénoûment, était commandé par un général. Friant, Michel, Roguet, Harlet, Mallet, Poret de Morvan, étaient là. Quand les hauts bonnets des grenadiers de la garde avec la large plaque à l'aigle apparurent, symétriques, alignés, tranquilles, dans la brume de cette mêlée, l'ennemi sentit le respect de la France ; on crut voir vingt victoires entrer sur le champ de bataille, ailes déployées, et ceux qui étaient vainqueurs, s'estimant vaincus, reculèrent ; mais Wellington cria : *Debout, gardes, et visez juste !* Le régiment rouge des gardes anglaises, couché derrière les haies, se leva, une nuée de mitraille cribla le drapeau tricolore frissonnant autour de nos aigles, tous se ruèrent et le suprême carnage commença. La garde impériale sentit dans l'ombre l'armée lâchant pied autour d'elle, et le vaste ébranlement de la déroute, elle entendit le sauve-qui peut qui avait remplacé le vive l'Empereur ! et, avec la fuite derrière elle, elle continua d'avancer, de plus en plus foudroyée et mourant davantage à chaque pas qu'elle faisait. Il n'y eut point d'hésitants ni de timides. Le soldat dans cette troupe était aussi héros que le général. Pas un homme ne manqua au suicide.

« Ney, éperdu, grand de toute la hauteur de la mort acceptée, s'offrait à tous les coups dans cette tourmente. Il eut là son cinquième cheval tué sous lui. En sueur, la flamme aux yeux, l'écume aux lèvres, l'uniforme déboutonné, une de ses épaulettes à demi coupée par le coup de sabre d'un horse-guard, sa plaque de grand-aigle bosselée par une balle, sanglant, fangeux, magnifique, une épée cassée à la main, il disait : *Venez voir comment meurt un maréchal de France sur le champ de bataille !* Mais en vain ; il ne mourut pas. Il était hagard et indigné. Il jetait à Drouet d'Erlon cette question : *Est-ce que tu ne te fais pas tuer, toi?* Il criait au milieu de toute cette artillerie écrasant une poignée d'hommes : — *Il n'y a donc rien pour moi ! Oh ! je voudrais que tous ces boulets anglais m'entrassent dans le ventre!* — Tu étais réservé à des balles françaises, infortuné ! »

III

On voit que de combinaisons diverses le dramaturge épique dont je parlais tout à l'heure a trouvées pour ses poèmes. Mais ce n'est pas seulement par leur disposition générale que certains morceaux de *la Légende* rappellent les drames, c'est aussi par l'art de la mise en scène (surtout *Welf, castellan d'Osbor*) et c'est par la marche même de l'action. Çà et là nous retrouvons le mélodrame et les effets contestables, dans *Welf*, dans *la Confiance*, dans *Éviradnus*, dont le début résonne comme un trémolo à l'orchestre, où Sigismond et Ladislas vont comploter au milieu des broussailles afin, sans doute, d'être entendus, où Mahaud méconnaît d'une façon bien invraisemblable ses deux voisins le roi et l'empereur, où Éviradnus enfin, non content de prononcer un grand discours comme Ruy Blas, se laisse prendre son épée comme don Salluste. Mais nous retrouvons aussi les coups de théâtre saisissants, l'art de piquer la curiosité, et cet autre art, si nécessaire au théâtre: celui des préparations. *Éviradnus* nous fournit aussi des exemples de toutes ces qualités. La description du château de Corbus et celle de la salle bordée de panoplies étranges, où, de nuit, la marquise Mahaud doit prendre le repas imposé par la coutume de Lusace, ces descriptions fantastiques nous disposent à accueillir les faits les plus effrayants et les plus mystérieux. — Le vieux chevalier Éviradnus entre dans la salle et se substitue sur un des chevaux de fer à l'un des cavaliers qu'il enlève:

> Pareil aux autres, froid, la visière abattue,
> On n'entend pas un souffle à sa lèvre échapper,
> Et le tombeau pourrait lui-même s'y tromper.
> Tout est silencieux dans la salle terrible.

Désormais, quoi qu'il arrive, nous ne perdrons plus de vue ce cavalier à l'aspect aussi macabre que tous ceux qui bordent la salle, et que nous savons vivant. — Contraste piquant ! Une poétique et vague chanson se fait entendre : Mahaud apparaît, escortée de ses deux musiciens, Joss et Zéno, Sigismond et Ladislas ! Elle jase, elle rit, elle blesse Ladislas, l'imprudente, et, le philtre qu'on lui a fait boire agissant enfin, elle s'endort et reste au pouvoir de ses deux sinistres convives, qui jouent aux dés la marquise et le marquisat. Mahaud est condamnée. Les deux bandits couronnés ont pris par les pieds et par la tête le corps charmant de leur victime et le portent vers une oubliette, où ils le précipiteront. Mais tout à l'heure un léger bruit s'était fait entendre ; sans doute l'indignation empêchait Éviradnus de rester immobile : le dénouement approche.

> Portant Mahaud, qui dort toujours,
> Ils marchent lents, courbés, en silence, à pas lourds,
> Zéno tourné vers l'ombre et Joss vers la lumière ;
> La salle aux yeux de Joss apparaît tout entière ;
> Tout à coup il s'arrête, et Zéno dit : — Eh bien ?
> Mais Joss est effrayant ; pâle, il ne répond rien,
> Et fait signe à Zéno qui regarde en arrière...
> Tous deux semblent changés en deux spectres de pierre ;
> Car tous deux peuvent voir, là, sous un cintre obscur,
> Un des grands chevaliers rangés le long du mur
> Qui se lève et descend de cheval ; ce fantôme,
> Tranquille sous le masque horrible de son heaume,
> Vient vers eux, et son pas fait trembler le plancher ;
> On croit entendre un dieu de l'abîme marcher ;
> Entre eux et l'oubliette il vient barrer l'espace,
> Et dit, le glaive haut et la visière basse,
> D'une voix sépulcrale et lente comme un glas :
> — Arrête, Sigismond ! arrête, Ladislas !
> Tous deux laissent tomber la marquise, de sorte
> Qu'elle gît à leurs pieds et paraît une morte.

Sigismond et Ladislas prennent le chevalier pour Satan et bégaient des supplications. Éviradnus, trop noble pour profiter de leur terreur, ouvre son casque et découvre sa longue barbe blanche, devant laquelle les lâches poussent un cri joyeux et reprennent courage. Ladislas meurt, en perfide ; en perfide aussi, Sigismond va frapper Éviradnus... Un nouveau contraste termine le drame, et celui-ci est singulièrement frappant :

> Le moment est funèbre ; Éviradnus sent bien
> Qu'avant qu'il ait choisi dans quelque armure un glaive,
> Il aura dans les reins la pointe qui se lève ;
> Que faire ? Tout à coup sur Ladislas gisant
> Son œil tombe ; il sourit, terrible, et, se baissant,
> De l'air d'un lion pris qui trouve son issue :
> — Hé ! dit-il, je n'ai pas besoin d'autre massue ! —

Et, prenant aux talons le cadavre du roi,
Il marche à l'empereur qui chancelle d'effroi ;
Il brandit le roi mort comme une arme, il en joue,
Il tient dans ses deux poings les deux pieds, et secoue
Au dessus de sa tête, en murmurant : Tout beau !
Cette espèce de fronde horrible du tombeau,
Dont le corps est la corde et la tête la pierre.
Le cadavre éperdu se renverse en arrière,
Et les bras disloqués font des gestes hideux.

Lui crie : — Arrangez-vous, princes, entre vous deux.
Si l'enfer s'éteignait, dans l'ombre universelle,
On le rallumerait, certe, avec l'étincelle
Qu'on peut tirer d'un roi heurtant un empereur.

Sigismond, sous ce mort qui plane, ivre d'horreur,
Recule, sans la voir, vers la lugubre trappe ;
Soudain le mort s'abat et le cadavre frappe.
Éviradnus est seul. Et l'on entend le bruit
De deux spectres tombant ensemble dans la nuit.
Le preux se courbe au seuil du puits, son œil y plonge,
Et, calme, il dit tout bas, comme parlant en songe :
— C'est bien ! disparaissez, le tigre et le chacal !

Il reporte Mahaud sur le fauteuil ducal,
Et, de peur qu'au réveil elle ne s'inquiète,
Il referme sans bruit l'infernale oubliette :
Puis remet tout en ordre autour de lui, disant :

— La chose n'a pas fait une goutte de sang ;
C'est mieux.

        Mais, tout à coup, la cloche au loin éclate ;
Les monts gris sont bordés d'un long fil écarlate ;
Et voici que, portant des branches de genêt,
Le peuple vient chercher sa dame ; l'aube naît.
Les hameaux sont en branle, on accourt ; et, vermeille,
Mahaud, en même temps que l'aurore, s'éveille ;
Elle pense rêver et croit que le brouillard
A pris ces jeunes gens pour en faire un vieillard.
Et les cherche des yeux, les regrettant peut-être ;
Éviradnus salue, et le vieux vaillant maître,
S'approchant d'elle avec un doux sourire ami :
— Madame, lui dit-il, avez-vous bien dormi ?

La Confiance a une allure aussi dramatique, et le dénouement tout merveilleux de *l'Aigle du Casque* est rendu naturel par les plus savantes préparations. Des récits très simples témoignent de la même habileté. L'histoire du petit Paul change brusquement de face sur ce mot émouvant : « Le grand-père mourut » ; dans *le Crapaud*, au contraire, le poète nous prépare à admirer la sublime bonté de l'âne misérable en faisant torturer le crapaud par des gens heureux, à qui il n'aurait rien coûté d'être bons.

Enfin, il y a au moins un poème où, comme dans certaines œuvres dramatiques très simples et très délicates, l'intérêt va surtout à un personnage, peint avec un soin pieux. C'est le poème des *Pauvres gens*, dont le fond a été emprunté par V. Hugo, mais où il ne doit qu'à son génie, sans parler du décor, la délicieuse figure de la femme du pêcheur, de Jeannie. Le cœur débordant de tendresse et d'angoisse, elle écoute, la nuit, l'océan qui gronde ; elle lui demande son mari, ballotté par les flots. Cependant, le jour va poindre ; la pauvre femme n'y tient plus, elle se dirige vers le rivage. Sur le chemin se rencontre une masure, où elle sait qu'une pauvre veuve est malade à côté de ses deux tout petits enfants. Une pitié la prend, en dépit — ou plutôt à cause de sa propre misère. Elle entre, trouve la mère morte à côté des deux enfants qui dorment, et précipitamment, sans oser se retourner, comme une voleuse, elle emporte les enfants et va les cacher sur son lit. Si elle eût réfléchi, le courage lui eût peut-être manqué d'infliger à son mari cette charge nouvelle ; aussi s'est-elle empressée de céder à son noble instinct. Mais maintenant elle n'a que trop le temps de réfléchir, et elle se prend à redouter, elle, la femme aimante, la venue de ce mari qu'elle appelait tout à l'heure de toutes ses pensées et de toutes ses prières. Le mari rentre, cependant, les mains vides, mais joyeux. « Qu'as-tu fait en mon absence ? » dit-il. Question terrible ! Elle n'ose y répondre et commence par mentir ; puis, tout embarrassée, avec des phrases gauches qu'elle interrompt et qu'elle reprend, mais aussi avec l'inconsciente habileté que donne l'ardent désir de convaincre, elle dit ce qu'il faut pour amener son mari à adopter les orphelins.

IV

Il serait étonnant qu'un prestigieux versificateur comme Hugo ne tirât pas parti pour la composition de ses poèmes de son incomparable habileté. Bien des chapitres d'*Éviradnus*, du *Petit roi de Galice* et d'autres œuvres se terminent sur un début de vers : notre pensée est mise en branle, nous réfléchissons à ce qui vient de se passer, nous essayons de deviner ce qui va suivre. C'est alors que le vers s'achève et relie fortement le nouveau chapitre à celui qui avait précédé.

Un effet du même genre, mais plus savant, se remarque dans le poème *Dieu*. Chacune des figures qui expose au poète les théories par lesquelles l'humanité a essayé de résoudre le problème du divin, termine son exposé sur une rime en *oir*, qui reste en suspens jusqu'à ce que lui fasse écho le vers terrible qui annonce l'apparition de la figure suivante : « Et je vis au-dessus de ma tête un point noir ». Quand la dernière des figures a parlé, il nous faut retomber encore sur le même vers, ce *leit-motiv* décourageant. Et nous sentons ainsi de la façon la plus forte combien le problème du divin est impossible à la fois et à éluder et à résoudre.

On a pu remarquer, au contraire, dans nos citations

du *Titan*, des *Trois Cents*, du *Satyre*... l'effet produit par le vers final : c'est là un des traits les plus caractéristiques de la composition de Hugo. Ce vers peut prendre les tons les plus divers. Il est prosaïque dans *Après la Bataille*, pour marquer la simplicité avec laquelle le général Hugo est héroïque :

> Donne-lui tout de même à boire, dit mon père.

Il est naïf et touchant à la fin de *Petit Paul* :

> Il avait appelé dans l'ombre solitaire
> Longtemps ; puis il était tombé mort sur la terre,
> A quelques pas du vieux grand-père, son ami.
> N'ayant pu l'éveiller, il s'était endormi.

Il est d'une ironie délicate dans *la Défiance d'Onfroy*, où, Ratbert ne sachant comment se débarrasser d'Onfroy,

> — Laissez moi l'inviter à souper, dit l'évêque.
>
> Et c'est pourquoi l'on voit maintenant à Carpi
> Un grand baron de marbre en l'église accroupi ;
> C'est le tombeau d'Onfroy, ce héros d'un autre âge,
> Avec son épitaphe exaltant son courage,
> Sa vertu, son fier cœur plus haut que les destins,
> Faite par Afranus, évêque, en vers latins.

Ailleurs, c'est un vers sonore et puissant, un vers d'airain, comme dans *le Parricide* :

> Rôde éternellement sous l'énorme ciel noir ;

ou dans *la Conscience*, qui s'achève sur le nom du fratricide comme sur une malédiction :

> L'œil était dans la tombe et regardait Caïn.

Le plus souvent, ce vers final résume le poème entier, « en concentre en lui l'essence », comme a dit M. Henri de Régnier, et en est un raccourci saisissant. Parfois, au contraire, le poème finit comme en sourdine, et le dernier vers n'est ni un résumé ni une conclusion ; il n'a d'autre rôle que de solliciter notre rêverie :

> Et Ruth se demandait,
> Immobile, ouvrant l'œil à demi sous ses voiles,
> Quel Dieu, quel moissonneur de l'éternel été,
> Avait, en s'en allant, négligemment jeté
> Cette faucille d'or dans le champ des étoiles.

CHAPITRE IX

La Langue et le Style : L'Image.

I

Après avoir étudié la versification et la composition de Hugo, il y aurait lieu maintenant d'étudier sa langue et son style, si je tenais à faire de ce grand écrivain une étude vraiment complète. Mais, comme mon dessein est seulement de caractériser le mieux possible en lui le poète épique, je pourrai passer presque complètement sous silence ce qui concerne la langue, et du style montrer seulement ce qu'il a de plus significatif dans l'épopée.

La langue de Hugo n'a d'ailleurs pas été étudiée jusqu'ici comme elle méritait de l'être, et l'on s'est généralement contenté de l'admirer ou de la dénigrer.. de loin [1]. Sa richesse est indiscutable. Non que le poète ait été un créateur de mots ! Il convient, en général, de se méfier des créateurs de mots, car, s'ils ont recours

---

[1]. Une étude sérieuse vient d'être commencée par M Huguet. Voir *Notes sur le néologisme chez Victor Hugo* (*Revue de philologie française, 1898*). On trouve aussi d'utiles indications dans le chapitre de M. Dupuy sur *les mots*, et dans l'article de M. Brunot sur *la Langue Française de 1815 à nos jours* (*Histoire de la Langue et de la Littérature Française* dirigée par M. Petit de Julleville, t. VIII, 1900).

à des vocables nouveaux, c'est souvent faute de bien connaître les ressources de la langue, et nos plus grands écrivains ont su exprimer des idées et des sentiments qui étaient bien à eux avec le vocabulaire qui appartenait à tous. Hugo a quelques termes nouveaux à son actif, comme peut-être (car on ne saurait être trop réservé en pareille matière), comme peut-être : *auroral, fécondable, inexpié*... ; mais ces créations ne contribuent que pour une bien faible part à la richesse dont nous parlons, et cette richesse vient d'ailleurs. Hugo, aidé en cela par les romantiques, a fait entrer dans la langue de la poésie quantité de termes qui ne paraissaient pas assez nobles pour y être admis (comme si la noblesse d'un mot ne dépendait pas le plus souvent de l'emploi qui en est fait !). Il n'a tenu aucun compte de la règle classique qu'il faut exprimer les choses par les termes les plus généraux ; et ainsi le dictionnaire de l'usage, comme dit l'Académie, s'est allongé de tous les dictionnaires spéciaux de l'archéologie, des arts, des métiers. Il a repris bien des termes qui avaient été florissants au xvie siècle ou au moyen âge. Et surtout Hugo n'a pas possédé les mots de la langue comme nous les possédons presque tous, alors qu'un petit nombre de termes, toujours les mêmes, se pressent continuellement sur nos lèvres, et que nous laissons les autres sommeiller inactifs au fond de notre mémoire. Comme un général qui, ayant à sa disposition une immense armée, en connaîtrait tous les hommes, saurait de quoi ils sont capables et, en chaque occasion, pourrait, sans hésiter, mettre en avant ceux que leurs aptitudes rendraient le plus utiles, Hugo, qui cependant avait ses favoris (*sombre, énorme, vertigineux*....), maniait avec une souveraine aisance des troupes imposantes de mots, de mots vivants, comme il disait, et tout bouillants du désir d'entrer en ligne.

A ces mots, d'ailleurs, il lui arrivait souvent de donner une valeur inattendue, soit en les retrempant à la source étymologique, vraie fontaine de Jouvence, d'où *cap* ressortait avec son sens de *tête* et *hydre* avec son sens de liquide qui coule ; — soit en étendant leurs significations, comme pour *fauve*, qui, ayant marqué la couleur de certains animaux, puis ces animaux mêmes, marque maintenant, grâce à Hugo, la sauvagerie et l'aspect effrayant qui nous ont frappés en eux ; ou comme pour *sombre*, épithète autrefois inoffensive, dans laquelle le poète visionnaire a versé toute l'horreur que lui inspire l'ombre insondable, l'ombre irritante pour l'esprit, l'ombre évocatrice des doutes, « l'ombre athée » ; — soit enfin et surtout, comme nous le verrons, en faisant du mot un signe mystérieux ou une personnification, un symbole ou un mythe.

A un vocabulaire plus riche et plus varié devait correspondre une phrase plus souple et plus libre, et Hugo a dégagé la sienne en effet de bien des entraves forgées à plaisir par les grammairiens et que nos grands classiques, plus libres d'allure qu'on ne se l'imagine communément, n'avaient pas connues. Il a été plus loin et, de sa forte main, a poussé parfois sa phrase, non seulement hors des barrières arbitrairement élevées par les pédants, mais hors du domaine où le génie français est vraiment chez lui. Mais il importe de ne rien exagérer. C'est surtout en prose que la phrase de Hugo, si belle souvent, se permet aussi des tours extraordinaires et paraît hachée, tourmentée ; en poésie elle est beaucoup plus régulière. Ne disons pas que Hugo est impeccable : personne ne l'est, et l'on signalerait aisément dans ses vers des bizarreries, comme des emplois de temps incorrects, des changements de genres (*basalte* et *effluve* féminins, *traîtres* adjectifs pour *traîtresses*, *coi* féminin — ou adverbe? — dans *Rome se tenait coi*), des formes analogiques trop hardies (*résoudait qu'il se résoude, qu'il vêtisse*), des impropriétés (*agape* signifiant un repas solitaire dans *Éviradnus*), des phrases alambiquées et obscures. Il a abusé des substantifs accouplés, des adjectifs neutres pris comme substantifs (*son visible, son possible, le troublé, le profond*), des participes présents remplaçant des propositions... Mais il est très vrai qu'en général Hugo a le plus vif souci de respecter la langue, qu'il l'a ornée et embellie sans lui faire violence et qu'il s'en est tenu à sa formule, du moins à la deuxième partie de sa formule des *Contemplations* : « Guerre à la rhétorique et paix à la syntaxe ! »

II

Je fais mes réserves pour la première partie : « Guerre à la rhétorique ! » Car n'est-ce pas de la rhétorique — j'entends : de la mauvaise — que les développements sans fin dont j'ai parlé ? N'est-ce pas de la rhétorique que ces vers, formés de répétitions, dont le poème *Dieu*, par exemple, nous offre tant de spécimens :

> Ils vont, ils vont, ils vont, fatals alérions...
> Oh ! l'être, l'être, l'être invisible ! il m'accable.

N'y a-t-il pas de la rhétorique dans la simplicité affectée de Fabrice parlant à son Isora, aussi bien que dans l'éloquence, affectée aussi, d'un comte

Félibien ? Et n'est-ce pas d'un mélange de rhétorique et de bouffonnerie qu'est faite cette ironie dont Hugo se sert pour faire parler un géant aux dieux de l'Olympe ou pour parler lui-même aux matérialistes et aux évolutionnistes? Les traits de mauvais goût sont rarement involontaires chez Hugo, et le rhéteur qui était en lui les a cherchés avec un grand soin.

Cela dit, pourquoi ne pas répéter l'éloge si juste qu'a fait de Victor Hugo écrivain M. Émile Faguet ? « Tant qu'on entendra notre langue, on admirera un pareil artiste en écritures. On dira qu'il a eu un style à lui, créé par lui, et puis qu'il a eu à sa disposition tous les autres. » Il a eu à sa disposition tous les styles, le poète dont on peut citer des vers didactiques pleins et sobres comme du Voltaire ou du Boileau supérieur, des vers solides et puissants comme du Corneille, des vers touchants et purs comme du Racine, des vers savants et souples comme de l'André Chénier, ou même, avec la chanson d'*Éviradnus*, une fantaisie d'une préciosité délicieuse comme les plus jolies inspirations de Théophile [1]. Et non seulement il a eu un style à lui, créé par lui, mais peut-être faudrait-il dire qu'il s'est créé à lui-même plusieurs styles. Ni *Booz*, ni *le Petit*

---

1. Cf. par exemple V. Hugo, *Un peu de musique* :

> Ce ne sera point ma faute
> Si les forêts et les monts,
> En nous voyant côte à côte,
> Ne murmurent pas : Aimons !...

et Théophile, *la Solitude* :

> Si tu mouilles tes doigts d'ivoire
> Dans le cristal de ce ruisseau,
> Le Dieu qui loge dans cette eau
> Aimera, s'il en ose boire...

roi de Galice, ni *le Parricide*, ni *Plein ciel* ne sauraient être d'un autre que Hugo. Mais quelle différence entre la sublimité de *Plein ciel*, l'étrangeté terrifiante du *Parricide*, le pittoresque familier et puissant du *Petit Roi*, la majesté calme et douce de *Booz* ! Et ces quatre poèmes, que je prends un peu au hasard, sont loin de résumer tout l'art de Hugo. Ils ne contiennent rien, par exemple, qui ressemble à ces vers si délicats sur le temple d'Ephèse :

> Tout à coup,
> Fier, blanchissant, cherchant le ciel avec sa cime,
> Monte et sort lentement l'édifice sublime,
> Composé de la terre et de l'homme, unissant
> Ce que dans sa racine a le chêne puissant
> Et ce que rêve Euclide aidé de Praxitèle,
> Mêlant l'éternel bloc à l'idée immortelle !
>
> Mon frontispice appuie au calme entablement
> Ses deux pans lumineux inclinés mollement,
> Si doux qu'ils semblent faits pour coucher des déesses ;
> Parfois, comme un sein nu sous l'or des blondes tresses,
> Je me cache parmi les nuages d'azur...
> Corinthe en me voyant pleure, et l'art ionique
> Me revêt de sa pure et sereine tunique.

Il y a pourtant quelque chose de commun à ces poèmes, et à tous les autres, quelque chose qui fait, à partir de sa grande époque et notamment dans l'œuvre épique, l'unité, la physionomie propre et la nouveauté précieuse du style de Hugo ; et c'est, d'abord, la hardiesse de l'expression, en second lieu la présence constante de l'image.

Certes les hardiesses d'expression n'étaient pas inconnues de nos classiques. Bossuet savait rapprocher un mot abstrait et un mot concret quand il disait : « Versez des larmes avec des prières » ; Racine ne reculait pas devant des alliances de mots ou des métonymies toutes nouvelles quand il écrivait :

>N'en attendez jamais qu'une paix sanguinaire. —
>Et de David éteint rallumer le flambeau.

Mais il y a loin du nombre et de la hardiesse de ces figures dans nos classiques au nombre et à la hardiesse de ces figures dans Hugo. Passons sur les alliances de mots, comme : « *superbement hideux, les princes de proie, de l'invisible Rien vision formidable.* » Mais les rares exemples d'un mot abstrait uni à un mot concret qu'on pourrait trouver au xviie siècle pâliraient vite devant les beaux emplois analogues de notre poète. Éviradnus ouvre son casque, et « sa longue barbe *blanche et tranquille* apparaît »; — Booz est vêtu *de probité candide et de lin blanc* ; — Onfroy pense que la haine de Ratbert pourra faire sortir les hommes loyaux de leur torpeur :

>Nous pouvons, en creusant, retrouver aujourd'hui
>Nos estocs sous la rouille et nos cœurs sous l'ennui ;

— et le Cid dit magnifiquement au roi Sanche :

>Roi, je suis un homme probe
>De l'antique probité.
>Chimène recoud ma robe,
>Mais non pas ma loyauté.

Chez lequel de nos classiques trouverait-on une métonymie aussi saisissante ?

>Sultan Mourad jeta ces femmes à la mer
>Dans des sacs convulsifs que la houle profonde
>Emporta, se tordant confusément dans l'onde :

ou aussi exquise :

Ils s'approchent ; Mahaud dort comme dans un lit
— Allons !
  Joss la saisit sous les bras, et dépose
Un baiser monstrueux sur cette bouche rose ;
Zéno, penché devant le grand fauteuil massif,
Prend ses pieds *endormis* et charmants ; et, lascif,
Lève la robe d'or jusqu'à la jarretière.

Lequel aurait osé dire des lions de Daniel que *leur faim bondissait* ; de Fabrice pleurant Isora que *son sanglot rugissait ;* du roi Philippe II qu'il vient de *grincer un sourire* ; de l'aéroscaphe de *Plein ciel*, symbole de l'humanité future, que l'ancien monde expirant a laissé *cette sphère heureuse s'envoler des lèvres de son agonie ?*

Regardons de plus près ce que nous avons appelé des hardiesses d'expression ; il y a là autre chose que dans les hardiesses d'expression des classiques. Une *paix sanguinaire* était l'heureuse opposition de deux idées ; *princes de proie*, au contraire, éveille l'image d'un vautour, et *la vision de l'invisible Rien* suppose une perception. Racine rajeunissait admirablement une expression connue quand il parlait de *rallumer le flambeau de David éteint*, mais ce *David éteint* n'exprimait pas une vision de son esprit ; il y a au contraire comparaison et vision dans la loyauté du Cid recousue comme une robe, ou dans le cœur d'Onfroy retrouvé sous l'ennui comme l'estoc sous la rouille. Si le poète dit que les sacs sont convulsifs et se tordent, alors que nous aurions eu soin d'appliquer ce verbe et cette épithète aux femmes noyées, c'est que nous aurions parlé en logiciens, attribuant par le raisonnement les mouvements des sacs à leur cause, tandis que lui-même ne voit que ces mouvements et fixe sa perception dans un style fidèle et pittoresque. — Les pieds de Mahaud sont endormis comme le reste du corps, et il faut bien qu'ils le soient, puisqu'ils ne repoussent pas la hideuse caresse de Zéno. L'aéroscaphe symbolique ne peut s'envoler que parce que l'ancien monde agonise ; il est comme le dernier souhait de ce mourant ; aussi ce mourant a-t il des lèvres, ou plutôt ces lèvres sont celles mêmes de son agonie, et l'on voit la sphère heureuse en sortir pour s'envoler. — Et je crois inutile d'analyser la faim qui bondit, le sanglot qui rugit, le sourire que l'on grince.

Ce ne sont pas là proprement des expressions hardies, ce sont des images qu'une assimilation imprudente avec les exemples classiques nous avait fait d'abord distinguer et classer à part. La marque propre du style de Hugo, c'est donc d'être constamment plein d'images, non d'images usées et traditionnelles, mais d'images qui sont vraiment des perceptions, des sensations personnelles. Étudions donc l'image dans la poésie épique de Hugo, et voyons successivement : ce qu'est l'image dans l'esprit du poète, — comment elle en sort pour entrer dans l'œuvre poétique, — quelles formes diverses elle y prend.

III

Sur ce qu'est l'image dans l'esprit de Hugo, ou, en d'autres termes, sur sa vision, M. Mabilleau a écrit des pages curieuses et pénétrantes que je ne songe pas à refaire. Je ne me propose pas de montrer après lui comment la perception visuelle de Hugo, si exacte d'abord, peu à peu se déforme, s'agrandit, dégrade ses contours et ses teintes, et d'hallucination vraie, comme disait Taine, devient la plus personnelle et la plus étrange des hallucinations proprement dites. Il me suffira de classer sommairement d'après leur nature les sensations visuelles de Hugo.

Tout d'abord, le vrai poète — à moins que sa muse ne se confine dans le monde moral — est celui qui sait déchirer le voile interposé entre le monde extérieur et nos yeux par des siècles d'art et de littérature, celui qui sait vraiment regarder lui-même ce monde extérieur et qui, en sa présence, a la même fraîcheur et la même justesse d'impression que les poètes primitifs. Hugo a su voir ; Hugo a eu des yeux d'une puissance extraordinaire constamment braqués sur tous les spectacles qui s'offraient à lui. Baudelaire se demande quelque part comment Hugo a pu être à la fois le travailleur dont on sait l'œuvre colossale et le promeneur que l'on rencontrait partout. C'est, répond-il, que Hugo ne marchait qu'en travaillant et en amassant les matériaux de ses œuvres futures : « Sans cesse, en tous lieux, sous la lumière du soleil, dans les flots de la foule, dans les sanctuaires de l'art, le long des bibliothèques poussiéreuses exposées au vent, Victor Hugo, pensif et calme, avait l'air de dire à la nature extérieure : « Entre bien dans mes yeux, pour que je me souvienne de toi ». — Et comme il s'en est souvenu, en effet ! Que de fois un trait criant de vérité nous arrête dans notre lecture et, comme un éclair, illumine tout un spectacle que nous avions regardé souvent et que nous n'avions pas su voir : « L'aïeul, grave figure à mettre en une bible — La chèvre aux fauves yeux qui rôde au flanc des monts. — Les arbres bleus par la lune sereine. — Des transparences d'eau frémissaient sous les saules. — Les rochers monstrueux apparus brusquement. — Le vieil anneau de fer du quai plein de soleil. » Que de tableaux ainsi pris sur le vif! De grands peintres les envieraient au poète. On a dit que le tableau de l'entrée du marin dans *les Pauvres gens* pourrait être signé Butin. L'enterrement du grand-père dans *Petit Paul* est un excellent Jules Breton. Le mendiant du *Jour des Rois* est un Callot. Et à quel réaliste puissant attribuerons-nous le porc mourant de *Sultan Mourad*?

> Cette bête râlait devant cette masure ;
> Son cou s'ouvrait, béant d'une affreuse blessure ;
> Le soleil de midi brûlait l'agonisant ;
> Dans la plaie implacable et sombre, dont le sang
> Faisait un lac fumant à la porte du bouge,
> Chacun de ses rayons entrait comme un fer rouge ;
> Comme s'ils accouraient à l'appel du soleil,
> Cent moustiques suçaient la plaie au bord vermeil.

* *
*

Tous ces tableaux reproduisent la réalité, telle qu'un jour ou un autre Hugo l'a vue de ses yeux. Mais un grand peintre sait aussi donner l'impression de la réalité en reproduisant une scène qui s'est produite dans le passé ou qu'il imagine lui-même. Ce qui n'a jamais été sous ses yeux, il le voit cependant, parce qu'il le compose avec des éléments déjà vus, qu'il groupe par un effort du génie. Ainsi fait Victor Hugo, quand, peignant la fille de Philippe II, il rivalise avec Velasquez, qui, lui, avait sous les yeux des infantes. Ainsi fait-il quand, en quatre vers, il nous donne un Francisco Goya aussi saisissant qu'aucune des *Misères de la guerre* de ce sombre artiste :

> Déroute ; enfants, vieillards, bœufs, moutons ; clameur vaine ;
> Trompettes, cris de guerre : exterminons ! frappons !
> Chariots s'accrochant aux passages des ponts ;
> Les champs hagards sont pleins de sombres débandades ;

LA LANGUE ET LE STYLE : L'IMAGE

ou lorsqu'il peint une armée en marche, chargée de butin, avec autant de couleur qu'un Salvator Rosa :

> Chaque bande, à travers la brumeuse campagne,
> Dans des directions diverses s'enfonça,
> Ceux-là vers Roncevaux, ceux-ci vers Tolosa ;
> Et les pillards tâtaient leurs sacs, de peur que l'ombre
> N'en fit tomber l'enflure ou décroître le nombre,
> La crainte du voleur étant d'être volé.
> Meurtre du laboureur et pillage du blé,
> La journée était bonne, et les files de lances
> Serpentaient dans les champs pleins de sombres silences ;
> Les montagnards disaient : Quel beau coup de filet !
> Après avoir tué la plaine qui râlait,
> Ils rentraient dans leurs monts, comme une flotte au havre,
> Et, riant et chantant, s'éloignaient du cadavre.
> On vit leurs dos confus reluire quelque temps,
> Et leurs rangs se grouper sous les drapeaux flottants,
> Ainsi que des chaînons ténébreux se resserrent ;
> Puis ces farouches voix dans la nuit s'effacèrent.

Sûr de sa palette et de son pinceau, Hugo n'hésite pas, à l'occasion, à escompter l'effet de ses peintures. « Alors », dit-il au moment de décrire avec une merveilleuse fougue la poursuite d'Angus par Tiphaine,

> Alors commença l'âpre et sinistre poursuite,
> Et vous ne lirez plus ceci qu'en frémissant.

Et comment, en effet, Hugo douterait-il de l'impression qu'il va produire, puisque ce qu'il se propose de décrire, il le voit et en est frappé tout le premier ? Il écrit dans *Plein ciel* :

> Voici l'heure des feux sans nombre ;
> L'heure où, vu du nadir, *ce globe semble*, ayant
> Son large cône obscur sous lui se déployant,
> Une énorme comète d'ombre.

Avez-vous remarqué ce mot : *ce globe semble*? Hugo oublie presque que notre imagination n'a pas la puissance de la sienne, et qu'elle ne nous a pas transportés dans l'espace pour nous y montrer la comète d'ombre qui est la terre.

Faut-il ajouter que, s'il rivalise avec les peintres, Hugo ne renonce pas à ajouter aux effets que peut produire un tableau les effets dont la poésie seule est capable ? Un peintre pourrait reproduire la plus grande partie de l'orgie de Ratbert à Final, mais il resterait impuissant devant le dernier trait :

> Sur le bord des plats d'or on voit des mains sanglantes ;
> Ratbert s'accoude avec des poses indolentes ;
> Au-dessus du festin, dans le ciel blanc du soir,
> De partout, des hanaps, du buffet, du dressoir,
> Des plateaux où les paons ouvrent leurs larges queues,
> Des écuelles où brûle un philtre aux lueurs bleues,
> Des verres, d'hypocras et de vin écumants,
> Des bouches des buveurs, des bouches des amants,
> S'élève une vapeur gaie, ardente, enflammée,
> Et les âmes des morts sont dans cette fumée.

De même pour le massacre à Chagres, *le jour des Rois:*

> Ils voulaient s'évader, les manants misérables ;
> Mais les pointes d'épée, âpres, inexorables,
> Comme des becs de flamme, accouraient derrière eux ;
> Les bras levés, les cris, les pleurs étaient affreux ;
> On n'avait jamais vu peut-être une contrée
> D'un tel rayonnement de meurtre pénétrée :
> Le pont d'un bout à l'autre était un cliquetis ;
> Les soldats arrachaient aux mères leurs petits ;
> Et l'on voyait tomber morts et vivants dans l'Èbre,
> Pêle-mêle ; et pour tous, hélas ! ce pont funèbre
> Qui sortait de la ville, entrait dans le tombeau.

Dans *la Rose de l'Infante*, Hugo nous peint à deux reprises, non pas l'Armada voguant sur l'Océan, mais la vision de cette Armada dans l'œil de Philippe II, et cela est d'un art singulièrement heureux et savant.

*
* *

Où un peintre est plus impuissant encore à suivre Hugo, c'est lorsque le poète passe du monde de la réalité vue ou devinée au monde du fantastique et du mystère. Et l'on pourrait marquer par quelles étapes il y arrive. La tour du château de Corbus a une physionomie tellement sinistre, que le pâtre a peur et croit que cette tour le suit. L'image est exacte, elle est produite par une réalité vraiment perçue, mais l'impression est déjà quelque peu mystérieuse. — Même effet, mais plus marqué et à propos d'un spectacle imaginé, dans la description de l'immense salle aux panoplies. Sur la table un flambeau éclaire le banquet auquel doit s'asseoir Mahaud, le long des murs chevauchent deux rangées sombres de cavaliers de fer.

> Leur ombre est formidable au plafond de la salle ;
> Aux lueurs du flambeau frissonnant, au-dessus
> Des blêmes cavaliers vaguement aperçus,
> Elle remue et croit dans les ténébreux faites ;
> Et la double rangée horrible de ces têtes
> Fait dans l'énormité des vieux combles fuyants,
> De grands nuages noirs aux profils effrayants.

— Un pas de plus, et Hugo croit voir l'homme qui tire « le verrou des ténèbres » : *la porte noire cède et s'entre-bâille. Il sort ! L'empreinte de son talon se remarque dans les nues.* — Un pas encore, et ce que voit le poète ne peut plus s'exprimer que dans des termes étranges : c'est l'ombre, « voile effrayant du spectre éternité » ; c'est l'infini, « porche horrible et reculant » ; c'est la trompette du jugement, qui semble « un réveil songeant près d'un chevet » ; c'est tout ce que voit le Titan au fond de la terre :

> L'inhospitalité sinistre du fond noir...
> L'évanouissement misérable et terrible,
> L'espèce de brouillard que ferait le Léthé,
> Cette chose sans nom, l'univers avorté,
> Un vide monstrueux où de l'effroi surnage...
> Plus bas que les effets et plus bas que les causes,
> La clôture à laquelle aboutissent les choses,

> Il la touche, et dans l'ombre, inutile éclaireur,
> Il est à l'endroit morne où tout n'est plus. Terreur.
> C'est fini. Le Titan regarde l'invisible.

*
* *

Le poète aussi regarde l'invisible et, son œil s'y habituant (comme on s'habitue à l'obscurité), il le voit. Après cela, ce n'est plus qu'un jeu pour lui de voir l'abstraction, de la percevoir comme ayant une forme, ou tout au moins un mouvement. *L'effroi* surnageait dans le vide aux yeux du Titan ; il ondoie dans la fumée de l'âtre :

> ... Les gens des hameaux tremblent facilement,
> Les légendes toujours mêlent quelque fantôme
> A l'obscure vapeur qui sort des toits de chaume,
> L'âtre enfante le rêve, et l'on voit ondoyer
> L'*effroi* dans la fumée errante du foyer.

Quand l'aéroscaphe symbolique monte, on voit « la *fuite* de sa joie » et son « *engloutissement* splendide » dans l'azur. Quand un fleuve puissant déborde, des cadavres apparaissent *sous le glissement noir de sa transparence*. Le spectre Lilith Isis est « debout dans le *frisson* livide d'un linceul ». Ailleurs, on voit l'enfer qui s'emplit d'*évanouissement* et des « *renversements* en arrière, effrayés, qui se dressent ». Tous les mots abstraits prennent une valeur concrète : *flamboiement, blanchissement, écroulement* ; et ainsi s'explique cette anomalie apparente, que les mots abstraits, ces hôtes envahissants du lexique chez les peuples qui raisonnent plus qu'ils ne voient et qui emmagasinent dans leur esprit plus d'idées ou de lieux communs que de perceptions, — que les mots abstraits, dis-je, abondent dans les vers et dans la prose d'un poète en qui le sens de la vue a été si actif et si puissant. Et quand Hugo ne voit pas les abstractions, il les traduit spontanément, presque inconsciemment, sous une forme concrète. Le Satyre ne dit pas : la tyrannie a la loi impitoyable à ses ordres, il dit : « Dracon donne la main à Busiris ». L'ange Liberté ne dit pas : faisons cesser le crime ; elle dit : « Faisons lever Caïn accroupi sur Abel ».

*
* *

Enfin tous ces procédés : expression de la réalité concrète, peinture du mystère, traduction concrète de l'abstraction, sont si naturels à Hugo, qu'il les mêle et les fond dans des visions d'un sublime original et tout nouveau. Les panoplies du château de Corbus ont été autrefois des armures de vivants ; morts maintenant, ces cavaliers doivent s'inquiéter du problème de notre destinée, ils doivent interroger l'énigme suprême. Dès lors, la brume et la nuit de l'immense salle deviennent aux yeux de Hugo la brume et la nuit de l'éternité ; si les cavaliers ont l'air provocant, c'est parce qu'ils regardent en face l'énigme, sorte de chevalier masqué, dont il s'agit d'arracher le secret et de faire lever la visière. Le cirque où ils vont combattre est l'ombre universelle elle-même, ayant pour pavés les astres et pour pilastres l'atmosphère bleue :

> Et tout est fixe, et pas un coursier ne se cabre
> Dans cette légion de la guerre macabre ;
> Oh ! ces hommes masqués sur ces chevaux voilés,
> Chose affreuse !
>   A la brume éternelle mêlés,
> Ayant chez les vivants fini leur tâche austère,
> Muets, ils sont tournés du côté du mystère ;
> Ces sphinx ont l'air, au seuil du gouffre où rien ne luit
> De regarder l'énigme en face dans la nuit,
> Comme si, prêts à faire, entre les bleus pilastres,
> Sous leurs sabots d'acier étinceler les astres,
> Voulant pour cirque l'ombre, ils provoquaient d'en bas

> Pour on ne sait quels fiers et funèbres combats,
> Dans le champ sombre où n'ose aborder la pensée,
> La sinistre visière au fond des cieux baissée.

*
* *

On comprend quelle quantité prodigieuse d'images Hugo doit ainsi avoir à son service, et l'on s'étonne moins qu'un long poème, comme l'*Épopée du ver*, par exemple, puisse n'être qu'une série de variations sur le même thème. Ces images étant directement fournies par le sens de la vue, on comprend aussi que Hugo use peu des comparaisons avec les choses morales. Lamartine en use sans cesse : « le contour des joues était pâle comme une passion contenue ; — des yeux doux comme le regret qui se résigne et qui devient bonheur » ; V. Hugo, au contraire, qui a parlé des « monts sans tache, blancs comme les cœurs sans vice », ou d'un fronton de temple « se montrant à demi derrière un bois avec la modestie auguste de l'exemple », ne s'est exprimé ainsi qu'exceptionnellement. — Et de même Lamartine, ami des images imprécises, vagues, propres à la rêverie, évoque sans cesse celles de l'eau qui coule et de l'air qui flotte : Hugo a des images plus plastiques, plus variées aussi, il faut le dire, car, en expliquant les images de Lamartine par un désir d'allègement, on a oublié de signaler une certaine monotonie de l'imagination tout à fait étrangère à Hugo. — Mais ce qui est le plus frappant dans les images de Hugo, c'est leur nouveauté. Il existe un *dictionnaire des métaphores de Hugo* : l'intention en était bonne, l'exécution en a été médiocre, et l'auteur, sans doute aveuglé par les souvenirs d'autres poètes, n'a guère vu dans les œuvres dépouillées par lui que ce qu'il y avait de moins original et de moins intéressant. Que de richesses pourtant et que d'éblouissantes trouvailles, à côté de bizarreries dont la nouveauté même a séduit l'artiste ! Pour les ornements vieillis, défraîchis, ils sont fort rares (j'entends surtout dans l'œuvre épique), et ceux mêmes qui paraissent anciens ont été habilement rajeunis. Rien de plus usé que le Temps ayant à la main son sablier (Boileau disait : son horloge); mais si le sable de ce sablier est remplacé par la cendre de nos ancêtres ! et si ce sont eux qui, ayant peu vécu, nous défendent de vivre longtemps !

> Le Temps, spectre debout sur tout ce qui s'écroule,
> Tient et par moments tourne un sablier, où coule
> Une poudre qu'il a prise dans les tombeaux
> Et ramassée aux plis des linceuls en lambeaux,
> Et la cendre des morts mesure aux vivants l'heure.

Rien de plus connu que le rire de la tête de mort ; mais que dire de ces vers sur nos pères, ces « conquérants de gloire », ces « chercheurs d'horizons », ces « gagneurs d'avenir »,

> Ces amants du péril que savait retenir
> Aux âcres voluptés de ses baisers farouches
> La grande mort, posant son rire sur leurs bouches !

Et il y a des milliers d'années que les ailes de la Victoire ne sont plus une nouveauté, mais c'en est une certes que de regarder avec pitié l'ombre néfaste de ces ailes :

> Les vieux champs de bataille étaient là dans la nuit ;
> Il passe, et maintenant voilà le jour qui luit
>   Sur ces grands charniers de l'histoire
> Où les siècles, penchant leur œil triste et profond,
> Venaient regarder l'ombre effroyable que font
>   Les deux ailes de la Victoire.

Par cette abondance des images, par la nouveauté, par le caractère mystérieux d'une bonne partie d'entre elles, Hugo diffère profondément de nos poètes classiques ; il n'en diffère pas moins par la façon dont ces images sortent de son esprit pour entrer dans l'œuvre d'art.

IV

La poésie classique est une poésie rationnelle où l'image est sévèrement subordonnée à l'idée, comme nous avons montré que l'était la rime. Quand le sujet demande une description, quand l'idée gagnera à être élucidée par une comparaison ou appuyée d'une métaphore, alors, mais alors seulement (je mets à part le cas où la gêne de la versification oblige l'auteur à du remplissage), le poète classique a recours à une description, à une comparaison, à une métaphore. Il se demande ce qui fera le mieux sentir le caractère de l'idylle, et il écrit : « telle qu'une bergère au beau jour d'une fête... » ; il veut montrer avec force le changement de situation d'Hermione, et il fait dire à Pyrrhus :

> Je renvoie Hermione et je mets sur son front,
> Au lieu de ma couronne, un éternel affront.

Surtout, comme l'image n'est là que pour servir l'idée, elle paraît juste au moment où l'on a besoin d'elle, s'explique dès l'abord, et, quand elle s'est acquittée de son office, s'efface pour ne plus reparaître. Il en va tout autrement chez Hugo, où très souvent, cela va sans dire, l'image joue le même rôle que chez les classiques, mais où, très souvent aussi, l'image n'est pas appelée par la pensée, ne se développe que

L'image, dans la poésie de Hugo, peut être appelée par la rime ; nous en avons donné des exemples, auxquels nous pouvons peut-être ajouter ces beaux vers, où *Dracon* fait antithèse à *Beccaria*, et où *Beccaria* paraît avoir été suscité par la rime *paria* :

> On voit la fin du monstre et la fin du héros,
> Et de l'athée et de l'augure,
> La fin du conquérant, la fin du paria ;
> Et l'on voit lentement sortir Beccaria
> De Dracon qui se transfigure.

L'image peut être amenée par une autre image, à laquelle elle s'associe naturellement. Dieu, dit Jean de Pathmos au Scheik Omer dans *le Cèdre*, Dieu veut qu'un arbre pousse avec lenteur, qu'il soit dur, solide et patient,

> Pour qu'il brave, à travers sa rude carapace,
> Les coups de fouet du vent tumultueux qui passe.

Les rafales de vent ressemblant pour l'arbre à des coups de fouet ont donné au poète l'idée de comparer l'arbre à un âne ; mais si l'arbre est un âne, le temps qui l'accable est un bât :

> Pour qu'il brave, à travers sa rude carapace,
> Les coups de fouet du vent tumultueux qui passe,
> Pour qu'il porte le temps comme un âne son bât,
> Et qu'on puisse compter, quand la hache l'abat,
> Les ans de sa durée aux anneaux de sa sève.

L'image peut être appelée par les mots. Le nom de la montagne la *Jungfrau* signifiant *vierge*, la Jungfrau

« ne livre son front qu'aux baisers des étoiles ». — L'ambition, étant souvent qualifiée de *chimérique*, devient un monstre qui branle ses têtes de chimère sous le crâne de Ladislas ou de Sigismond. — Si l'athéisme *étouffe* dans le malheureux qui l'embrasse l'amour et l'espoir, le mot *étouffer* suggère l'image d'une scène d'asphyxie :

> Étouffe en toi l'amour et l'espoir ; raille et blâme ;
> Ferme ton volet sourd ; allume dans ton âme
> Le hideux réchaud du néant.

— Et puisque la Suisse nourrit les mercenaires du baron Madruce,

> ..... l'on voit pendre ensemble à ses sombres mamelles
> La honte avec la gloire, ainsi que deux jumelles.

* * *

Enfin l'image n'étant ni empruntée à des auteurs antérieurs, ni appelée par la volonté, mais se présentant d'elle-même, ne se présente pas toujours complètement formée. Le poète ne dit pas que la troupe des infants acharnés contre Roland ressemble à un dragon, ce qui pourrait fort bien n'être qu'un ornement voulu ou un souvenir d'un poète antérieur ; il a une impression et la rend telle qu'il l'éprouve, ne la précisant dans son langage qu'à mesure qu'elle se précise dans son esprit. Cette « famille de monstres se reploie et se tord », nous dit-il pittoresquement. — Dès lors il songe aux nœuds d'un animal rampant : « Le héros sous son pied sent onduler leurs nœuds ». — Il ne reste plus qu'à trouver le nom de l'animal auquel cette troupe ressemble : « comme les gonflements d'un dragon épineux ».

Souvent l'impression pittoresque, au lieu de se préciser tout de suite, ne se précise qu'au bout d'un temps plus ou moins long. Il est dit que les hallebardes des Suisses mercenaires « brillent en longs buissons mouvants »; suivent cinq vers d'où cette image est absente, et brusquement nous regardons « marcher cette forêt d'éclairs ». De même l'enfant Angus s'escrime contre Tiphaine avec une fougue désordonnée, et Tiphaine, dédaigneux, le laisse se fatiguer sans riposter. Une image commence à poindre : cet homme « paraissait rêver au centre d'une toile » ; suivent trois vers, et tout à coup l'image surgit : « Et l'on eût dit la mouche attaquant l'araignée ».

Souvent enfin l'image s'esquisse plusieurs fois, à des intervalles plus ou moins longs, avant de se montrer dans toute son ampleur. Les fils de la Révolution sont vaillants, lit-on dans *Paroles dans l'épreuve* :

> Ils veulent le progrès durement acheté,
> Ne tiennent en réserve aucune lâcheté,...
> Vont toujours en avant et toujours devant eux ;
> Ils ne sont pas prudents de peur d'être honteux ;
> Et disent que le pont où l'on se précipite,
> Hardi pour l'abordage, est lâche pour la fuite.

Ainsi est indiquée, et indiquée seulement, l'idée d'un passage qui ne doit servir que pour avancer. Cette idée, Hugo l'abandonne, il exprime d'autres images ; celle-ci revient très discrètement :

> Aller, ne se garder aucun retour possible,
> Ne jamais se servir pour s'évader d'en haut,
> Pour fuir, de ce qui sert pour monter à l'assaut,
> Telle est la loi.

Puis tout d'un coup, après quarante vers, l'image s'étale :

> Nous voyons devant nous, là-bas, dans la nuée,
> L'âpre avenir à pic, lointain, redouté, doux :

> Nous le sentons perdu pour nous, gagné pour tous ;
> Nous arrivons au bord du passage terrible ;
> Le précipice est là, sourd, obscur, morne, horrible ;
> L'épreuve à l'autre bord nous attend ; nous allons,
> Nous ne regardons pas derrière nos talons ;
> Pâles, nous atteignons l'escarpement sublime,
> Et nous poussons du pied la planche dans l'abîme.

* * *

C'est bien cela ! s'écrieraient les détracteurs de Hugo ; voilà bien cette incohérence des images que nous avons souvent signalée dans ses vers. Un poète peut dire que le Mont Blanc est le pâtre blanc des monts tumultueux et qu'en guise de dogue il a à ses pieds le Salève, mais si entre les deux parties de cette métaphore s'en intercalent d'autres toutes différentes, il y a incohérence. Un poète peut comparer la Suisse à une maison dont les sommets qui se suivent forment le toit ; mais si, au milieu même de cette comparaison, se place cette image toute différente : « Volcans de neige ayant la lumière pour lave », il y a incohérence. — Incohérence, soit. Le mot *incohérence* signifiant seulement manque de liaison, nous pouvons bien reconnaître qu'il est matériellement exact. Mais quand on parle d'incohérence, on n'entend généralement pas se borner à constater un fait, on veut aussi accuser une impuissance du poète. Or, cette impuissance est fréquente chez un Boileau, qui ne *voit* pas ses images ; on la remarque encore chez un Lamartine, dont les images ont assez souvent un caractère artificiel ; elle est bien rare, si même elle existe, chez Victor Hugo. Victor Hugo *voit* ses images avec toute la netteté qu'elles comportent, il n'éprouve aucune difficulté à les exprimer ; mais sa conception de la poésie et sa méthode de composition font qu'il s'intéresse aux images pour elles-mêmes ; qu'il les cueille par gerbes ou par bottes dans le champ si riche de son imagination, et qu'il se croit permis de les caresser toutes du regard, les abandonnant, y revenant, sans autre but que sa satisfaction et la satisfaction d'un lecteur artiste comme lui-même. L'image s'esquisse à plusieurs reprises dans sa poésie comme s'esquisse à plusieurs reprises un motif dans un morceau de musique, et tout ce que l'on a droit de remarquer, c'est que Hugo s'amuse trop parfois à ramener son motif avec de curieuses variantes. Vous prétendez donner des lois aux astres, disent à Halley ses ennemis ; vous êtes donc le dompteur de ces fauves d'un nouveau genre :

> Vous avez dans la cage horrible vos entrées !
> Vous pouvez, grâce au chiffre escorté de zéros,
> Prendre aux cheveux l'étoile à travers les barreaux !
> Vous connaissez les mœurs des fauves météores,
> Vous datez les déclins, vous réglez les aurores,
> Vous montez l'escalier des firmaments vermeils,
> Vous allez et venez dans la fosse aux soleils !

Passons vingt-deux vers d'où cette image est absente :

> Vous êtes le montreur d'Allioth, d'Arcturus,
> D'Orion, des lointains univers apparus,
> Et de tous les passants de la forêt des astres !

Passons deux vers encore :

> Vous êtes le cornac du prodige effaré !

V

Les descriptions une fois mises à part, les formes littéraires que prend l'image se répartissent sur une sorte d'échelle, que le poète est tenté de parcourir tantôt dans un sens et tantôt dans l'autre. Parce qu'il voit fortement le rapport de deux objets, le poète est tenté de marquer de plus en plus ce rapport, de rapprocher, d'identifier les deux objets. Nos instincts pervers ressemblent à la griffe d'une bête malfaisante, toujours prête à saisir et à déchirer : l'on peut rendre cette idée par une comparaison ; mais une métaphore (*notre instinct, cette griffe...*) aura plus de force ; plus saisissant encore sera l'accolement des deux mots : *la griffe-instinct* ; enfin le dernier terme de cet effort pour rapprocher les deux objets sera l'absorption de l'un par l'autre : on parlera de la *griffe* qui est en l'homme, et l'on aura un symbole. En revanche, le poète sait peindre et par conséquent *veut* peindre : ni le mot symbolique, ni les mots accolés, ne le lui permettent : la métaphore, si souple, si précieuse qu'elle soit, lui offre un champ trop restreint ; le poète veut pouvoir, dans une comparaison, nous montrer la griffe à l'œuvre ; il étendra même la comparaison jusqu'à en faire une allégorie, ou enfin, paraissant oublier notre instinct pour ne songer qu'à la griffe, il fera sur la griffe un petit poème ou un fragment développé de poème dont le sens profond s'appliquera à l'instinct : et ce sera de nouveau un symbole.

Ces deux tendances, si différentes, semble-t-il, sont également naturelles et impérieuses chez notre poète. En quelques mots, dans mon introduction, je l'ai montré cédant à l'une, il est donc naturel que je le montre maintenant cédant à l'autre et que je parcoure rapidement l'échelle des *figures* en allant de la plus concise à la plus développée. — Je ne parlerai d'ailleurs pas pour le moment du mot-symbole.

⁂

L'usage d'accoler deux substantifs dont l'un paraît servir d'épithète à l'autre ne date pour Victor Hugo que du temps de l'exil. Une pièce prétendue antérieure qui contient plusieurs exemples de cet emploi, la *Réponse à un acte d'accusation*, est évidemment antidatée. On peut voir là une influence de la littérature anglaise et surtout du poète Shelley ; mais la nature de l'imagination de Hugo devait lui faire trouver de lui-même cette tournure. D'ailleurs il importe de ne pas confondre, comme on le fait sans cesse, deux variétés de cette tournure, qui sont essentiellement différentes. Dire : le *rocher hydre*, le *torrent reptile*, les *chevaux mensonges*, c'est dire quelque chose d'assez peu hardi et dont on a trouvé même des spécimens dans le très classique Viennet : Le *rocher qui est une hydre*, le *torrent qui est un reptile*, les *chevaux qui sont des mensonges*. Il en est autrement de *l'hirondelle espérance*, de *la brebis Épouvante qui passe en bêlant*, de *la flèche Esprit qui doit avoir une cible* et du *miel pardon qui emplit la ruche Paradis*, car ici on a affaire à des mots-symboles immédiatement expliqués ; *l'hirondelle, la brebis, la flèche, le miel, la ruche* sont des symboles dont on nous dit aussitôt qu'ils représentent *l'espérance, l'épouvante, l'esprit, le pardon, le paradis*, et il faut analyser : *cette hirondelle qu'est l'espérance, cette brebis qu'est l'épouvante, cette flèche qu'est l'esprit, ce miel et cette ruche que sont le pardon et le paradis*.

⁂

Les métaphores de Hugo sont innombrables et prennent toutes les formes. Il en est de très concises : « la douleur, ce péage » ; — l'attraction « amarre du soleil » ; — « les nuages, ce dais livide de la nuit » ; — la voie lactée « forêt des constellations » :

> Pas un homme qu'on n'ait puni de son génie ;
> Pas un qu'on n'ait cloué sur une calomnie.

D'autres sont plus étendues :

> Le soldat a le pied si maladroit, Seigneur,
> Qu'il ne peut sans boiter traîner le déshonneur.

D'autres se continuent et s'organisent jusqu'à confiner à l'allégorie : par exemple, cette longue invective, dont je ne cite que le début, contre l'insatiable curiosité, l'insatiable ambition de l'homme :

> Rien ne rassasierait ta folie incurable.
> Tu voudrais exprimer dans le broc misérable
>   Où tu bois, homme plein d'ennuis,
> Dans ton verre où les vins immondes se répandent,
> Les constellations, grappes d'astres qui pendent
>   A la treille immense des nuits.

Beaucoup de ces métaphores sont doubles et portent sur deux objets à la fois : celle-ci, par exemple, sur les ennemis des mercenaires et les mercenaires eux-mêmes :

> La meute des plus fiers escadrons, le chenil
> Des bataillons les plus hideux, les plus épiques,
> Regarde en reculant ce sanglier de piques.

Cette autre porte sur les nuages et le vent :

> Vers le nord, le troupeau des nuages qui passe,
> Poursuivi par le vent, chien hurlant de l'espace,
> S'enfuit, à tous les pics laissant de sa toison.

D'autres affectent une forme originale, comme celle-ci sur le sultan Mourad : « Il était le faucheur, la terre était le pré ». D'autres enfin sont à la fois des métaphores et des comparaisons. Ainsi, dans *Pleine mer*, Hugo dit du progrès fragmentaire et impuissant de l'ancien monde :

> Le progrès solitaire,
> Comme un serpent coupé, se tordait sur la terre,
> Sans pouvoir réunir les tronçons de l'effort.

Il dit magnifiquement de la science :

> Elle prend dans le piège auguste de ses règles
> Les vérités au vol, comme on prendrait des aigles.

*
* *

La plupart de ces observations valent pour les comparaisons proprement dites, qui, généralement développées, peuvent aussi être très courtes (« La vague sonne ainsi qu'une cloche d'alarme ») et qui peuvent prendre des formes très variées.

> Tout l'écho retentit. Qu'est-ce donc que la mort
> Forge dans la montagne et fait dans cette brume,
> Ayant ce vil ramas de bandits pour enclume,
> Durandal pour marteau, Roland pour forgeron ?

Ici la comparaison, qui est triple, et qui est mêlée de métaphore, a pris la forme d'une proposition explicative. —

> Qui pourrait dire au fond des cieux pleins de huées
> Ce que fait le tonnerre au milieu des nuées
> Et ce que fait Roland entouré d'ennemis ?

Ici les deux termes de la comparaison (Roland, le tonnerre) ont été mis sur le même pied, au lieu d'être opposés. — Le Titan enchaîné fait un effort pour rompre ses fers :

> Tout à coup sous l'effort... (ô matin radieux,
> Quand tu remplis d'aurore et d'amour le grand chêne,
> Ton chant n'est pas plus doux que le bruit d'une chaîne
> Qui se casse et qui met une âme en liberté !)
> Le carcan s'est fendu, les nœuds ont éclaté !

Ici la comparaison (*de même que le matin radieux...*) a été remplacée par une apostrophe.

*
* *

Un genre de comparaison dont Hugo fait un usage très heureux mérite d'attirer particulièrement notre attention. Il s'agit, dans les situations mystérieuses ou sublimes, des comparaisons qui rappellent des objets familiers et nous empêchent, pour ainsi dire, de perdre pied. Dante étant dans le lieu terrible où les jugements suprêmes sont rendus, a soin de corriger discrètement l'effet de sa description par ce trait :

> ..... Pendant que je songeais, l'espace
> Vibra comme un vitrail quand un chariot passe.

Dans *Plein ciel*, le poète rêve de voyages faits par l'homme dans les astres lointains ; ainsi, dit-il, il deviendrait inutile de mourir pour s'élancer dans l'espace ! Avec un art merveilleux, Hugo précise son rêve au moyen de splendides métaphores ; puis une comparaison familière nous ramène délicatement sur la terre, et ainsi est préparé un retour à une réalité plus humble :

LA LANGUE ET LE STYLE : L'IMAGE 267

>   La mort
> Va donc devenir inutile !
>
> Oh ! franchir l'éther ! songe épouvantable et beau !
> Doubler le promontoire énorme du tombeau !
>   Qui sait ? — Toute aile est magnanime,
> L'homme est ailé, — peut-être, ô merveilleux retour !
> Un Christophe Colomb de l'ombre, quelque jour,
>   Un Gama du cap de l'abîme,
>
> Un Jason de l'azur, depuis longtemps parti,
> De la terre oublié, par le ciel englouti,
>   Tout à coup sur l'humaine rive
> Reparaîtra, monté sur cet alérion,
> Et, montrant Sirius, Allioth, Orion,
>   Tout pâle dira : J'en arrive !
>
> Ciel ! ainsi, comme on voit aux voûtes des celliers
> Les noirceurs qu'en rôdant tracent les chandeliers,
>   On pourrait, sous les bleus pilastres,
> Deviner qu'un enfant de la terre a passé,
> A ce que le flambeau de l'homme aurait laissé
>   De fumée au plafond des astres !
>
> Pas si loin ! pas si haut ! redescendons...

Dans les sciences, l'imagination est d'autant plus grande, d'autant plus géniale qu'elle saisit des rapports vrais entre des faits plus éloignés ; et c'est par la distance qui sépare le fait de la chute d'une pomme et la loi de l'attraction universelle que se mesure le génie de Newton. Il en est de même en poésie, et c'est une imagination incomparable que celle qui rapproche ainsi d'une façon qui paraît naturelle l'humble voûte d'un cellier et la voûte sublime du ciel. Du reste, voici dans le même poème une comparaison plus belle encore. L'idée en était d'abord venue à Lamartine :

> L'astre du jour, qui touche à la cime des monts,
> Semble du haut des cieux retirer ses rayons,
> Comme un pêcheur, le soir, assis sur sa nacelle,
> Retire ses filets, d'où l'eau brille et ruisselle.

Mais d'abord, ces vers de Lamartine, longtemps inédits, étaient inconnus de Hugo. Ensuite, le détail n'en est pas très exact et, si le filet rappelle assez bien les rayons, le pêcheur rappelle mal le soleil couchant. Enfin, l'ensemble n'est qu'esquissé. Les strophes de Hugo, au contraire, ont un développement ample et puissant. Le pêcheur est comparé plus justement à la nuit, et les mots « vague comme un rêve » par lesquels le poète le caractérise donnent à la comparaison quelque chose de mystérieux qui achève de la rendre acceptable. L'ascension des astres est excellemment marquée par des sons pleins et majestueux. Le dernier vers paraît frissonnant comme les poissons auxquels il fait songer et les constellations dont il parle :

> La brume redoutable emplit au loin les airs.
> Ainsi qu'au crépuscule on voit, le long des mers,
>   Le pêcheur, vague comme un rêve,
> Trainant, dernier effort d'un long jour de sueurs,
> Sa nasse où les poissons font de pâles lueurs,
>   Aller et venir sur la grève,
>
> La nuit tire du fond des gouffres inconnus
> Son filet où luit Mars, où rayonne Vénus,
>   Et, pendant que les heures sonnent,
> Ce filet grandit, monte, emplit le ciel des soirs,
> Et dans ses mailles d'ombre et dans ses réseaux noirs
>   Les constellations frissonnent.

*
* *

Après de tels vers, il ne faudrait rien lire, et je demande pourtant à citer une image encore. C'est que celle-ci nous conduira tout au haut de cette échelle des figures dont j'ai parlé. Le Cid est exilé, il est oublié, quelques chefs heureux sont en faveur à sa place ; mais ces chefs ne peuvent pas longtemps éclip-

LA LANGUE ET LE STYLE : L'IMAGE

ser le Cid, de même que des collines ne cachent pas longtemps au voyageur une haute montagne. Que le second terme de cette comparaison soit largement développé ; que le lien qui unit les deux termes soit indiqué au début, à la fin, au milieu même discrètement, mais nulle part exprimé d'une façon formelle, nous n'aurons plus sans doute une comparaison proprement dite : aurons-nous une allégorie ou un symbole ?

> L'exil, est-ce l'oubli vraiment ? Une mémoire
> Qu'un prince étouffe est-elle éteinte pour la gloire ?
> Est-ce à jamais qu'Alvar, Nuño, Gil, nains heureux,
> Éclipsent le grand Cid exilé derrière eux ?
>
> Quand le voyageur sort d'Oyarzun, il s'étonne,
> Il regarde, il ne voit, sous le noir ciel qui tonne,
> Que mont d'Oyarzun, médiocre et pelé :
> — Mais ce Pic du Midi dont on m'avait parlé,
> Où donc est-il ? Ce pic, le plus haut des Espagnes,
> N'existe point. S'il m'est caché par ces montagnes,
> Il n'est pas grand. Un peu d'ombre l'anéantit. —
> Cela dit, il s'en va, point fâché, lui petit,
> Que ce mont qu'on disait si haut ne soit qu'un rêve.
> Il marche, la nuit vient, puis l'aurore se lève,
> Le voyageur repart, son bâton à la main,
> Et songe, et va disant tout le long du chemin :
> — Bah ! s'il existe un Pic du Midi, que je meure !
> La montagne Oyarzun est belle, à la bonne heure ! —
> Laissant derrière lui hameaux, clochers et tours,
> Villes et bois, il marche un jour, deux jours, trois jours ;
> — Le genre humain dirait trois siècles ; — il s'enfonce
> Dans la lande à travers la bruyère et la ronce ;
> Enfin, par hasard, las, inattentif, distrait,
> Il se tourne, et voici qu'à ses yeux reparaît,
> Comme un songe confus revient à la pensée,
> La plaine dont il sort et qu'il a traversée,
> L'église et la forêt, le puits et le gazon ;
> Soudain, presque tremblant, là-bas, sur l'horizon
> Que le soir teint de pourpre et le matin d'opale,
> Dans un éloignement mystérieux et pâle,

Au delà de la ville et du fleuve, au-dessus
D'un tas de petits monts sous la brume aperçus,
Où se perd Oyarzun avec sa butte informe,
Il voit dans la nuée une figure énorme ;
Un mont blême et terrible emplit le fond des cieux ;
Un pignon de l'abime, un bloc prodigieux
Se dresse, aux lieux profonds mêlant les lieux sublimes ;
Sombre apparition de gouffres et de cimes,
Il est là ; le regard croit, sous son porche obscur,
Voir le nœud monstrueux de l'ombre et de l'azur,
Et son faîte est un toit sans brouillard et sans voile
Où ne peut se poser d'autre oiseau que l'étoile ;
C'est le Pic du Midi.
    L'Histoire voit le Cid.

CHAPITRE X

Le Symbole.

I

Qu'est-ce au juste qu'une allégorie ? et qu'est-ce qu'un symbole? C'est ce qu'il n'est pas aisé de déterminer en toute certitude, ces deux mots ayant souvent été pris l'un pour l'autre. Aujourd'hui le premier est un peu démodé, et nos poètes, laissant, non sans quelque dédain, l'allégorie aux peintres et aux sculpteurs, se piquent de ne composer que des symboles. Est-il certain cependant que leur prétention soit toujours justifiée et que les symboles d'aujourd'hui diffèrent toujours nettement des allégories d'autrefois?

Malgré tout, il y a une distinction à faire entre les deux figures. L'allégorie est une métaphore très prolongée où, des deux termes comparés, celui que le poète a imaginé pour l'opposer à l'autre est étudié uniquement dans ceux de ses caractères qui rappellent des caractères de l'autre terme, où le rapport des deux objets n'est jamais oublié et ne reste pas un instant douteux, où le désir de mettre ce rapport en lumière entraîne même souvent quelque chose d'artificiel et de forcé dans la peinture. Lorsque Barbier nous parle de la cavale indomptable et rebelle sur le dos de laquelle est monté le Corse à cheveux plats, nous n'oublions pas un instant qu'il s'agit de la France. Et, bien que Mme Deshoulières, dans les vers si connus : « Dans ces prés fleuris qu'arrose la Seine », ait poussé l'artifice jusqu'à ne nommer ni ses enfants, ni son mari, ni le roi, nous ne songeons qu'à eux, et non pas à ses brebis, à son chien, au dieu Pan. Si l'allégorie se développe dans tout un long ouvrage, elle garde ce même caractère. A en croire Scudéry et Chapelain, il n'y aurait eu qu'allégories dans cet *Alaric* et cette *Pucelle* que Boileau criblait de ses épigrammes. « La France représente l'Ame, dit l'auteur de *la Pucelle* ; Charles, la Volonté portée au bien, mais faible ; Amaury et Agnès, les Passions ; Dunois, la Vertu ; Tanneguy, chef du Conseil, l'Entendement ; enfin Jeanne est la Grâce qui soutient l'entendement, se joint à la vertu, et, assujétissant les passions, produit la paix intérieure. » On peut douter de cette explication donnée après coup ; mais il est certain qu'en 1674 le théoricien Le Bossu, approuvé par Boileau lui-même, voulait que l'épopée eût pour personnages des allégories instructives et morales. Dès lors, ces personnages, fort peu vivants, ne disaient et ne faisaient rien qui ne convînt à la vertu ou au vice qu'ils étaient censés incarner ; ou, si leur caractère de personnages historiques les forçait à dire ou à faire autre chose, l'allégorie en souffrait, mais sans que la vie et la vérité poétiques y gagnassent rien.

Il en va autrement du symbole. L'objet choisi pour servir de symbole doit certes pouvoir être comparé justement à celui que le poète veut « illustrer ». Les traits principaux de la description qui en est faite doivent aussi convenir à cet objet. Mais il n'est pas nécessaire que *tous* les traits soient dans les mêmes conditions, et il serait fâcheux qu'on sentît constamment le rapport qui existe entre les deux objets. Le symbole se développe largement, librement, intéressant par lui-même, ayant sa valeur et, on pourrait dire, sa vie poétique propres, et il suffit que, le développement terminé, un mot du poète ou notre propre réflexion nous en fassent comprendre la signification et la portée. Dans le poème de Vigny : *la Bouteille à la mer*, nous suivons avec une ardente sympathie l'histoire du marin naufragé et de la bouteille, ballottée par les flots, où il a enfermé le journal du bord, avant d'apprendre que ce marin c'est le penseur, que cette bouteille c'est son idée ou sa découverte, que ces flots c'est la foule humaine incapable de profiter de l'idée qu'elle charrie. S'il s'étend dans tout un ouvrage, le symbole garde aussi sa physionomie, sa poésie, sa vie propres. L'ange Cédar et le prêtre Jocelyn de Lamartine sont des symboles de l'humanité, de l'humanité déchue remontant à son ancienne splendeur par la voie du sacrifice. Mais beaucoup se sont intéressés à Cédar et ont aimé Jocelyn, qui n'ont pas même soupçonné la valeur symbolique de ces personnages.

Et maintenant, on comprend sans doute pourquoi nos poètes préfèrent le symbole à l'allégorie. Pour beaucoup, d'abord, le symbole a cet avantage, qu'il peut être obscur, qu'il peut être faux, qu'il peut être du galimatias double ou triple, sans que l'auteur en soit disqualifié. Quand nous nous serons bien courbaturé le cerveau pour chercher le mot de l'énigme, ou nous avouerons que nous ne l'avons point trouvé, et l'auteur aura toujours la ressource de nous traiter d'imbéciles ; ou nous imaginerons nous-mêmes une explication, et notre amour-propre satisfait nous persuadera qu'une idée où nous avons eu tant de peine à pénétrer est une idée profonde et que l'auteur a du génie. Si tel est l'avantage du symbole pour M. ... ou M. ..., que je ne nommerai point, il en a aussi de très grands pour les poètes les plus sérieux. L'indépendance de son développement évite au symbole l'allure un peu trop logique et pédantesque que prend aisément l'allégorie ; sa croissance libre et spontanée lui donne comme une organisation d'être vivant ; les « correspondances » qu'il fait ressortir entre les objets, et surtout entre le monde de la matière et celui de la pensée, ont un caractère mystérieux qui est très favorable à la poésie. Ajoutons que le symbole peut avoir plus d'une signification, et que Dante, par exemple, nous invite à interpréter de plusieurs manières son poème de *la Divine Comédie*.

Nous pouvons très bien étudier chez Hugo la différence de l'allégorie et du symbole, car il a cultivé l'une, il a cultivé l'autre, et il a même mêlé les deux procédés d'une façon, tantôt malheureuse, tantôt intéressante.

Citons une allégorie remarquable, dans le poème *la Guillotine*, qui fait partie de *Toute la Lyre* et dont le sujet est la Révolution française. D'abord l'allégorie prélude et s'annonce :

> Un blême crépuscule apparut sur Sodome,
> Promesse menaçante ; et le peuple, pauvre homme,
> Mendiant dont le vent tordait le vil manteau,
> Forçat dans sa galère ou juif dans son ghetto,
> Se leva, suspendit sa plainte monotone,
> Et rit, et s'écria : Voici la grande automne !
> La saison vient. C'est mûr. Un signe est dans les cieux.

L'automne, c'est la saison de la vendange. Tout ce qui dans la vendange ressemble aux faits de la Révolution sera ici, mais l'image de la vendange ne nous sera pas montrée pour elle-même et partout nous sentirons que c'est à la Révolution seule que s'intéresse le poète :

> La Révolution, pressoir prodigieux,
> Commença le travail de la vaste récolte,
> Et des cœurs comprimés exprimant la révolte,
> Broyant les rois caducs debout depuis Clovis,
> Fit son œuvre suprême et triste. Et, sous sa vis,
> Toute l'Europe fut comme une vigne sombre.
> Alors, dans le champ vague et livide de l'ombre,
> Se répandit, fumant, on ne sait quel flot noir,
> O terreur! Et l'on vit, sous l'effrayant pressoir,
> Naître de la lumière à travers d'affreux voiles,
> Et jaillir et couler du sang et des étoiles ;
> On vit le vieux sapin des trônes ruisseler,
> Tandis qu'on entendait tout le passé râler,
> Et, le front radieux, la main rouge et fangeuse,
> Chanter la liberté, la grande vendangeuse.

Le poème intitulé *Les chutes : Fleuves et poètes* a la prétention d'être un symbole et n'est qu'une allégorie assez malheureuse. « Le grand Niagara s'écroule, le Rhin tombe » ; le poète nous décrit leur chute, leur disparition misérable ; tout à coup, au-dessus de ce tumulte et de ce chaos, apparaît « un éblouissement auguste, l'arc-en-ciel »,

> Et tu sors de cette ombre épouvantable, ô gloire.

Ce dernier mot devrait nous révéler le sens de la pièce, et nous faire entendre que les fleuves qui tombent représentent les poètes qu'on méconnaît, qu'on hait, qu'on persécute, jusqu'à ce que la gloire définitivement s'attache à eux. Mais le sens de la pièce nous avait été déjà donné par bien des traits forcés qui ne convenaient guère aux fleuves. Le dernier trait même est forcé comme les autres ; car la gloire s'attache vraiment

au poète, et l'arc-en-ciel n'est pas inhérent au fleuve. —
Même effort malheureux dans *Gaïffer-Jorge, duc d'Aquitaine*. Gaïffer veut savoir sur quel terrain est bâti son
château. On creuse, et l'on trouve le cadavre de Barrabas. On creuse encore, et l'on trouve Judas. On creuse
toujours, et l'on trouve Caïn. Alors on entend une voix
lugubre : « Ne creuse point plus bas, tu trouverais l'enfer ». Le sens allégorique est fort net : le pouvoir de
Gaïffer est fondé sur le meurtre, la trahison, le fratricide,
sur tous les crimes. Mais, outre que ce prétendu symbole ne nous apprend rien (car Hugo nous avait déjà
dit ce qu'était Gaïffer), que signifie le récit pris en lui-même, et pourquoi tant de cadavres, qu'on aurait crus
en Orient, se trouvent-ils réunis sous un château des
Pyrénées ? — Au contraire, le poème *les Montagnes* tient
de l'allégorie en ce que, par une invraisemblance voulue, et d'ailleurs piquante, les montagnes nous indiquent
elles-mêmes à la fin l'application que l'homme doit
faire de leurs sentiments et de leurs actes. Mais, avant
tout, c'est un symbole, parce que ces paroles et ces
sentiments sont naturels. Les montagnes qui entourent
le Mont-Blanc l'admirent et s'humilient devant lui :

> Il est plus haut, plus pur, plus grand que nous ne sommes;
> Et nous l'insulterions si nous étions des hommes.

Le Mont-Blanc représentait le génie.

Et voici, enfin, des symboles, sans mélange aucun
d'allégorie, dont le sens nous est révélé par des moyens
divers.

Jean Valjean était bon, mais la misère l'a poussé à
commettre une faute. Condamné sans pitié, il est allé
au bagne, s'y est endurci, dégradé. Quand il en sort, il
n'a plus qu'une âme de malfaiteur. Le premier livre des

Misérables est surtout consacré à la peinture de cette âme. Au milieu de cette peinture se place un chapitre entier où il n'est question, ni de Jean Valjean, ni d'aucun autre personnage du roman Il est intitulé *L'onde et l'ombre* et commence brusquement par ce cri : *Un homme à la mer* !

« Un homme à la mer!

« Qu'importe ! le navire ne s'arrête pas. Le vent souffle, ce sombre navire-là a une route qu'il est forcé de continuer. Il passe.

« L'homme disparaît, puis reparait, il plonge et remonte à la surface, il appelle, il tend les bras, on ne l'entend pas ; le navire, frissonnant sous l'ouragan, est tout à sa manœuvre, les matelots et les passagers ne voient même plus l'homme submergé ; sa misérable tête n'est qu'un point dans l'énormité des vagues.

« Il jette des cris désespérés dans les profondeurs. Quel spectre que cette voile qui s'en va! Il la regarde, il la regarde frénétiquement. Elle s'éloigne, elle blêmit, elle décroît. Il était là tout à l'heure, il était de l'équipage, il allait et venait sur le pont avec les autres, il avait sa part de respiration et de soleil, il était un vivant. Maintenant, que s'est-il donc passé ? Il a glissé, il est tombé, c'est fini. »

Je m'abstiens à regret de citer cette admirable lutte du noyé contre l'océan, dont Lamartine disait : « Ni J.-J. Rousseau ni Lamennais n'ont jamais écrit de ce style. Cette longue image de quatre pages vaut tout un livre. C'est la voix de l'abîme. C'est l'agonie du désespoir sur qui pèse un monde, et à qui un poète sublime a donné une langue semblable à celle de Job lui-même. » Je reprends à la fin :

« Ses mains se crispent et se ferment et prennent du néant. Vents, nuées, tourbillons, souffles, étoiles inutiles! Que faire ? Le désespéré s'abandonne; qui est las prend le parti de mourir; il se laisse faire, il se laisse aller, il lâche prise, et le voilà qui roule à jamais dans les profondeurs lugubres de l'engloutissement. »

Là-dessus le poète nous donne lui-même la traduction du symbole :

« O marche implacable des sociétés humaines! Pertes d'hommes et d'âmes chemin faisant! Océan où tombe tout ce que laisse tomber la loi! Disparition sinistre du secours! O mort morale!

« La mer, c'est l'inexorable nuit sociale où la pénalité jette ses damnés. La mer, c'est l'immense misère.

« L'âme, à vau-l'eau dans ce gouffre, peut devenir un cadavre. Qui la ressuscitera? »

L'admirable symbole de *l'Art d'être grand-père* : *la Mise en liberté* est plus brièvement interprété d'un mot, lequel, il est vrai, a été préparé avec un art exquis. L'oiseau délivré par le poète a été appelé une « petite *âme* »; il s'est envolé dans *l'immensité* splendide du printemps et parmi les arbres *infinis*; il a disparu dans le *port* « avec l'effarement d'entrer en *paradis* », et ces mots d'*âme*, d'*immensité*, de *port*, de *paradis*, si naturels, si bien en situation dans le récit, même tant que nous songeons simplement à un oiseau lâché hors de sa volière, ne nous en font pas moins attendre et pressentir cette explication symbolique, que la volière est le corps, l'oiseau l'âme, et le bois printanier l'éternité :

Pensif, je me suis dit : je viens d'être la mort.

La valeur symbolique de l'œil qui obsède Caïn ne nous est indiquée que par le titre du poème où il figure : *la Conscience*. Et le poète n'avait nul besoin, en effet, de s'expliquer davantage, tant sont fortes les « correspondances » entre le symbole, peut-être suggéré par d'Aubigné [1], et l'idée qu'il doit illustrer; tant la compo-

---

1. Au livre VI des *Tragiques*, d'Aubigné avait écrit de Caïn : « Il avait peur de tout, tout avait peur de lui ». « Il était seul partout, hormis sa conscience ». Au l. VII, il s'écriait :

Qui se cache? qui fuit devant les yeux de Dieu?
Vous, Caïns fugitifs, où trouverez-vous lieu?
Quand vous auriez les vents collés sous vos aisselles,

sition même du chef-d œuvre contribue à en manifester le sens caché. Rien, en effet, mieux que le plan adopté par le poète, ne pouvait caractériser la posture du coupable en proie au remords, ses efforts secondés par des complices (par des camarades de plaisir ou d'ambition) pour l'étouffer, sa tranquillité passagère quand il croit y être arrivé, son désespoir quand la morsure se fait sentir de nouveau, et le perpétuel supplice de ce Sisyphe, dont le rocher ne se soulève jamais que pour retomber.

Faisant un pas de plus, le poète ne nous indique même plus le sens des poèmes par un titre, et c'est la réflexion seule qui nous fait trouver le sens du *Satyre*. — Allant plus loin, il ne se contente pas d'employer à des fins diverses des symboles divers, et le même *Satyre* nous montre combien il peut donner de significations

> Ou quand l'aube du jour vous prêterait ses ailes,
> Les monts vous ouvriraient le plus profond rocher,
> Quand la nuit lâcherait en sa nuit vous cacher,...
> Vous ne fuiriez de Dieu ni le doigt ni la vue.

Enfin, dans ses *poésies religieuses*, il prononçait cette *prière du soir* :

> Le corps repose en patience ;
> Dorme la froide crainte et le pressant ennui !
> Si l'œil est clos en paix, soit clos ainsi que lui
> L'œil de la conscience.

On ne peut affirmer que Hugo ait connu et surtout se soit rappelé, en composant son poème, ces passages de d'Aubigné. Mais le vers : « Il avait peur de tout, tout avait peur de lui », ressemble beaucoup à cette parole du Caïn de Hugo : « Rien ne me verra plus, je ne verrai plus rien » ; et, en rapprochant ce vers du livre VI des *Tragiques* : « Il était seul partout, hormis sa conscience », ce vers du livre VII : « Vous ne fuiriez de Dieu ni le doigt ni la vue », et ce mot de la *Prière du soir* : « l'œil de la conscience », on obtient aisément le thème du poème : Caïn *seul* sous une *vue* vengeresse qu'il ne peut *fuir*, sous l'œil de la *conscience*.

à une seule œuvre. Tandis qu'il n'y avait qu'une idée religieuse dans *Puissance égale bonté*, une idée artistique dans *le Temple*, une vue historique dans *la Révolution*, *le Satyre* symbolise à la fois l'humanisme du xvi⁰ siècle, — ses tendances panthéistes, — la transformation inévitable de la mythologie en panthéisme scientifique, — l'opposition des religions et de la religion. Si j'ajoute que le satyre chante aussi l'évolution sainte de l'homme et la théorie du progrès indéfini, je n'aurai peut-être pas encore exprimé tout le sens de cette vaste et profonde conception, d'abord méconnue, que même un Émile Montégut jugeait « mal venue et, pour tout dire, informe ».

Enfin, pour que tous les genres de symboles se trouvent dans notre poète, même le symbole à signification controversable, nous trouvons dans *la Légende* des symboles obscurs comme *le Cèdre*. Le scheik Omer, voyant au loin saint Jean qui dort sur le sable à Pathmos, ordonne à un cèdre d'aller protéger la tête du vieillard contre le soleil. Il pousse l'arbre du doigt, il le frappe, et l'arbre n'agite pas même une branche. « Va, crie-t-il alors, va, cèdre, au nom du Dieu vivant! » A ce mot, l'arbre frissonnant s'envole, traverse terres et mers et va s'abattre près de Jean endormi. L'Évangéliste, réveillé, voit son ombre épaisse et se plaint de cette venue subite, contraire à la lenteur imposée par Jéhovah à la nature.

> Alors Jean, oublié par Dieu chez les vivants,
> Se tourna vers le sud, et cria dans les vents,
> Par-dessus le rivage austère de son île :
> — Nouveaux venus, laissez la nature tranquille.

Et cela signifie sans doute que le nom de Dieu peut, à lui seul, produire des miracles, mais que Dieu n'aime pas les miracles et veut que la nature obéisse à ses lois ordinaires. Seulement, je n'aurais garde d'affirmer trop haut la justesse de cette interprétation.

II

Le symbole est si naturel à Hugo, qu'une fois bien compris le caractère de sa poésie, on risque de lui attribuer des intentions symboliques partout, et là même où il n'en a point mis. C'est un peu, me semble-t-il, ce qu'a fait M. Dupuy quand il a vu des symboles dans toutes les pièces du beau livre de *la Légende* qui porte pour titre : *d'Ève à Jésus*. Certes on trouve (et il le fallait bien) dans *le Sacre de la femme*, dans *les Lions*, dans *Booz endormi*, dans *la Première rencontre du Christ avec le tombeau*, les idées que Hugo se faisait de l'humanité, des animaux, de la nature et de Dieu même ; mais prétendre que ces poèmes ont pour objet propre de montrer par des symboles l'auguste grandeur de la femme, le songeur incompréhensible aux hommes et reconnu par la brute, la bonté du créateur, le bienfaiteur persécuté, c'est peut-être oublier que Hugo a imité la Bible, qu'il a fait à sa façon œuvre d'historien, et qu'il tenait à écrire une *Légende des siècles*. — Inversement, qui méconnaît le goût de Hugo pour les symboles risque de ne rien comprendre à telle ou telle de ses œuvres. J'ai lu de *la Fin de Satan* une analyse qui donne l'idée d'un poème baroque et fou, et qui est pourtant consciencieuse. C'est que l'auteur n'a pas pris garde au symbolisme de ce poème ; or, nulle part, le symbolisme ne se donne plus largement carrière, et il importe donc avant tout de l'y voir et de l'y montrer.

Partons des idées morales qui sont à la base de l'œuvre, indiquons-en la traduction symbolique : nous trahirons le poète en précisant trop ses conceptions et en leur enlevant leur beauté poétique ; mais nous verrons que le poème, dans son ensemble, ne manque ni de sens ni de profondeur.

Le beau doit être et rester dans une étroite dépendance du bien ; s'il se révolte contre lui, s'il veut le dominer, il devient bien vite un principe de mal : Dieu étant la bonté, Lucifer était la beauté ; ayant jalousé Dieu, Lucifer est devenu Satan. — Le mal est nécessairement horrible : Lucifer-Satan perd sa forme d'archange ; ses ailes blanches font place à de hideuses ailes noires, onglées ; il devient un monstre. — Le mal entraîne une déchéance, il éteint la *lumière* morale, il *aveugle* ceux qu'il a saisis : Satan tombe, essaie de s'accrocher à quelque rocher de l'abîme, tombe encore, tombe toujours, et les soleils s'éteignent successivement autour de lui. — Le mal, hélas ! est fécond ; les idées mauvaises sont des forces, elles aussi, et tendent à se réaliser, elles s'incarnent : Satan tombant tend ses poings vers le vide et crie : « Mort ! » ce mot deviendra Caïn ; à une parole céleste il répond : « Tu mens ! » ce mot deviendra l'âme de Judas ; se sentant perdu, il crie : « Enfer ! » ce mot deviendra Sodome. Plus tard même, les brouillards et les vapeurs qui s'exhalent de son corps donneront naissance à de faux dieux, à des hommes malfaisants, à des fléaux [1]. — Le mal engendre

---

1. Dans le *Shah Nameh* (*Le livre des rois...*, t. 1, p. 45), l'esprit du mal, Iblis, baise le roi Zohak sur les deux épaules, et il en sort deux serpents noirs qu'on ne peut parvenir à détruire et auxquels Iblis lui-même, déguisé en savant médecin, recommande de donner à manger des cervelles d'homme. — Le *Shah Nameh* reproduisant souvent de fort anciennes légendes, est-ce que de

des habitudes qui deviennent la pire des servitudes pour le méchant et qui l'empêchent de s'élever jusqu'à l'adoration ou même à la conception de la divinité : Satan a pour fille la goule Lilith-Isis, c'est-à-dire la Fatalité, l'Idolâtrie, qui a été, avant Ève, la première femme d'Adam [1], qui est l'âme de l'ancien monde. — Ainsi le monde est travaillé par le mal et la fatalité ; le crime naît et s'étend ; bientôt il règne et dirige la société : Caïn, le premier criminel, a frappé Abel avec un clou, avec un bâton, avec une pierre ; le clou deviendra un glaive et suscitera la guerre personnifiée dans Nemrod ; le bâton deviendra un gibet et sera l'instrument de la justice inique, avec la condamnation de Jésus ; la pierre deviendra une prison et sera l'arbitraire social ayant pris la forme de la Bastille. De là les trois récits terrestres du poème. — Le mal paraît devoir être éternel ; pas un instant il ne cesse ses ravages, et pas un instant la fatalité ne cesse de peser sur l'homme : Satan et Lilith-Isis ne peuvent ni mourir ni dormir. — Et pourtant,

---

pareilles rencontres ne confirment pas l'opinion de M. Renouvier: « L'emploi du symbolisme dans toutes les parties de *la Fin de Satan* nous laisse dans la conviction fortifiée que le grand poète de la France est un homme qui appartient par l'esprit au cycle des Sanchoniathon et des mythographes de la Grèce antique, beaucoup plus qu'à la race des Boileau, des Racine et des Voltaire, dans laquelle le sort l'a fait naître » ? *Victor Hugo, le philosophe,* p. 90.

[1] « Les rabbins enseignaient qu'après avoir créé Adam, Dieu façonna avec le même limon une femme nommée Lilith, qu'il lui donna pour compagne. Mais Lilith ne voulut point obéir à Adam, sous prétexte qu'étant formée de la même terre que lui elle était son égale. Dieu fut donc obligé de créer une nouvelle femme, qu'il nomma Ève, et qu'il tira de la côte d'Adam, pour qu'elle n'eût plus de motif de s'enorgueillir de son origine. » Émile Male, *L'art religieux du XIII° siècle en France*. Paris, 1898, gr. in-8, p. 267.

faut-il croire que le mal sera toujours acharné contre le bien, que pas un instant il ne s'interrompra? Satan essaie en vain de se persuader qu'il hait toujours Dieu ; il sent qu'il l'aime, et ce bon sentiment a pour résultat d'interrompre un moment son supplice : Satan s'endort. — Si le mal cesse un instant, pourquoi ne cesserait-il pas pour toujours? Le maudit aimera le bien, le bien pardonnera au maudit : Satan sera pardonné. — Par quelle intervention ? Voici sans doute ce qu'il y a de plus profond dans cette suite de symboles.

Si Dieu avait créé l'homme impeccable, l'homme ne serait pas libre. La liberté est la possibilité de faire le mal et le bien, elle est apparentée à l'un et à l'autre. Seulement, elle peut pencher de préférence vers l'un ou vers l'autre. Qu'elle se prenne ainsi à aimer le bien, qu'elle acquière de la haine ou, mieux encore, de la pitié pour le mal, qu'elle veuille le racheter et le ramener au bien, alors le bien pourra enfin régner seul, la fatalité et l'idolâtrie mourront ; l'homme ne péchera plus, quoique toujours peccable et libre ; le mal disparaîtra, léguant simplement au monde cette liberté qu'il avait contribué à fonder. — Traduction symbolique ! Au moment où Lucifer tombait et se transformait en Satan, une plume de l'archange est restée sur le bord de l'abîme. « Faut-il l'envoyer au fond ? » demande un ange, et Dieu répond ce mot sublime : « Ne jetez pas ce qui n'est pas tombé ». Bien plus, Dieu accorde à cette plume un regard, et aussitôt elle se transforme et devient un ange, l'ange Liberté, qui est ainsi fille de Lucifer-Satan et de Dieu, du mal et du bien. Cet ange vit auprès de Dieu, mais elle a pitié de Satan, descend auprès de lui, y trouve la fatalité Lilith-Isis, qui s'évanouit sous ses lumineux regards, et obtient le pardon définitif de

Satan : « Ce qui survit de toi, c'est moi, je suis ta fille ». Mais lisons la belle prière qu'elle adresse à Satan, avant que la réconciliation avec Dieu soit accomplie :

« Mon père, écoute-moi. Pour baume et pour calmant,
Pour mêler quelque joie à ton accablement,
Tu n'as jusqu'à cette heure, en cette âpre géhenne,
Essayé que la nuit, la vengeance et la haine ;
Essaie enfin la vie, essaie enfin le jour !
Laisse planer le cygne à ta place, ô vautour !
Laisse un ange sorti de tes ailes répandre
Sur les fléaux un souffle irrésistible et tendre.
Faisons lever Caïn accroupi sur Abel.
Assez d'ombre et de crime ! Empêchons que Babel
Élève encor plus haut ses hideuses spirales.
Oh ! laisse-moi rouvrir les portes sépulcrales
Que, du fond de l'enfer, sur l'âme tu fermais.
Laisse-moi mettre l'homme en liberté. Permets
Que je tende la main à l'univers qui sombre.
Laisse-moi renverser la montagne de l'ombre ;
Laisse-moi jeter bas l'infâme tour du mal !

« Permets que, grâce à moi, dans l'azur baptismal
Le monde rentre, afin que l'éden reparaisse !
Hélas ! sens-tu mon cœur tremblant qui te caresse ?
M'entends-tu sangloter dans ton cachot ? Consens
Que je sauve les bons, les purs, les innocents ;
Laisse s'envoler l'âme et finir la souffrance.
Dieu me fit Liberté ; toi, fais-moi Délivrance !

« Oh ! ne me défends pas de jeter, dans les cieux
Et les enfers, le cri de l'amour factieux ;
Laisse-moi prodiguer à la terrestre sphère
L'air vaste, le ciel bleu, l'espoir sans borne, et faire
Sortir du front de l'homme un rayon d'infini.
Laisse-moi sauver tout, moi ton côté béni !
Consens ! oh ! moi qui viens de toi, permets que j'aille
Chez ces vivants, afin d'achever la bataille
Entre leur ignorance, hélas ! et leur raison,
Pour mettre une rougeur sacrée à l'horizon,
Pour que l'affreux passé dans les ténèbres roule,
Pour que la terre tremble et que la prison croule,

Pour que l'éruption se fasse, et pour qu'enfin
L'homme voie, au-dessus des douleurs, de la faim,
De la guerre, des rois, des dieux, de la démence,
Le volcan de la joie enfler sa lave immense ! »

Tandis que cette vierge adorable parlait,
Pareille au sein versant goutte à goutte le lait
A l'enfant nouveau-né qui dort, la bouche ouverte,
Satan, toujours flottant comme une herbe en l'eau verte,
Remuait dans le gouffre, et semblait par moment
A travers son sommeil frémir éperdûment ;
Ainsi qu'en un brouillard l'aube éclôt, puis s'efface,
Le démon s'éclairait, puis pâlissait ; sa face
Était comme le champ d'un combat ténébreux ;
Le bien, le mal, luttaient sur son visage entre eux
Avec tous les reflux de deux sombres armées ;
Ses lèvres se crispaient, sinistrement fermées ;
Ses poings s'entre-heurtaient, monstrueux et noircis ;
Il n'ouvrait pas les yeux, mais sous ses noirs sourcils
On voyait les lueurs de cette âme inconnue ;
Tel le tonnerre fait des pourpres sous la nue.
L'ange le regardait les mains jointes.

          Enfin
Une clarté, qu'eût pu jeter un séraphin,
Sortit de ce grand front tout brûlé par les fièvres.
Ainsi que deux rochers qui se fendent, ses lèvres
S'écartèrent, un souffle orageux souleva
Son flanc terrible ; et l'ange entendit ce mot :

          — Va !

Est-ce là une froide allégorie philosophique ? Non, parce que les personnages sont vivants : l'ange Liberté, Satan, Lilith-Isis ; parce que la chute de Satan, ses souffrances, ses accents d'amour nous émeuvent ; parce que la silhouette toujours voilée de Lilith-Isis est terrible, et poignante sa douleur quand elle s'aperçoit que Satan dort et qu'elle est seule à souffrir. Parfois cependant la mesure du symbolisme est dépassée. Que Nemrod, représentant la brutalité de la guerre, ait auprès de lui, pour le pousser au ravage de la terre, l'eunuque Zaïm, c'est-à-dire l'envie et l'astuce, cela est excellent, parce que, si l'idée morale est juste, la conception historique qui met un eunuque à côté d'un despote est aussi toute naturelle. Mais quand, dans le voyage à la recherche de Dieu, nous voyons Zaïm manger et Nemrod ne toucher à aucun aliment, sous prétexte qu'il se nourrit d'orgueil, nous comprenons que Victor Hugo a quelque peu oublié la nature mortelle de ses personnages pour ne se souvenir que de leur signification.

On sait comment se fait ce voyage de Nemrod. Le despote a fabriqué avec le bois de l'arche une immense cage où il s'est installé avec Zaïm. Aux quatre angles sont attachés des aigles, devant lesquels, au bout de longues piques, pendent des quartiers de viande crue. Les aigles affamés s'élancent vers la viande, et, la viande montant comme eux, ils s'enfoncent de plus en plus dans le ciel. Or, un des aigles, au bout de longs mois, finit par dire à Nemrod : « J'ai faim », et celui-ci leur donne Zaïm à dévorer. Ici encore le sens allégorique est excellent : la tyrannie détruit ceux qui la flattent et la guerre dévore ceux qui la font ; mais les aigles, en tant qu'aigles, ont une faculté d'abstinence bien invraisemblable.

Ailleurs, il y a abus des personnifications. Un œil qui pourrait percer les ténèbres croirait entrevoir auprès de Satan le cadavre effroyable de la cause : la cause personnifiée, c'est-à-dire les raisons que l'on a de vivre et la fécondité même de la nature, qui sont détruites par le mal ; mais cela est subtil. — L'ange Liberté demande son chemin pour aller chez Satan à l'ange Éclair et au vieil ange Hiver ; le premier a frappé Satan, mais ne sait pas autre chose sur lui ; l'Hiver, qui est debout sur le pôle, ne répond pas à Liberté, mais fait ouvrir dans le sol glacé une large crevasse par où Liberté peut descendre. Et ici encore on peut dire que la lumière frappe le mal sans vouloir se mêler à lui, et que la froideur du cœur conduit au mal ; mais nous tombons dans l'allégorie chère à Le Bossu.

Justes ou faux, les symboles, on le voit, sont singulièrement nombreux dans *la Fin de Satan*. Et j'en ai beaucoup omis, car là même où Hugo n'a pas eu d'abord l'intention de mettre un symbole, il ne peut s'empêcher de remarquer qu'on en pourrait voir un cependant. Lorsque les aigles emmènent Nemrod dans le ciel en croyant seulement aller chercher la viande suspendue devant eux, Hugo remarque qu'en allant vers la femme nos sens précipitent de même l'âme dans l'amour. Ailleurs, en reproduisant des détails que la tradition lui fournit, Hugo ne peut s'empêcher de leur chercher un sens : l'âne et le bœuf qui se penchent sur Jésus dans sa crèche sont l'ignorance et la peine, méprisées, injustement accablées jusque-là, et qui espèrent enfin pitié et justice.

Dans les romans, le symbole épique ne manque pas plus que dans les poèmes, et nous avons vu combien étaient représentatifs les personnages de Lantenac, de Cimourdain et de Gauvain dans *Quatre-vingt-treize*. Qu'on me permette un autre exemple. Gwynplaine est le fils d'un lord d'Angleterre qui, ayant accepté la révolution de 1648 et n'ayant pas voulu s'incliner devant la restauration des Stuarts, est allé vivre et mourir en Suisse. Il avait un enfant en bas âge. Comme cet enfant rappelait un souvenir odieux, comme il avait droit à un titre et à des richesses qu'il était plus commode de donner à des créatures, le roi Jacques II le fait prendre par une bande de *comprachicos*, de trafiquants d'enfants, qui le mutile, lui élargit la bouche, lui dénude les gencives, lui écrase le nez, lui oblique les yeux, en fait un masque qui serait odieux s'il n'excitait irrésistiblement le rire ; elle en fait l'Homme qui rit. L'Homme qui rit, abandonné à l'âge de dix ans, n'ayant pu se sauver que par une énergie incroyable au milieu de la nuit, de la tempête, de l'égoïsme humain, et ayant cependant trouvé le moyen, dans sa détresse, de sauver héroïquement un autre enfant plus jeune que lui, a grandi grâce au dévouement d'un humble, le bateleur Ursus ; il a été bateleur lui-même et a gagné sa vie en faisant rire de sa difformité. Un beau jour, sa naissance se découvre ; une infamie de la politique avait amené sa chute, une autre infamie de la politique amène son relèvement. Il est déclaré lord d'Angleterre, on l'introduit mystérieusement à la Chambre des lords, escomptant sa réserve et sa complaisance. Mais, au premier vote qu'on lui demande, comme il s'agit d'augmenter la dotation déjà trop riche du duc de Cumberland, mari de la reine, et d'écraser ainsi un peu plus le peuple d'impôts, Gwynplaine proteste, il essaie d'apitoyer les lords sur le sort des humbles : une véritable tempête de rires l'accueille, causée par sa figure non moins que par ses paroles. Jusqu'ici l'aventure est curieuse, passablement invraisemblable ; mais voici qui en relève la saveur. Gwynplaine est un personnage bien particulier, bien vivant ; mais en même temps c'est un symbole. Gwynplaine, c'est le peuple torturé par les tyrannies, défiguré, en qui on ne voit plus l'homme, dont les revendications font rire en attendant qu'elles fassent trembler, et qui, ayant envie de pleurer, rit d'un rire sombre, de ce rire tragique qui est familier aux héros de Racine : « Oui, je te loue, ô ciel, de ta persévérance ».

« Ah ! vous me prenez pour une exception (crie-t-il aux lords) ! je suis un symbole. O tout-puissants imbéciles que vous êtes, ouvrez les yeux. J'incarne tout. Je représente l'humanité telle que ses maîtres l'ont faite. L'homme est un mutilé. Ce qu'on m'a fait, on l'a fait au genre humain. On lui a déformé le droit, la justice, la vérité, la raison, l'intelligence, comme à moi les yeux, les narines et les oreilles ; comme à moi, on lui a mis au cœur un cloaque de colère et de douleur, et sur la face un masque de contentement. Où s'était posé le doigt de Dieu, s'est appuyée la griffe du roi. Monstrueuse superposition. Évêques, pairs et princes, le peuple, c'est le souffrant profond qui rit à la surface. Milords, je vous le dis, le peuple, c'est moi. Aujourd'hui, vous l'opprimez, aujourd'hui vous me huez. Mais l'avenir, c'est le dégel sombre. Ce qui était pierre devient flot. L'apparence solide se change en submersion. Un craquement, et tout est dit. Il viendra une heure où une convulsion brisera votre oppression, où un rugissement répondra à vos huées. »

III

J'ai dit que, si d'ordinaire le symbole était la plus développée des figures, il en pouvait être aussi la plus courte : un long récit qui a un sens caché est un symbole ; mais un mot, un simple mot qui a un sens caché en est un aussi. Quand Hugo écrit dans l'allégorie de la Révolution vendangeuse : « Un blême crépuscule apparut sur Sodome », Sodome n'est pas pour lui la ville dont parle l'Écriture, c'est toute société corrompue : le mot est pris dans un sens symbolique. *La mise en liberté* se termine par ces vers :

> Alors, dans la lumière et dans la transparence,
> Regardant cette fuite et cette délivrance,
> Et ce pauvre être, ainsi disparu dans le port... ;

cette *lumière* et cette *transparence* sont celles de l'atmosphère où s'est envolé l'oiseau, mais elles sont aussi la *lumière* qui jaillit pour l'esprit de cette fuite joyeuse et la *transparence* de cette involontaire parabole : *lumière* et *transparence* sont des symboles.—Booz « n'avait pas de fange en l'eau de son moulin, il n'avait pas d'enfer dans le feu de sa forge ». *Enfer* est évidemment un symbole, et dès lors fange en est un aussi : cet *enfer* et cette *fange* signifient les cruautés et les turpitudes sociales qui n'étaient pas admises chez Booz. — Je ne puis poursuivre ces analyses. Mais, une fois averti, on trouve dans les vers (et dans la prose) de Hugo une foule de mots, auxquels on aurait peut-être donné simplement leur sens traditionnel et qui, s'éclairant, prennent une valeur symbolique plus importante. En outre, un grand nombre de mots servent constamment de symboles : *enfer* (*la quantité d'enfer qui tient dans un atome*, est-il dit des tortures que l'organisation sociale inflige à un enfant) ; —*orient* (*elle était l'orient*, est-il dit d'une femme aimée) ; —*aube* (*l'aube est terrible*, s'écrie la tête coupée de Louis XVI en parlant de l'ère nouvelle qui commence) ; — *aile* (*toute aile est magnanime, l'homme est ailé*) ; — *griffe* (*les ailes de l'aurore et les griffes de la nuit*) ; — et de même *jour, nuit, ombre, rayon, abîme, huée*, etc. Ces emplois symboliques ne sont pas purement arbitraires et s'expliquent par la valeur ordinaire des mots : l'enfer, lieu de torture ; l'orient, d'où nous vient le jour ; l'aube, qui le commence ; l'aile, qui s'élève vers les hauteurs ; la griffe, qui étreint et qui est l'instrument de la bestialité.

IV

Ainsi, le vocabulaire est pour Hugo l'origine de symboles. De même (nous l'avons montré) la physionomie des objets et le caractère le plus apparent des animaux. Mais nature et vocabulaire ne sont pas encore, à ses yeux, des sources suffisamment fécondes : il puise dans la religion et dans l'histoire.

La religion peut n'être tout entière qu'une symbolique pour le sceptique ; le croyant voit des vérités positives dans le dogme, mais reconnaît force symboles dans les rites et dans le culte. Hugo, lui, a traité en vérités plus de conceptions religieuses que ne le voudrait un sceptique et en symboles plus de conceptions religieuses que ne le voudrait un chrétien. Ne pouvant entrer dans le détail, je me contente d'indiquer le culte symbolique que Hugo rêvait de rendre à la divinité. On élèvera, dit-il, un temple grand et simple au milieu de la nature ; on y placera une statue colossale, d'un seul bloc, couverte d'un voile, mais qui ne paraisse point représenter la haine ou le trépas ; point de prêtres ni de livres sacrés ; derrière la statue une lampe dont on ne verra point le foyer, mais seulement les rayons.

> Derrière la statue, une lampe éternelle
> Brûlera comme un feu dans l'antre aux visions,
> Et, cachant le foyer, montrera les rayons
> De façon à lui mettre une aurore autour d'elle,
> Pour enseigner au peuple ému, grave et fidèle,
> Que cette énigme est bien une divinité,
> Et que si c'est la nuit c'est aussi la clarté.
> Le colosse sera noir sur cette auréole ;
> Et nul souffle, nul vent d'orage, nul éole
> Ne fera vaciller l'immobile lueur.
> Les sages essuieront à leur front la sueur

Et sentiront l'horreur sacrée en leurs vertèbres,
Devant cette splendeur sortant de ces ténèbres,
Et comprendront que l'Être ignoré, mais certain,
Brille, étant le lever de l'éternel matin,
Et pourtant reste obscur, car aucune envergure,
Aucun esprit ne peut saisir cette figure ;
Il est sans fin, sans fond, sans repos, sans sommeil.
Et pour être Mystère il n'est pas moins Soleil.

Des faits historiques je ne dirai pas seulement que Hugo en a usé pour en tirer bien des symboles. Je dirai qu'il les a regardés comme étant eux-mêmes, en même temps que des réalités, des symboles de ce qu'a recherché ou craint le passé, de ce que doit rechercher ou craindre l'avenir ; symboles féconds, d'ailleurs, car ce qu'ils signifient ils tendent à le reproduire, et la flèche de Tell, symbole de révolte pour un peuple opprimé, hantera toujours l'esprit et des opprimés et des oppresseurs.

Toujours les mains prêtant le serment de Grutli
Apparaîtront en rêve au peuple en léthargie ;
Toujours les oppresseurs auront, dans leur orgie,
Sur la lividité de leur face l'effroi
Du tocsin qu'Unterwald cache dans son beffroi.
Tant que les nations au joug seront nouées,
Tant que l'aigle à deux becs sera dans les nuées,
Tant que dans le brouillard des montagnes l'éclair
Ébauchera le spectre insolent de Gessler,
On verra Tell songer dans quelque coin terrible.
Et les iniquités, la violence horrible,
La fraude, le pouvoir du vainqueur meurtrier,
Cibles noires, craindront cet arbalétrier.
Assis à leur souper, car c'est leur crépuscule,
Et le jour qui pour nous monte, pour eux recule,
Les satrapes seront éblouissants à voir,
Raillant la conscience, insultant le devoir,
Mangeant dans les plats d'or et les coupes d'opales,
Joyeux ; mais par instants ils deviendront tout pâles,
Feront taire l'orchestre, et, la sueur au front,
Penchés, se parlant bas, tremblants, regarderont
S'il n'est pas quelque part, là, derrière la table,

> Calme, et serrant l'écrou de son arc redoutable.
> Pourtant il se pourra qu'à de certains moments,
> Dans les satiétés et les enivrements,
> Ils se disent : « Les yeux n'ont plus rien de sévère ;
> Guillaume Tell est mort ». Ils rempliront leur verre,
> Et le monde comme eux oubliera. Tout à coup,
> A travers les fléaux et les crimes debout,
> Et l'ombre, et l'esclavage, et les hontes sans nombre,
> On entendra siffler la grande flèche sombre.

Nos jeunes poètes ne s'intitulent pas seulement symbolistes parce qu'ils préfèrent le symbole à l'allégorie et parce qu'ils cultivent volontiers le symbole tel que nous l'avons d'abord défini. Ils sont des symbolistes surtout parce que la nature parle pour eux une sorte de langage hiéroglyphique, et parce que leur style a la prétention de traduire ce langage. On peut juger maintenant si dédaigner Hugo comme ils le font n'est pas, de leur part, un éclatant témoignage d'ingratitude. Hugo aussi, avec beaucoup plus de génie qu'eux, semble souvent avoir pris pour devise ces vers de Baudelaire :

> La nature est un temple où de puissants piliers
> Laissent parfois sortir de confuses paroles ;
> L'homme y passe à travers des forêts de symboles
> Qui l'observent avec des regards familiers.

Et ces forêts de symboles, que Hugo n'a pas rencontrées seulement dans la nature, mais dans le monde moral, dans le monde de la pensée, il nous les a dépeintes avec un pinceau mystérieusement magique.

V

Il suffit d'étudier en détail un seul poème pour montrer tout ce que Hugo sait faire du symbole, comme aussi des autres formes de l'image, comme aussi de la composition et de la versification, et pour résumer ainsi nos derniers chapitres.

Plein ciel est d'abord la peinture vivante d'une réalité future pressentie par le poète : au vaisseau monstrueux de *Pleine mer*, dernier mot de l'art naval, succédera le ballon dirigeable, dernier mot de l'aérostation ; ceci tuera cela. Ensuite, ce ballon est un symbole aux sens multiples, qui représente la pesanteur vaincue, le progrès pacifique, l'humanité nouvelle.

> Jusqu'à quelle distance ira-t-il de la terre ?

voilà pour le ballon considéré au sens propre et matériel ;

> Jusqu'à quelle distance ira-t-il du destin ?

voilà pour le ballon symbolique et pour l'humanité nouvelle. — Des mots-symboles choisis avec art nous rappellent, de distance en distance, les deux faces du poème : le *jour*, c'est l'atmosphère éclairée par le soleil, et c'est aussi la vérité ; la *nuit*, c'est l'obscurité produite par les tempêtes ou les nuées, et c'est la barbarie où nous sommes plongés encore ; l'*ascension bleue*, c'est l'ascension dans le bleu du ciel, et c'est la réalisation des rêves sublimes. — La composition est simple, forte, puissante. Le poète regarde voguer dans les airs ce vaisseau d'un nouveau genre ; puis il en montre le mécanisme et la puissance ; puis il le voit en imagination qui s'élance jusqu'aux astres ; puis il marque les conséquences de ce progrès suprême : la disparition de la misère et du mal ; et, à chaque thème, à chaque paragraphe nouveau, l'enthousiasme s'empare de lui et des strophes enflammées succèdent aux souples et vigoureux alexandrins. — Partout sont prodiguées les peintures éclatantes, les métaphores et les comparaisons hardies ; l'abstraction et le mystère deviennent visibles ; au symbole se mêlent de splendides allégories :

> Il laboure l'abîme ; il ouvre ces sillons
> Où croissaient l'ouragan, l'hiver, les tourbillons,
>   Les sifflements et les huées ;
> Grâce à lui, la concorde est la gerbe des cieux ;
> Il va, fécondateur du ciel mystérieux,
>   Charrue auguste des nuées.
>
> Il fait germer la vie humaine dans ces champs
> Où Dieu n'avait encor semé que des couchants
>   Et moissonné que des aurores ;
> Il entend, sous son vol qui fend les airs sereins,
> Croître et frémir partout les peuples souverains,
>   Ces immenses épis sonores !

— Et la vie poétique est si intense partout, que les choses elles-mêmes s'animent, que « la bise conduit la pluie aux crins épars » ; que « la tombe gémit indignée » ; que, rajeuni par les souffles nouveaux, « le bois du gibet jette, effrayé, des branches vertes ». Ce n'est plus là l'image que nous avons étudiée, c'est proprement le mythe, que nous étudierons dans notre dernier chapitre. Et si le *merveilleux* poétique, dont nous aurons aussi à nous occuper, ne se trouve point dans ce poème sublime, nous y en trouvons partout, et d'une manière éclatante, le principe, cette horreur et cette ivresse religieuses, qui font ressembler Hugo à un Isaïe ou à un Ézéchiel.

Déjà en 1829, dans un article remarquable sur *les Orientales*, un rédacteur du *Globe* écrivait : « En comprenant la métaphore proprement dite, la comparaison, l'emblème, le symbole, l'allégorie sous le nom général de métaphore, on pourrait dire hardiment que... l'ampleur de la métaphore est la mesure du génie poétique. » Cette formule ne saurait être acceptée sans réserves, car une sensibilité profonde ou des idées grandes comptent aussi dans la poésie. Les métaphores de Corneille ressemblent à l'herbe des pâturages alpestres, fortifiante, mais rare et courte, et cependant Corneille est poète; Racine est poète par sa peinture de la passion, et Musset par ses cris de douleur. Et cependant il est très vrai que l'image sous toutes ses formes est une des plus importantes parties de la poésie et que, si au don de l'image un poète joint le sens du mystère qui est en nous et autour de nous, le pouvoir de tout animer, une sublimité naturelle et parfois continue de l'imagination, ce poète, sans conteste, est incomparable.

CHAPITRE XI

Le Mythe et le Merveilleux.

I

On ne croit plus aujourd'hui, comme au temps où Boileau écrivait son *Art poétique*, que la mythologie a été pour Homère un système d'allégories ingénieusement imaginées, consacrées à orner, à «égayer» ses récits. Que la mythologie hellénique ait été enrichie par les auteurs de l'*Iliade* et de l'*Odysée*, cela est probable ; mais la plus grande part en avait été conçue très antérieurement par le peuple lui-même, et, pour le peuple comme pour les auteurs, cette mythologie était une création instinctive, involontaire, qui, à la façon de la statue dont parle La Fontaine, s'était imposée à l'adoration de ceux mêmes qui l'avaient produite. Aujourd'hui nos esprits, formés par des siècles de réflexion, de philosophie et de science, servis par des langues analytiques, ayant à leur disposition un vocabulaire où les images vont sans cesse s'effaçant et où se multiplient de plus en plus les mots qui expriment uniquement des concepts et qui, en les exprimant, les conservent et les imposent,— nos esprits, dis-je, distinguent aisément le *subjectif* de *l'objectif*, l'abstrait du concret, ce qui est inanimé de ce qui a vie et pensée ; peut-être même les distinguent-ils trop et risquent-ils de méconnaître les ressemblances et les rapports qui unissent toutes les parties de la nature. Il n'en était certes pas de même au début des civilisations. L'homme se distinguait mal de ce qui l'entourait ; il distinguait mal sa sensation de l'objet qui l'avait causée, son idée de la sensation qui en avait été l'origine, le mot dont il se servait de l'idée que ce mot était simplement chargé de rendre ; si bien que le mot, l'idée, la sensation prenaient un corps, la matière prenait une âme, et le mode particulier d'existence qui était le sien, l'homme le donnait à tout en lui et autour de lui. En même temps, l'homme, ayant conscience de sa faiblesse, sentant peser sur lui toutes sortes de tyrannies obscures, tourmenté par le sentiment du divin, attribuait aux êtres créés par son imagination une grandeur et une puissance mystérieuses, et, sans cesser de les concevoir comme des hommes, il les craignait comme des dieux. Ainsi la mer devenait Poséidon, c'est-à-dire un dieu à la forme et aux sentiments humains ; et de même le feu devenait Héphaistos, l'amour Éros, la santé Hygie, la fortune Tychè ; la grâce ou les heures devenaient aussi des divinités humaines, et, Artémis ayant été appelée καλλίστη, la très belle, ou Apollon ἀρισταῖος, le très bon, ces épithètes elles-mêmes se personnifiaient et devenaient la nymphe Callistos, le dieu champêtre Aristée.

Retenu par ses convictions religieuses, qui en faisaient un monothéiste résolu, il était impossible que Hugo arrivât jusqu'où étaient arrivés les peuples antiques : qu'il créât des divinités. Les idées scientifiques de son temps, à l'influence desquelles son génie, tout poétique qu'il fût, n'avait pu entièrement se soustraire, devaient même l'empêcher de développer complètement ses mythes et de dessiner en toute naïveté les figures qu'il attribuait aux idées aussi bien qu'aux choses. Mais ce furent là les seules barrières que son génie mythologique se laissa opposer. Pour lui, disait déjà excellemment Nisard, « le monde moral et le monde physique se confondent ; les sentiments sont des sensations ; les idées ont des contours ; l'abstrait prend un corps, et l'invisible même veut qu'on le voie. — Comme Léonard de Vinci, qui regardait tout pour tout dessiner, jusqu'aux rides des vieilles murailles, où il trouvait des airs de tête, des figures étranges, des confusions de bataille, des habillements capricieux, le poète coloriste a tout regardé pour le peindre. Par la puissance du même don, tout ce qu'il voit le regarde à son tour. Toute chose lui est comme un de ces portraits de maître, qui, dans les musées, semblent suivre de l'œil les visiteurs. Il n'y a pas, dans la nature telle qu'il la sent, d'objets inanimés ; tout a vie, et le sait ; il n'y a pas d'aspects, mais des visages. C'est la pensée de Pascal retournée : l'univers connaît l'homme, et s'il écrasait l'homme, il saurait qu'il l'écrase. »

Il est curieux de voir l'auteur du *Satyre*, dans un sujet où il pourrait se contenter d'imiter fidèlement les Grecs, rivaliser sans effort avec eux, agrandir l'Olympe sur lequel il a fait monter son chèvre-pieds, et enrichir la mythologie antique à laquelle il emprunte ses principaux personnages. Aux nymphes et aux naïades il ajoute les Nuées et l'Ondée, à côté de la Nuit et du Chaos il place la Chose et l'Ombre, il complète les Heures par l'Hiver et Avril, et sur le même rang que ces abstractions déifiées que nous montre Eschyle : la Force et la

Violence, il met la Cause, l'Énigme, la Haine, l'Indigence et l'Inconnu. Mais, après tout, il pourrait n'y avoir là qu'une imitation raffinée, et c'est lorsque Hugo ne se propose pas de traiter un sujet mythologique que sa création mythologique est le plus digne de remarque. Or, Hugo crée des mythes partout, sans relâche, et il les crée par les mêmes procédés instinctifs qui ont constitué les mythologies primitives.

Il crée des mythes avec des mots, avec des lettres, avec la forme même des lettres. A la montagne dont le nom — *la Jungfrau* — signifie la vierge, il ne se contente pas de donner un front qu'elle livre aux seuls baisers des étoiles, il en fait la Jeanne d'Arc de l'Helvétie. — Beaucoup de ses titres sont faits avec des allitérations : *Nomen, Numen, Lumen* dans *les Contemplations* ; *Foi, Loi* ou *Buvard, bavard* dans *les Misérables;* *Lex, rex, fex* dans *l'Homme qui rit; Vis et vir* dans *Quatre-vingt-treize;* et il ne faut pas seulement voir là un goût fâcheux pour le calembour : au calembour ou, si l'on veut, à la ressemblance fortuite de certains mots Hugo attribue une portée et comme une intention mystérieuses. Pour lui les mots sont des êtres vivants dont les ressemblances ne sauraient être l'effet d'un pur hasard, et ces trois sons si voisins: *Nomen, Numen, Lumen*, doivent révéler un rapport profond entre le verbe, la divinité et la lumière, comme cette presque équivalence des mots *vis* et *vir* fait pressentir une lutte terrible entre la force et l'homme, entre la caronade lâchée dans l'entre-pont et le hardi matelot qui veut l'arrêter. — Dans la pièce des *Contemplations* que je viens de citer, le mot *Jéhovah* ayant sept lettres et la grande Ourse ayant sept étoiles, ce sont les lettres qui ont formé la constellation ; dans une pièce de *Toute la Lyre*, Jésus ayant été attaché à la croix par quatre clous et les Évangélistes étant au nombre de quatre, ce sont les quatre clous qui sont devenus l'ange et les animaux dont ces évangélistes sont escortés. — Citerai-je un exemple plus affligeant, emprunté au poème *Dieu*? L'homme est aux prises avec un problème éternel dont l'x est la divinité. Mais la lettre X a quatre bras ; ces quatre bras font ressembler l'X à une croix ; l'X est la croix de Jésus. Et voilà comment le poète, après avoir nié la divinité du Christ, est amené à l'admettre un instant par la forme d'un signe de l'alphabet.

Les mythes qui portent sur des sentiments, des idées, des abstractions, sont heureusement beaucoup plus nombreux. On en trouve de fort remarquables dans *Éviradnus*, où *l'Épouvante* bâille sur d'horribles casques désormais inactifs ; où l'on voit la halte des marcheurs mystérieux de la nuit que l'aube efface en ses blancheurs; où les panoplies formidables sont le vide fait spectre et *Rien* devenu géant. — Dans *le Petit Roi de Galice*, des satyres tètent la nymphe Ivresse ; le meurtre est un usurier qui jette les morts par-dessus les morts et rit, comme s'il entassait de l'or. — Le sombre Esprit humain est debout sur le tillac du vaisseau Léviathan dans *Pleine mer*. La guerre, « se dressant comme un pâtre éveillé, lève à l'horizon sa face de fantôme » dans *le Glaive*. Les vieilles victoires s'animent, s'irritent, sont humiliées dans *l'Année terrible*. D'ailleurs, les victoires sont souvent personnifiées dans les vers de Hugo et, comme des êtres humains, elles changent selon les circonstances de sentiments et d'allure : ce sont les victoires chantantes, quand elles suivent le Cid ; les victoires rampantes, quand l'odieux sultan Mourad opprime les peuples ; les victoires effarées, quand Tsavellas, indigné des succès des bourreaux, les souflette.

Mais ce sont surtout les forces de la nature, les objets qui nous entourent, toutes les choses inanimées qui sont personnifiées avec éclat. L'Océan, qui, dans *les Pauvres gens*, blanc d'écume, jette son noir sanglot au ciel, aux vents et à la nuit, est ailleurs un vieillard, effarouché par la sonde, qui, à travers le verre de son onde, regarde inquiet le vaisseau de l'homme. Le vent, c'est l'immense canaille (entendez le mot dans son sens étymologique), c'est l'effroyable meute de l'ombre ; c'est la cavalerie qui poursuit la pluie effarée à l'horrible crinière ; ou bien, hagard, soufflant dans son clairon, il dénoue sa longue et folle tresse au-dessus des marins épouvantés. L'hiver boiteux fait marcher l'un après l'autre son jour court et sa longue nuit. Le jour lui-même est un Sisyphe qui, périodiquement, réussit pour quelques heures à soulever le triste roc des ténèbres, mais sur qui la nuit ne manque jamais de retomber. Montagnes et vallées, fleuves et bois ne sont pas autour d'Angus, autour de Roland, autour des héros, quels qu'ils soient, de *la Légende*, un décor plus ou moins poétique, mais des témoins curieux, des amis ou des adversaires. On sait avec quelle fougue et quelle joie l'épée de Roland, Durandal, combat contre les infants d'Asturie ; on sent vraiment en elle une âme ; et ce n'est pas là un privilège de Durandal : l'épée du colonel de Pontmercy a de même une âme, elle ne *veut* pas être mêlée aux luttes de la rue. La vue du carnage fait frissonner les drapeaux des armées en plis voluptueux, et les vaisseaux grecs secouent aux vents leurs banderoles en entendant les paroles patriotiques de Thémistocle. Dans cette poésie étonnante, un breuvage même a en lui une vie mythique et, si Mahaud s'endort, c'est de par l'obscure volonté du philtre qu'on lui a fait boire.

A quoi bon multiplier les exemples ? Il n'y aurait lieu d'insister que sur les cas où le mythe de Hugo cesse d'être une indication rapide, et se développe, et s'organise, et prend l'ampleur d'un chapitre de la mythologie grecque. Mais ici les citations ne pourraient qu'être fort longues, et je donnerai seulement la peinture du château de Corbus et de sa lutte contre l'hiver. On n'aura pas de peine à remarquer comment au mythe fondamental de ce saisissant morceau vingt autres, cent autres mythes se mêlent.

L'herbe verte,
Le lierre, le chiendent, l'églantier sauvageon
Font, depuis trois cents ans, l'assaut de ce donjon ;
Le burg, sous cette abjecte et rampante escalade,
Meurt, comme sous la lèpre un sanglier malade ;
Il tombe ; les fossés s'emplissent des créneaux ;
La ronce, ce serpent, tord sur lui ses anneaux ;
Le moineau franc, sans même entendre ses murmures,
Sur ses vieux pierriers morts vient becqueter les mûres ;
L'épine sur son deuil prospère insolemment ;
Mais, l'hiver, il se venge ; alors, le burg dormant
S'éveille, et, quand il pleut pendant des nuits entières,
Quand l'eau glisse des toits et s'engouffre aux gouttières,
Il rend grâce à l'ondée, aux vents, et, content d'eux,
Profite, pour cracher sur le lierre hideux,
Des bouches de granit de ses quatre gargouilles.

Le burg est aux lichens comme le glaive aux rouilles,
Hélas ! et Corbus, triste, agonise. Pourtant
L'hiver lui plaît ; l'hiver, sauvage combattant,
Il se refait, avec les convulsions sombres
Des nuages hagards croulant sur ses décombres,
Avec l'éclair qui frappe et fuit comme un larron,
Avec des souffles noirs qui sonnent du clairon,
Une sorte de vie effrayante, à sa taille ;
La tempête est la sœur fauve de la bataille ;

Et le puissant donjon, féroce, échevelé,
Dit : Me voilà ! sitôt que la bise a sifflé ;
Il rit quand l'équinoxe irrité le querelle
Sinistrement, avec son haleine de grêle ;
Il est joyeux, ce burg, soldat encor debout,
Quand, jappant comme un chien poursuivi par un loup,
Novembre, dans la brume errant de proche en proche,
Répond au hurlement de janvier qui s'approche.
Le donjon crie: En guerre ! ô tourmente, es-tu là ?
Il craint peu l'ouragan, lui qui vit Attila.
Oh ! les lugubres nuits ! Combats dans la bruine ;
La nuée attaquant, farouche, la ruine !
Un ruissellement vaste, affreux, torrentiel,
Descend des profondeurs furieuses du ciel ;
Le burg brave la nue ; on entend les gorgones
Aboyer aux huit coins de ses tours octogones ;
Tous les monstres sculptés sur l'édifice épars
Grondent, et les lions de pierre des remparts
Mordent la brume, l'air et l'onde, et les tarasques
Battent de l'aile au souffle horrible des bourrasques ;
L'âpre averse en fuyant vomit sur les griffons ;
Et, sous la pluie entrant par les trous des plafonds,
Les guivres, les dragons, les méduses, les drées,
Grincent des dents au fond des chambres effondrées ;
Le château de granit, pareil au preux de fer,
Lutte toute la nuit, résiste tout l'hiver ;
En vain le ciel s'essouffle, en vain janvier se rue ;
En vain tous les passants de cette sombre rue
Qu'on nomme l'infini, l'ombre et l'immensité,
Le tourbillon, d'un fouet invisible hâté,
Le tonnerre, la trombe où le typhon se dresse,
S'acharnent sur la haute et fière forteresse ;
L'orage la secoue en vain comme un fruit mûr ;
Les vents perdent leur peine à guerroyer ce mur,
Le fôhn bruyant s'y lasse, et sur cette cuirasse
L'aquilon s'époumonne et l'autan se harasse,
Et tous ces noirs chevaux de l'air sortent fourbus
De leur bataille avec le donjon de Corbus.

Aussi, malgré la ronce et le chardon et l'herbe,
Le vieux burg est resté triomphant et superbe ;
Il est comme un pontife au cœur du bois profond,
Sa tour lui met trois rangs de créneaux sur le front ;
Le soir, sa silhouette immense se découpe ;
Il a pour trône un roc, haute et sublime croupe ;

Et, par les quatre coins, sud, nord, couchant, levant,
Quatre monts, Crobius, Bléda, géants du vent,
Aptar où croit le pin, Toxis que verdit l'orme,
Soutiennent au-dessus de sa tiare énorme
Les nuages, ce dais livide de la nuit.

II

Y a-t-il dans toute la mythologie grecque un seul mythe qui nous représente avec plus de force, d'éclat et de puissance, avec plus de vivante poésie, cette lutte contre les éléments qui est la source de tant de récits mythiques ? Au temps d'Homère, Corbus serait devenu un dieu ou un demi-dieu comme Hercule, vainqueur des éléments et des monstres, mais un dieu d'une physionomie très particulière, géant vieilli, brisé, majestueux malgré tout, auquel l'approche de ses éternels ennemis aurait redonné, avec la joie sauvage de la lutte, toute sa vigueur et toute sa puissance d'autrefois. Hugo n'a pas poussé jusque-là sa personnification; mais ce n'est pas certes que le goût du merveilleux lui ait manqué ; c'est au contraire parce que le merveilleux n'a pas été pour lui une *machine* épique dont il convînt d'user avec plus d'habileté que de conviction, ainsi que Voltaire et Chateaubriand avaient usé du merveilleux chrétien, et Ronsard ou même Virgile du merveilleux du polythéisme [1] ; l'auteur de *la Légende des siècles* usait spontanément, et comme par un besoin

---

1. Il soutenait, dit M. Stapfer, rapportant une conversation de Hugo, « que les poètes modernes n'ont plus le droit de chercher le merveilleux dans leur imagination, mais qu'ils doivent le prendre dans la création même, où il existe en réalité ». *Les artistes juges et parties*, p. 40.

de sa nature, d'un merveilleux original, dont la matière lui était fournie par ses convictions les plus ardentes et par ses rêves les plus chers. Et par là encore, Hugo, se séparant nettement des auteurs d'épopées artificielles, ressemblait à ces auteurs d'épopées primitives, dont il avait déjà l'imagination mythique.

Indiquons rapidement de quels éléments se composait pour Hugo ce que nous venons d'appeler la *matière* du merveilleux épique.

« Je suis plus sûr de l'existence de Dieu que de la mienne propre », écrivait Hugo à George Sand. Et pour lui Dieu n'était pas, comme pour certains métaphysiciens, la conclusion d'un syllogisme; il n'était pas, comme pour certains déistes, un gendarme universel, protégeant par la terreur qu'il inspire aux simples la propriété, l'ordre social et les bonnes mœurs : c'était un ami puissant, à la fois terrible et doux, dont l'âme ne peut se passer, qu'elle cherche et qu'elle trouve toujours, à qui, dans toutes nos misères, nous devons demander un secours et une consolation. Que de mots décisifs, souvent sublimes, nous pourrions prendre çà et là dans l'œuvre de Hugo, notamment dans *les Misérables* ! « La pupille se dilate dans la nuit et finit par y trouver du jour, de même que l'âme se dilate dans le malheur et finit par y trouver Dieu. » — Aussi, l'action de la Providence peut-elle être sentie dans tous les événements, même les plus humbles. La petite Cosette tient Jean Valjean par la main pendant qu'il fuit devant Javert : « Il lui semblait qu'il tenait, lui aussi, quelqu'un de plus grand par la main : il croyait sentir un être qui le menait, invisible. » Et ailleurs : « Il se parlait ainsi dans les profondeurs de sa conscience, penché sur ce qu'on pourrait appeler son propre abîme...

On n'empêche pas plus la pensée de revenir à une idée que la mer de revenir à un rivage... Dieu soulève l'âme comme l'océan. » Le poète de *l'Année terrible* commente le prosateur des *Misérables* : s'il s'agit, dit-il,

> De l'être dont je sens l'âme au fond de mon âme,...
> S'il s'agit du prodige immanent qu'on sent vivre
> Plus que nous ne vivons, et dont notre âme est ivre
> Toutes les fois qu'elle est sublime...

Quel ressort épique : Dieu agissant en l'homme et lui donnant sa sublimité ! et comme il vaut bien les divinités, souvent trop humaines, de *l'Iliade !* D'autant que Dieu peut se rendre plus sensible, soit en faisant entendre sa voix aux oreilles humaines, soit en faisant descendre auprès de l'homme des esprits célestes, comme descendaient Gabriel dans le *Poème du Cid*, Gabriel et Michel dans le *Roland*. Jean Valjean « était mort. La nuit était sans étoiles et profondément obscure. Sans doute, dans l'ombre, quelque ange immense était debout, attendant l'âme ».

Qu'on ne croie pas que cette intervention d'un ange soit un pastiche du christianisme : le pastiche, qui se comprendrait dans *la Légende*, ne se comprend plus dans *les Misérables*. Seul, le mot *ange* est un emprunt plus ou moins raisonné ; mais l'existence d'esprits mystérieux, pouvant servir d'intermédiaires entre Dieu et l'homme, est parfaitement d'accord avec la métaphysique de Victor Hugo. Pour lui, après la mort, l'âme expie ou reçoit sa récompense ; elle descend ou monte ; elle descend vers la matière ou elle monte vers Dieu en métamorphoses infinies : quelle hiérarchie d'êtres en cet univers ! Ajoutons (et c'est un nouveau ressort pour le merveilleux épique) que les âmes des morts ne se désintéressent pas de ce qui se passe sur la terre et qu'elles viennent s'y mêler encore. Hugo, spirite, croyait avoir reçu des âmes des morts toutes sortes de révélations. « Une table à trois pieds, écrivait-il sur son manuscrit du *Lion d'Androclès*, dicte des vers par frappements, et des strophes sortent de l'ombre. Il va sans dire que jamais je n'ai mêlé à mes vers un seul de ces vers venus du mystère, ni à mes idées une seule de ces idées ; je les ai toujours religieusement laissés à l'Inconnu, qui en est l'unique auteur ; je n'en ai même pas admis le reflet ; j'en ai écarté jusqu'à l'influence. Le travail du cerveau humain doit rester à part et ne rien emprunter aux phénomènes. » Croyons-en Hugo ; mais ce qu'il pouvait et ce qu'il devait emprunter aux *phénomènes*, c'était l'idée même de leur existence. L'esprit de l'évêque Myriel assiste *sans doute* à l'agonie de Jean Valjean, et *peut-être*, quand l'enfant Gwynplaine vient de sauver un enfant plus jeune que lui, quand il le porte au prix de mille fatigues et de mille dangers, peut-être est-il « suivi en cette voie douloureuse par des yeux ouverts dans les lointains de l'ombre, l'œil de la mère et l'œil de Dieu ».

Puisque l'âme descend, aussi bien qu'elle monte, le corps des animaux la reçoit et le regard de la bête est souvent un regard humain. Il peut être davantage, et il y a dans la bête quelque chose de mystérieux qui a frappé Hugo, comme il avait frappé les poètes primitifs. Ceux-ci faisaient défendre Rama par un vautour dans *le Ramâyana* ; ils faisaient prédire la mort d'Achille par ses chevaux dans *l'Iliade* ; ils faisaient éveiller Rustem en danger par son cheval dans les légendes qui ont formé *le Shah Nameh* ; ils faisaient soutenir, en champ clos, la cause d'Aubry par son chien dans *Macaire*. Hugo n'a pas été en face de la bête dans des dispositions moins favorables au merveilleux. Il a fait chanter au Satyre :

> Fussiez-vous dieux, songez en voyant l'animal !
> Car il n'est pas le jour, mais il n'est pas le mal.
> Toute la force obscure et vague de la terre
> Est dans la brute, larve auguste et solitaire ;
> La sibylle au front gris le sait, et les devins
> Le savent, ces rôdeurs des sauvages ravins ;
> Et c'est là ce qui fait que la thessalienne
> Prend des touffes de poil aux cuisses de l'hyène,
> Et qu'Orphée écoutait, hagard, presque jaloux,
> Le chant sombre qui sort du hurlement des loups.

Peut-être dira-t-on que le Satyre exprime, et doit exprimer ici des idées antiques. Et l'on aura raison en ce sens que, pour le Satyre, l'animal semble ne devoir rien qu'à lui-même, tandis que, pour Hugo, l'animal doit son caractère mystérieux et le merveilleux de son action à ce qu'il peut voir Dieu et lui servir d'instrument docile. Quand le loup Homo a guidé Gwynplaine vers le bateau où l'attendent Dea et Ursus, l'écrivain ajoute : « Il y a des cas où le chien sent le besoin de suivre son maître, d'autres où il sent le besoin de le précéder. Alors la bête prend la direction de l'esprit. Le flair imperturbable voit clair confusément dans notre crépuscule. Se faire guide apparaît vaguement à la bête comme une nécessité. Sait-elle qu'il y a un mauvais pas, et qu'il faut aider l'homme à le passer ? Non, probablement ; oui, peut-être ; dans tous les cas, quelqu'un le sait pour elle ; nous l'avons déjà dit, bien souvent dans la vie, d'augustes secours qu'on croit venir d'en bas viennent d'en haut. On ne sait pas toutes les figures que peut prendre Dieu. Quelle est cette bête? La Providence. »

Ce que nous disons de l'animal est vrai aussi, en grande partie, des choses dites inanimées. Ici encore le poète est d'accord avec le métaphysicien. Si Hugo a pu appliquer sans scrupule à la nature entière son génie mythologique, c'est que tout est ou peut être « plein d'âmes ». S'il n'a pas donné aux choses la figure humaine, ce n'est pas parce que cette métamorphose n'eût pas été acceptée en un siècle comme le nôtre, c'est parce que les âmes qui expient doivent revêtir une forme inférieure. S'il n'a pas divinisé les choses, c'est parce qu'elles sont au service du seul vrai Dieu. Mais elles n'en ont pas moins leur rôle à jouer dans le merveilleux épique. Tandis que les fleuves Xanthe et Simoïs poursuivaient Achille de par leur propre puissance dans *l'Iliade*, la terre tremble, les murs des maisons « crèvent » et le soleil s'arrête au haut du ciel, dans le *Roland*, de par la puissance de l'Éternel.

Et l'on voit comment le génie mythologique et le génie du merveilleux, confondus chez Homère, que nous avions dû distinguer chez Hugo, se rejoignent aussi parfois chez Hugo lui-même. Les cimiers des casques dans *Éviradnus* sont simplement animés par une imagination mythique ; mais l'aigle qui surmonte le casque de Tiphaine ne forme pas seulement un mythe, il joue un rôle merveilleux.

III

Ces indications une fois données sur la *matière* du merveilleux, essayons de classer les poèmes où il intervient.

1. *La Légende* étant une œuvre en partie historique, il est naturel de placer en tête les poèmes dont le merveilleux est emprunté : *les Lions* ; *Dieu invisible au philosophe* ; *Première rencontre du Christ avec le tombeau* ; *le Gibet*. Le récit de la résurrection de Lazare est d'ailleurs le seul où Hugo se soit astreint à ne rien ajouter d'important aux Écritures. *Le Gibet* ajoute un assez grand nombre de traits nouveaux à ceux que nous ont transmis les Évangiles sur la mort du Christ. Le terme de *philosophe* appliqué à Balaam, le fait que l'ânesse voit Dieu, au lieu de voir simplement son ange, et le titre que portait d'abord le manuscrit : *l'âne*, montrent que le poète a profité de l'occasion pour appliquer sa théorie sur l'animal plus en rapport avec Dieu que le plus savant des hommes. — De même les lions auxquels on expose Daniel, s'ils ne sont pas mis en présence de Dieu lui-même, reconnaissent du moins, infiniment mieux que les hommes aveugles, celui qui vient au nom de Dieu.

2. Sans emprunter aucun fait précis à l'histoire, positive ou légendaire, le poète peut inventer un trait merveilleux qui eût paru tout naturel au temps où il le place : ainsi les *bannis* Grecs entendent dans le ciel, du côté d'Éleusis, une étrange rumeur qui annonce la défaite de Xerxès.

3. Au contraire, en étudiant le polythéisme, le poète ne peut s'empêcher de lui opposer une conception religieuse plus haute. Il emprunte donc au polythéisme son merveilleux, mais en y ajoutant un merveilleux nouveau qui en montre d'avance l'anéantissement. Vâyou, Agni, Indra, les dieux hindous, viennent de s'écrier : « Nous sommes les seuls dieux », lorsque surgit devant eux « une lumière ayant les yeux d'une

figure ». Ils veulent l'interroger, ils veulent faire montre de leur puissance ; mais un brin de paille ayant été posé devant eux par l'apparition, Vâyou, le dieu du vent, ne peut le faire envoler ; Agni, le dieu du feu, ne peut le brûler. Indra, le dieu de l'espace, célèbre à son tour sa grandeur suprême :

> Etant l'énormité, je vois l'immensité ;
> Je vois toute la nuit et toute la clarté ;
> Je vois le dernier lieu, je vois le dernier nombre,
> Et ma prunelle atteint l'extrémité de l'ombre...
> Je sais tout ! je vois tout !
>
> — Vois-tu ce brin de paille ?
> Dit l'étrange clarté d'où sortait une voix.
> Indra baissa la tête et cria : Je le vois,
> Lumière, je te dis que j'embrasse tout l'être ;
> Toi-même, entends-tu bien, tu ne peux disparaître
> De mon regard, jamais éclipsé ni décru !
>
> A peine eut-il parlé qu'elle avait disparu.

Le poème s'appelle *Suprématie*. — Même conclusion et même méthode dans le puissant poème du *Titan*. Hugo emprunte à l'antique mythologie la défaite du Titan, son agitation sous la montagne qui l'écrase, la forme que l'antiquité donnait à la terre et au séjour des dieux. Mais quelle nouveauté dans la fuite de Phtos à travers la terre, dans le spectacle chaotique qui s'offre à ses regards avant que le dernier bloc qui s'oppose à sa délivrance ait cédé, dans le spectacle qui s'offre ensuite de l'immensité radieuse, et dans la réapparition du Titan devant les Olympiens !

Le Satyre est plus remarquable encore pour le mélange des merveilleux. Aux traits qui sont grecs par leur origine s'en mêlent de fort nombreux qui ne sont grecs que par l'inspiration et le tout aboutit à un dénouement d'une éclatante et monstrueuse poésie panthéistique qui rappelle l'Inde. Je ne puis citer, parce qu'ils exigeraient un trop long commentaire, quelques-uns des plus beaux passages, notamment la version nouvelle donnée par Hugo du mythe de Cadmus. Mais voici ce qu'a inspiré au poète l'indication donnée par quelque archéologue d'un ξοανόν naïf, d'une vieille statue de bois où Zeus était représenté *triopas*, avec trois yeux, pour marquer que sa vue s'étendait partout :

> Jupiter aux trois yeux songeait, un pied sur l'aigle ;
> Son sceptre était un arbre ayant pour fleur la règle ;
> On voyait dans ses yeux le monde commencé ;
> Et dans l'un le présent, dans l'autre le passé ;
> Dans le troisième errait l'avenir comme un songe.

Et comment se fait-il que les signes du zodiaque fussent à la fois des monstres (chien, lion, capricorne...) et des astres?

> Jadis, longtemps avant que la lyre thébaine
> Ajoutât des clous d'or à sa conque d'ébène,
> Ces êtres merveilleux que le Destin conduit,
> Étaient tout noirs, ayant pour mère l'âpre nuit :
> Lorsque le jour parut, il leur livra bataille ;
> Lutte affreuse ! il vainquit ; l'ombre encore en tressaille ;
> De sorte que, percés des flèches d'Apollon,
> Tous ces monstres, partout, de la tête au talon,
> En souvenir du sombre et lumineux désastre,
> Ont maintenant la plaie incurable d'un astre.

Cela est délicieusement hellénique, n'est-ce pas ? Eh bien ! regardez :

> Tout en parlant ainsi, le satyre devint
> Démesuré; plus grand d'abord que Polyphème,
> Puis plus grand que Typhon qui hurle et qui blasphème
> Et qui heurte ses poings ainsi que des marteaux ;

> Puis plus grand que Titan, puis plus grand que l'Athos ;
> L'espace immense entra dans cette forme noire ;
> Et comme le marin voit croître un promontoire,
> Les dieux dressés voyaient grandir l'être effrayant ;
> Sur son front blémissait un étrange orient ;
> Sa chevelure était une forêt ; des ondes,
> Fleuves, lacs, ruisselaient de ses hanches profondes ;
> Ses deux cornes semblaient le Caucase et l'Atlas ;
> Les foudres l'entouraient avec de sourds éclats ;
> Sur ses flancs palpitaient des prés et des campagnes,
> Et ses difformités s'étaient faites montagnes ;
> Les animaux qu'avaient attirés ses accords,
> Daims et tigres, montaient tout le long de son corps ;
> Des avrils tout en fleur verdoyaient sur ses membres ;
> Le pli de son aisselle abritait des décembres,
> Et des peuples errants demandaient leur chemin,
> Perdus au carrefour des cinq doigts de sa main.
> Des aigles tournoyaient dans sa bouche béante ;
> La lyre, devenue en le touchant géante,
> Chantait, pleurait, grondait, tonnait, jetait des cris,
> Les ouragans étaient dans les sept cordes pris
> Comme des moucherons dans de lugubres toiles ;
> Sa poitrine terrible était pleine d'étoiles.

4. C'est dans une nouvelle classe de merveilleux que je mettrais le poème des *Trois Cents*. Xercès fait donner trois cents coups de fouet à l'Hellespont :

> Et chacun de ces coups de fouet toucha Neptune.
> Alors ce Dieu, qu'adore et que sert la Fortune,
> Mouvante comme lui, créa Léonidas,
> Et de ces trois cents coups il fit trois cents soldats,
> Gardiens des monts, gardiens des bois, gardiens des villes,
> Et Xercès les trouva debout aux Thermopyles.

« Quel mythe superbe, s'écrie Paul de Saint-Victor, et tel que le génie grec n'en a pas créé de plus beau ! cette flagellation qui se fait légion ; l'insulte fécondée, enfantant ses vengeurs ! » J'ai le regret de ne pas partager l'enthousiasme du critique. Hugo a fait ici du merveilleux par verbalisme, comme il avait fait ailleurs par verbalisme des personnifications. Son esprit, habitué à rapprocher les mots et les sons, n'a pu s'empêcher de chercher et de trouver un rapport entre les coups de fouet de l'Hellespont qui étaient au nombre de trois cents et les Spartiates de Léonidas qui étaient trois cents aussi. Et, sans doute, bien des mythes, grecs ou non, sont nés de rapprochements de cette sorte; mais le mal ici est que l'intervention de Neptune rapetisse la lutte héroïque de la Grèce contre l'Asie. *L'énorme noirceur cherchait à tuer l'étoile* : la vraie poésie, le vrai merveilleux était dans le triomphe de cette petite et vacillante étoile sur cette noirceur énorme.

5. On peut réserver une catégorie spéciale au merveilleux qui n'a d'autre raison d'être que de rendre possible une allégorie ou un symbole. Le tonnerre se retirant quand le Cid arrive, parce qu'on n'a plus besoin de lui pour frapper les tyrans, est une allégorie, et assez froide. — *Puissance égale bonté*, où l'esprit du mal emploie tout ce qu'il a remarqué de plus beau dans la nature pour en faire, après des efforts prodigieux, une araignée, tandis qu'il suffit à Dieu de regarder de son regard tranquille l'araignée pour en faire le soleil, est un symbole, aussi bien que *la Conscience.* — Le poème consacré à Nemrod, *le Glaive*, est surtout un composé d'allégories et de symboles ; et, à côté de ces œuvres, je pourrais citer la pièce jouée dans *l'Homme qui rit* par Gwynplaine, Ursus, Homo et Dea : *Chaos vaincu.* L'homme ébauché, « à peine distinct des brutes », est en lutte avec un loup et un ours, représentant « les forces féroces de la nature, les faims inconscientes, l'obscurité sauvage » ; c'est « le chaos combattant l'homme », et l'homme râle, accablé. Tout à coup un chant se fait entendre dans l'ombre, une blancheur

surgit : c'est l'esprit, c'est l'âme qui naît. L'âme repousse la nuit et relève l'homme ; les brutes sont terrassées ; la face du monstre humain s'épanouit.

6. Nous voici arrivés aux formes du merveilleux qui caractérisent le plus le génie de Hugo, à celles que nos réflexions sur la matière du merveilleux chez notre poète nous préparaient surtout à comprendre. Je ne puis les étudier toutes. Un certain nombre d'ailleurs nous sont déjà bien connues par des citations antérieures : *le Parricide*; *la Révolution*, où les statues des rois s'animent et marchent ; *la Paternité*, où la statue d'un père caresse le fils affligé ; *Sultan Mourad* et *la Vision de Dante*, qui nous font assister aux jugements suprêmes de Dieu. Parcourons quelques autres poèmes, pour voir avec quel naturel et avec quel art à la fois Hugo se sert du merveilleux.

IV

Le poème où le merveilleux est employé de la façon la plus discrète et la plus délicate est sans doute *la Rose de l'Infante*. « Le ciel est à Dieu, mais j'ai la terre », disait Philippe II, l'orgueil invétéré et raisonné ; « ceci est à moi », disait sa fille, l'orgueil naissant et naïf. Or tout est à Dieu et rien n'est à l'homme. Fidèle serviteur du Tout-Puissant, le vent s'élève et détruit la rose, dont se jouait l'Infante, ainsi que l'Armada invincible, dont se jouait le roi. C'est tout ; et il faut admirer ici la même réserve que nous avons déjà admirée dans la composition de ce beau poème.

Dans *Zim-Zizimi*, ce n'est plus la discrétion qui frappe, mais une indécision et un mystère qui ne sont pas moins poétiques. Ni sa grandeur, ni ses victoires, ni ses voluptés, ni ses crimes ne rendent joyeux Zim-Zizimi. Il s'ennuie assis tout seul à sa table, et « cherche à qui parler dans cette solitude » :

> Le trône où Zizimi s'accoude est soutenu
> Par dix sphinx au front ceint de roses, au flanc nu ;
> Tous sont en marbre blanc ; tous tiennent une lyre ;
> L'énigme dans leurs yeux semble presque sourire ;
> Chacun d'eux porte un mot sur sa tête sculpté,
> Et ces dix mots sont: Gloire, Amour, Jeu, Volupté,
> Santé, Bonheur, Beauté, Grandeur, Victoire, Joie
> Et le sultan s'écrie : — O Sphinx dont l'œil flamboie,...
> Tenez moi compagnie, ô sphinx qui m'entourez
> Avec vos noms joyeux sur vos têtes dorés,
> Désennuyez le roi redoutable qui tonne ;
> Que ma splendeur en vous autour de moi rayonne ;
> Chantez-moi votre chant de gloire et de bonheur ;
> O trône triomphal dont je suis le seigneur,
> Parlez-moi ! parlez-moi, sphinx couronnés de roses ! —
> Alors les sphinx, avec la voix qui sort des choses,
> Parlèrent; tels ces bruits qu'on entend en dormant.

Bruits lugubres ! Personne n'est plus grand que Téglath-Phalasar, dit un des sphinx ; mais, pendant qu'il triomphe, des potiers font sécher au soleil les briques qui serviront pour sa tombe. — Bélus a été grand, dit un autre, mais sa tombe ne sert plus qu'à fournir de pierres les frondes des pâtres, et si le voyageur, tâtant la voûte de son bâton, demande : est-ce ici qu'était le dieu Bélus? le sépulcre est si vieux qu'il ne s'en souvient plus. — Cléopâtre a rendu fous d'amour les conquérants et les rois ; « en la voyant, Vénus, le soir, rentrait jalouse sous la nue ». Maintenant elle est couchée à jamais. Voulez-vous la voir au lit ? Venez, mais bouchez-vous le nez en passant la porte.

> Le sultan écoutait, morne et pâle.
> — Voilà de sombres voix, dit-il, et je ferai
> Dès demain jeter bas ce palais effaré

Où le démon répond quand on s'adresse aux anges. —
Il menaça du poing les sphinx aux yeux étranges.

Et son regard tomba sur sa coupe où brillait
Le vin semé de sauge et de feuilles d'œillet.
— Ah! toi, tu sais calmer ma tête fatiguée ;
Viens, ma coupe, dit-il. Ris, parle-moi, sois gaie.
Chasse de mon esprit ces nuages hideux.
Moi, le pouvoir, et toi, le vin, causons tous deux. —
La coupe étincelante, embaumée et fleurie,
Lui dit : . . . .
— Qu'est-ce qu'un sultan mort? Les taupes font leur fiente
Dans de la cendre à qui l'empire fut donné,
Et dans des ossements qui jadis ont régné ;
Et les tombeaux des rois sont des trous à panthère. —
Zim, furieux, brisa la coupe contre terre.

Pour éclairer la salle, on avait apporté
Au centre de la table un flambeau d'or sculpté
A Sumatra, pays des orfèvres célèbres ;
Cette lampe splendide étoilait les ténèbres.
Zim lui parla :
        — Voilà de la lumière au moins !
Les sphinx sont de la nuit les funèbres témoins ;
La coupe, étant toujours ivre, est à peu près folle ;
Mais toi, flambeau, tu vis dans ta claire auréole,
Tu jettes aux banquets un regard souriant.....

Et la lampe parle, sur l'ordre du maître ; et la lampe n'est pas plus consolante que la coupe et que les sphinx. Qu'est-ce à dire? Est-ce que le flambeau, la coupe et les sphinx ont vraiment parlé ou est-ce le sultan troublé qui a cru entendre leur voix, sourde comme les « bruits qu'on entend en dormant »? Nous n'en savons rien en vérité, et il est naturel que nous n'en sachions rien, pas plus que Zizimi lui-même ; mais l'effet mystérieux est produit, et nous sommes tout préparés au trait grandiose de la fin :

Zim se dressa terrible, et, sur les dalles sombres
Que le festin couvrait de ses joyeux décombres,
Jeta la lampe d'or sculptée à Sumatra.

La lampe s'éteignit.
                    Alors la nuit entra ;
Et Zim se trouva seul avec elle ; la salle,
Comme en une fumée obscure et colossale,
S'effaça ; Zim tremblait sans gardes, sans soutiens.
La nuit lui prit la main dans l'ombre, et lui dit : Viens.

Dans *les Chevaliers errants*, le merveilleux, loin de constituer une invraisemblance, rend seul vraisemblables les drames que le poète met sous nos yeux. La victoire du vieillard Éviradnus sur Ladislas et Sigismond serait impossible, s'il ne pouvait les terrifier d'abord en leur citant le pacte qu'ils ont fait avec Satan, s'il n'était protégé ensuite par une puissance supérieure. Mais « sa grande épée est le contrepoids de Dieu », et c'est Dieu évidemment qui lui a révélé le texte exact du pacte infernal. — Roland, de son côté, montre une force prodigieuse ; au milieu de ses plus grands périls, il est tranquille et se demande seulement si l'on songe à faire boire son cheval ; le mont Corcova regarde de loin ses grands coups et son triomphe. Vous en étonnez-vous ? C'est alors que vous n'avez pas assez fait attention à ce mot important:

Prenez garde à vous, car je déclare,
Infants, que j'ai toujours senti Dieu près de moi.

Lui aussi, le cheval du héros sent Dieu près de lui. Il ne lui suffit pas d'avoir des sentiments nobles, comme l'âne du poème *le Crapaud* ; il ne lui suffit pas de comprendre ce qu'éprouve son maître, comme le cheval de Charlemagne dans *Aymerillot* ; ou de s'irriter quand on lui donne des conseils indiscrets, comme la jument et les chiens du Cid dans *le Cid exilé*; il refuse de reculer quand le danger se présente, il approuve les résolutions du petit roi de Galice, il parle. Et, comme rien ne peut mieux montrer combien le surnaturel est *naturel* à Hugo, je vais citer toute la fin du poème.

Roland a délivré le petit Roi et l'a fait monter sur son cheval, qui a pris au galop le chemin de Compostelle. Les Infants furieux essaient de s'élancer à sa poursuite. Roland les en empêche et, ne daignant pas songer au sombre travail que fait Durandal dans sa main, ne songe qu'au petit Roi et au cheval qui le porte. Tout converge vers la scène décisive qui expliquera les desseins de Dieu :

>   Et, là-bas, sans qu'il fût besoin de l'éperon,
>   Le cheval galopait toujours à perdre haleine.
>   Il passait la rivière, il franchissait la plaine,
>   Il volait ; par moments, frémissant et ravi,
>   L'enfant se retournait, tremblant d'être suivi,
>   Et de voir, des hauteurs du monstrueux repaire,
>   Descendre quelque frère horrible de son père.
>
>   Comme le soir tombait, Compostelle apparut.
>   Le cheval traversa le pont de granit brut
>   Dont saint Jacque a posé les premières assises ;
>   Les bons clochers sortaient des brumes indécises ;
>   Et l'orphelin revit son paradis natal.
>
>   Près du pont se dressait, sur un haut piédestal,
>   Un Christ en pierre ayant à ses pieds la madone.
>   Un blanc cierge éclairait sa face qui pardonne,
>   Plus douce à l'heure où l'ombre au fond des cieux grandit,
>   Et l'enfant arrêta son cheval, descendit,
>   S'agenouilla, joignit les mains devant le cierge,
>   Et dit :
>
>   — O mon bon Dieu, ma bonne sainte vierge,
>   J'étais perdu ; j'étais le ver sous le pavé ;
>   Mes oncles me tenaient ; mais vous m'avez sauvé ;
>   Vous m'avez envoyé ce paladin de France,
>   Seigneur ; et vous m'avez montré la différence
>   Entre les hommes bons et les hommes méchants.
>   J'avais peut-être en moi bien des mauvais penchants,

> J'eusse plus tard peut-être été moi-même infâme ;
> Mais, en sauvant la vie, ô Dieu, vous sauvez l'âme.
> Vous m'êtes apparu dans cet homme, Seigneur ;
> J'ai vu le jour, j'ai vu la foi, j'ai vu l'honneur,
> Et j'ai compris qu'il faut qu'un prince compatisse
> Au malheur, c'est-à-dire, ô père ! à la justice.
> O madame Marie ! ô Jésus ! à genoux
> Devant le crucifix où vous saignez pour nous,
> Je jure de garder ce souvenir et d'être
> Doux au faible, loyal au bon, terrible au traître,
> Et juste et secourable à jamais, écolier
> De ce qu'a fait pour moi ce vaillant chevalier.
> Et j'en prends à témoin vos saintes auréoles. —
>
> Le cheval de Roland entendit ces paroles,
> Leva la tête, et dit à l'enfant : C'est bien, roi.
> L'orphelin remonta sur le blanc palefroi,
> Et rentra dans sa ville au son joyeux des cloches.

Ainsi Dieu a voulu sauver l'âme du jeune prince en même temps que son corps. A quoi bon maintenant étendre le récit de la lutte entre Roland et ses adversaires ? Est-ce que la victoire du « chevalier de Dieu » n'est pas assurée ?

Dans *Ratbert*, le merveilleux est encore plus complexe que dans *le Petit Roi*. Voici d'abord la grande scène du conseil, ironiquement intitulée par le poète *Les conseillers probes et libres*. Sur la grande place d'Ancône, devant un portail où un Satan de pierre est sculpté, seigneurs et prélats glorifient les crimes passés et approuvent les crimes futurs de Ratbert :

> Pendant que le conseil se tenait de la sorte,
> Et qu'ils parlaient ainsi dans cette ville morte,
> Et que le maître avait sous ses pieds ces prélats,
> Ces femmes, ces barons en habits de galas,
> Et l'Italie au loin comme une solitude,
> Quelques seigneurs, ainsi qu'ils en ont l'habitude,
> Regardant derrière eux d'un regard inquiet,
> Virent que le Satan de pierre souriait.

Ce n'est là qu'un prologue : le drame, c'est la *Confiance du marquis Fabrice*. Fabrice habite avec sa petite-fille Isora, qu'il adore, le château de Final, où lentement un trésor a été amassé. Un trésor doit nécessairement attirer Ratbert ; aussi l'empereur écrit-il qu'il va venir rendre visite à sa parente Isora et appuie-t-il sa lettre de l'envoi d'un grand chariot plein de jouets. Trop loyal pour être défiant, Fabrice se réjouit de l'honneur qui est fait à l'enfant chérie. En vain un corbeau passe au moment où il lit la lettre impériale, et fait de l'ombre dessus. En vain une sentinelle lui dit : « Vois ce corbeau, les oiseaux noirs guidaient Judas cherchant Jésus ». Bah ! dit l'aïeul, voilà longtemps que je connais ce corbeau centenaire. On répond à l'empereur qu'on attend sa flatteuse visite, et, le soir, dans le caveau où les marquis de Final ont leur tombe, un serviteur va entretenir le flambeau qui brûle jour et nuit juste au-dessus des statues les plus récentes, celles du père et de la mère d'Isora :

> Il vit que le flambeau nocturne brûlait bien ;
> Puis, courbé, regarda, des pleurs dans la paupière,
> Ce père de granit, cette mère de pierre ;
> Alors il recula, pâle ; car il crut voir
> Que ces deux fronts, tournés vers la voûte au fond noir,
> S'étaient subitement assombris sur leur couche,
> Elle ayant l'air plus triste et lui l'air plus farouche.

Cependant Ratbert arrive, et les milans, les vautours, les orfraies, tous les mangeurs de chair humaine, se préviennent joyeusement de la venue de l'empereur. Non sans motif. Bientôt le sang ruisselle dans Final, l'orgie s'étale, les âmes des morts planent dans la fumée du festin et de l'ivresse, et Ratbert, n'ayant point trouvé le trésor, somme Fabrice de lui en révéler la cachette. Fabrice se tait, on lui donne la torture; il se tait, on apporte devant lui le cadavre de sa fillette adorée. Et cependant un bourreau se tient debout derrière le vieillard, n'attendant qu'un signe pour lui trancher la tête. Pendant que Fabrice gémit et maudit, on apprend à Ratbert que le trésor enfin est trouvé : le moment est venu de faire cesser d'ennuyeuses lamentations.

>   Ratbert, blême et la main crispée,
> Le voyant à genoux sur son ange dormant,
> Dit : — Porte-glaive, il est ainsi commodément.
>
> Le Porte-glaive fit, n'étant qu'un misérable,
> Tomber sur l'enfant mort la tête vénérable.
>
> Et voici ce qu'on vit dans ce même instant-là :
> La tête de Ratbert sur le pavé roula,
> Hideuse, comme si le même coup d'épée,
> Frappant deux fois, l'avait avec l'autre coupée.
>
> L'horreur fut inouïe ; et tous, se retournant,
> Sur le grand fauteuil d'or du trône rayonnant
> Aperçurent le corps de l'empereur sans tête,
> Et son cou d'où sortait, dans un bruit de tempête,
> Un flot rouge, un sanglot de pourpre, éclaboussant
> Les convives, le trône et la table de sang.
> Alors dans la clarté d'abîme et de vertige
> Qui marque le passage énorme d'un prodige,
> Des deux têtes on vit l'une, celle du roi,
> Entrer sous terre, et fuir dans le gouffre d'effroi
> Dont l'expiation formidable est la règle,
> Et l'autre s'envoler avec des ailes d'aigle......
>
> Le glaive qui frappa ne fut point aperçu ;
> D'où vint ce sombre coup, personne ne l'a su :
> Seulement, ce soir-là, bêchant pour se distraire,
> Héraclius le Chauve, abbé de Joug-Dieu, frère
> D'Acceptus, archevêque et primat de Lyon,
> Étant aux champs avec le diacre Pollion,

Vit, dans les profondeurs par les vents remuées,
Un archange essuyer son épée aux nuées.

Saint-Ogg's « est la ville des temps passés, lit-on dans le *Moulin sur la Floss*, de George Éliot. L'ombre du roi saxon s'y promène encore de temps en temps pour revoir les scènes de sa jeunesse et de ses amours. Elle rencontre l'ombre plus sévère du terrible païen danois, qui fut frappé au milieu de ses guerriers par le glaive d'un vengeur invisible. » Hugo a-t-il connu cette légende? J'inclinerais à croire que non. Son imagination et l'imagination populaire étaient faites pour se rencontrer.

On connaît le sujet de *l'Aigle du casque* : l'enfant Angus impitoyablement poursuivi et frappé par lord Tiphaine ; on en connaît le dénouement : Tiphaine frappé à son tour par l'aigle d'airain qui surmonte son casque. Pas de merveilleux plus hardi que celui de ce dénouement, mais aussi pas de merveilleux plus inattendu et plus préparé à la fois, plus désiré de tous les lecteurs. Tiphaine va combattre contre Angus, et le peuple, épouvanté, proteste. — Il s'élance à sa poursuite, et les forêts et les bois cherchent à lui dérober sa victime. — Il s'acharne, et d'un réduit creusé dans une roche

Un vieillard au front blanc sort, et, levant les bras,
Dit : — De tes actions un jour tu répondras ;
Qui que tu sois, prends garde à la haine ; elle enivre ;
Celui qui va mourir pour celui qui doit vivre
T'implore. O chevalier, épargne cet enfant ! —

Tiphaine furieux d'un coup de hache fend
L'âpre rocher qui sert à ce vieillard d'asile,
Et dit : — Tu vas le faire échapper, imbécile!
Et, sinistre, il remet son cheval au galop.

Une prière plus vénérable encore se fait entendre :

> Un couvent d'où s'élève une vague oraison
> Apparaît ; on entend une cloche qui tinte ;
> Et des rayons du soir la haute église atteinte
> S'ouvre, et l'on voit sortir du portail à pas lents
> Une procession d'ombres en voiles blancs ;
> Ce sont des sœurs ayant à leur tête l'abbesse,
> Et leur chant grave monte au ciel où le jour baisse ;
> Elles ont vu s'enfuir l'enfant désespéré ;
> Alors leur voix profonde a dit miserere ;
> L'abbesse les amène ; elle dresse sa crosse
> Entre l'adolescent frêle et l'homme féroce ;
> On porte devant elle un grand crucifix noir ;
> Toutes ces vierges, sœurs qu'enchaîne un saint devoir,
> Pleurent sur le vainqueur comme sur la victime,
> Et viennent opposer au passage d'un crime
> Le Christ immense ouvrant ses bras au genre humain.
> Tiphaine arrive, sombre et la hache à la main,
> Et crie à ce troupeau murmurant grâce ! grâce !
> — Colombes, ôtez-vous de là ; le vautour passe !

Une mère, une nourrice, s'avance au-devant de lui, tenant un enfant, et le supplie : « A bas, femelle ! » dit Tiphaine, en frappant le sein nu. — Tiphaine atteint Angus, frappe de sa hache les deux mains qui se levaient pour prier, traîne l'enfant dans une fondrière, — et la mère morte était dans le fond de la tombe, et regardait. Il le tue enfin, riant de fureur.

> Alors l'aigle d'airain qu'il avait sur son casque,
> Et qui, calme, immobile et sombre, l'observait,
> Cria : Cieux étoilés, montagnes que revêt
> L'innocente blancheur des neiges vénérables,
> O fleuves, ô forêts, cèdres, sapins, érables,
> Je vous prends à témoin que cet homme est méchant !
> Et, cela dit, ainsi qu'un piocheur fouille un champ,
> Comme avec sa cognée un pâtre brise un chêne,
> Il se mit à frapper à coup de bec Tiphaine ;

Il lui creva les yeux ; il lui broya les dents ;
Il lui pétrit le crâne en ses ongles ardents
Sous l'armet d'où le sang sortait comme d'un crible,
Le jeta mort à terre, et s'envola terrible.

Ainsi l'airain vit, l'aigle a horreur de la bassesse du meurtrier ; par cet aigle et par cet airain Dieu frappe ; et le poète qui a eu assez la soif du merveilleux pour concevoir ce dénouement, a eu en même temps assez d'art pour le faire accepter. Ce poète, fourvoyé dans notre temps, est un grand poète épique.

TABLE DES MATIÈRES

Avant-Propos. . . . .   III.

INTRODUCTION.

Victor Hugo est-il un poète épique ?

I. Des raisons pour lesquelles on a parfois refusé le caractère épique à *la Légende des siècles*. — II. *La Légende* et les lois naturelles de l'épopée. — III. *La Légende* est sortie d'une tête éminemment épique. — IV. Victor Hugo et Leconte de Lisle . . . .   v.

CHAPITRE PREMIER

Les préliminaires de l'œuvre épique.

I. Leconte de Lisle et Victor Hugo. — II. Les influences épiques qui ont pu s'exercer sur V. Hugo. — III. Victor Hugo chantre de Napoléon. — IV. Traces épiques dans les recueils lyriques jusqu'en 1840. — V. *Notre-Dame de Paris*. — VI. *Les Burgraves*. — VII. De 1843 à 1859. . .   1

CHAPITRE II

Inventaire sommaire de l'œuvre épique.

I. Les trois séries de *la Légende des siècles* et *la Légende des siècles* définitive ; publication, plan, lacunes, développements excessifs. — II. L'épopée dans les recueils poétiques postérieurs. — III. L'épopée dans les romans. Une citation des *Misérables*. . . . . 38.

CHAPITRE III

L'HISTOIRE.

I. L'érudition fantaisiste de Victor Hugo. Erreurs de détail. Dédain de la chronologie. Défauts généraux de la peinture historique dans l'œuvre épique de Hugo. Bonne foi du poète. — II. La conception générale de l'histoire : gouvernants et gouvernés. — III. Beautés de la peinture historique et légendaire de Hugo . . . . 60.

CHAPITRE IV

LA MÉTAPHYSIQUE.

I. La philosophie de Hugo et ses critiques. — II. La foi religieuse de Hugo. — III. Le poème *Dieu*. — IV. *La Fin de Satan* et le problème du mal. — V. Influence de la métaphysique de Hugo sur sa conception de l'histoire : la pureté ou la barbarie initiales de l'homme ; le « sanglot tragique » de l'histoire ; progrès fatal et responsabilité morale. . . . . 90.

CHAPITRE V

LES IDÉES MORALES.

I. L'optimisme de Hugo. — II. Hugo poète de la conscience. — III. Hugo poète de la mort. — IV. Hugo poète de la paix sociale. — V. La justice et la pitié, le suicide. — VI. Conclusion. . . . . 122.

CHAPITRE VI

L'HOMME, L'ANIMAL, LA NATURE, LE MYSTÈRE.

I. Les personnages de *la Légende* ; quelles sont les figures que Hugo aime le mieux à peindre ; sa conception générale de l'humanité. — II. Rapports superficiels des animaux et de l'homme ; rapports profonds ; la métempsycose. — III. Peinture de la nature; influence de la nature sur l'homme et sur les peuples ; vie de la nature. — IV. Le mystère. Expression de l'inexprimable. . . . . . . 150.

CHAPITRE VII

LA VERSIFICATION.

I. Constitution du vers de Hugo : la césure, l'enjambement, l'harmonie. — II. La rime ; la rime génératrice d'idées, d'images et de développements. — III. Comment se groupent les vers de Hugo. — IV. Les fragments lyriques . . . . 179.

CHAPITRE VIII

LA COMPOSITION.

I. La diffusion de Hugo; sa rhétorique comparée à la rhétorique classique. — II. Sa « sobriété » dans certaines œuvres ; son goût pour la composition régulière. — III. La composition dramatique. — IV. Rôle de la versification dans la composition. . . . . 209.

CHAPITRE IX

LA LANGUE ET LE STYLE : L'IMAGE.

I. La langue. — II. Le style. — III. Comment les images se forment dans l'esprit de Hugo. — IV. Comment elles entrent dans l'œuvre d'art. — V. Quelles formes elles y prennent . . . . 238.

CHAPITRE X

LE SYMBOLE.

I. Allégories et symboles. — II. Le symbolisme dans *la Fin de Satan* ; le symbolisme dans les romans. — III. Le mot-symbole. — IV. Jusqu'où s'étend pour Hugo le domaine du symbolisme. — V. Le poème de *Plein Ciel*. 271.

CHAPITRE XI

LE MYTHE ET LE MERVEILLEUX.

I. Le mythe. — II. Les éléments du merveilleux. — III. Classification du merveilleux. — IV. Le naturel et l'art dans l'emploi du merveilleux . . . . 298.

www.ingramcontent.com/pod-product-compliance
Lightning Source LLC
Chambersburg PA
CBHW060056190426
43202CB00030B/1785